伊藤唯真著

浄土宗の成立と展開

日本宗教史研究叢書

笠原一男 監修

吉川弘文館

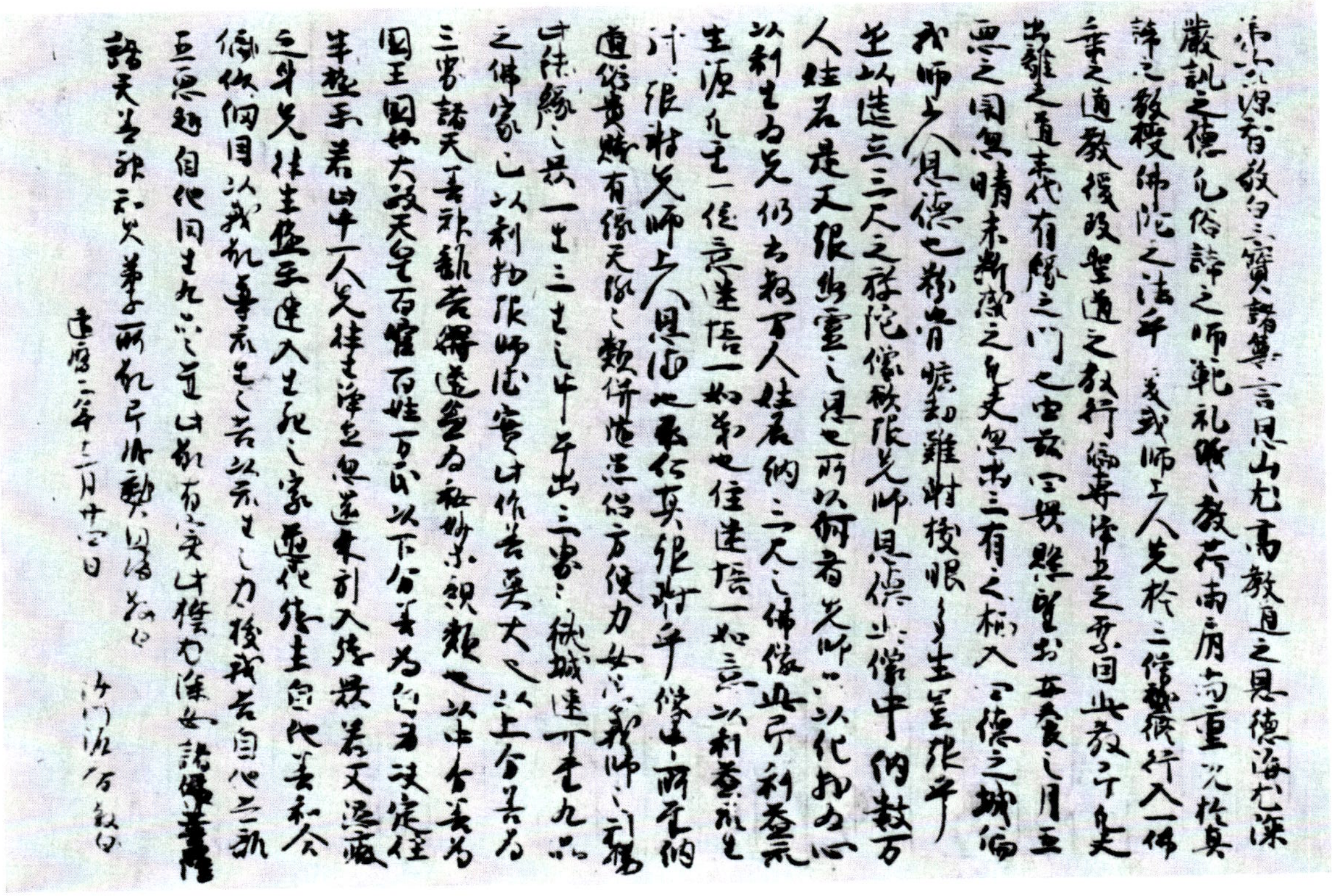

源智阿弥陀仏像造立願文（玉桂寺阿弥陀仏像胎内文書）

玉桂寺所蔵

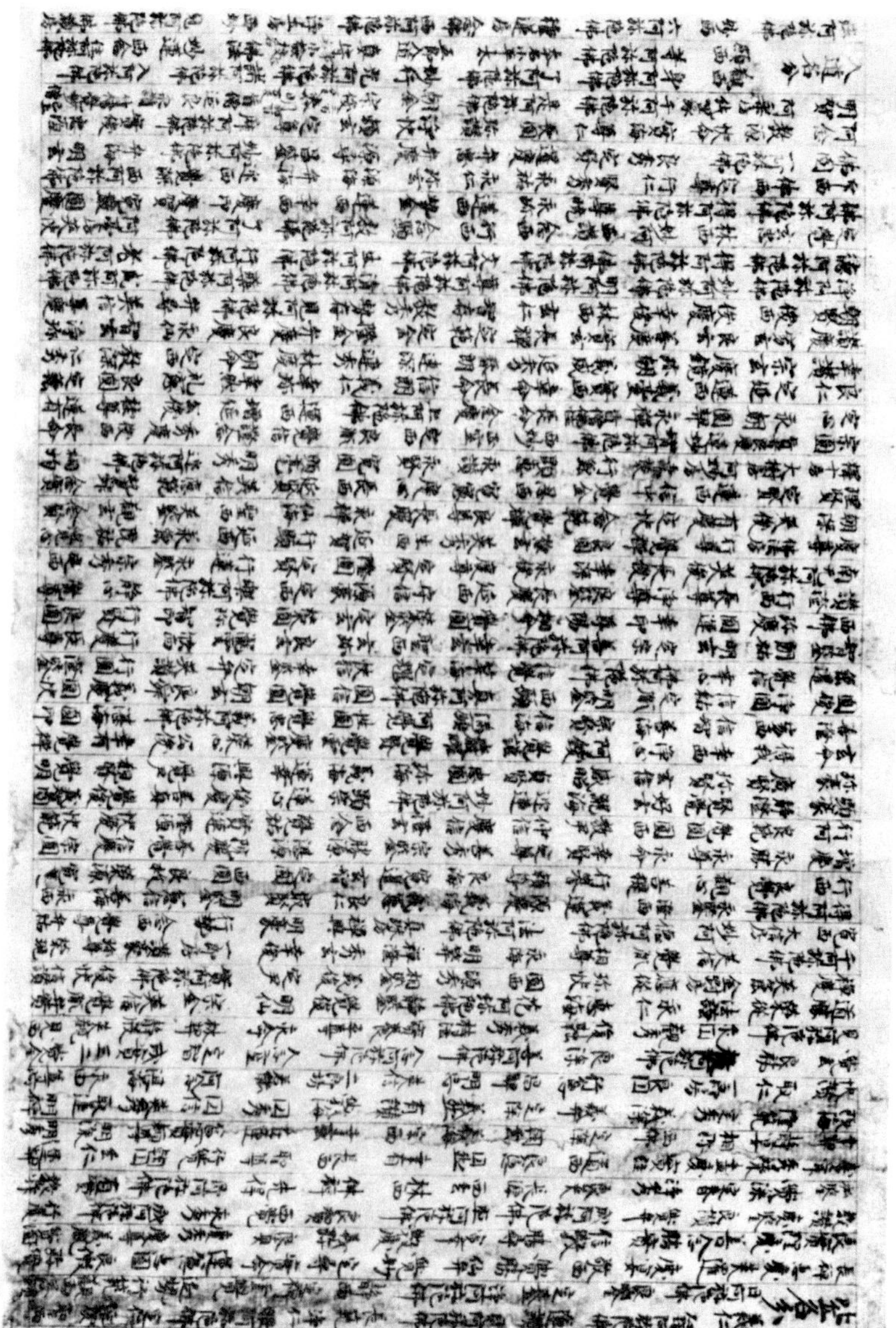

越中国百万遍勤修交名（王桂寺阿弥陀仏像胎内文書）

王桂寺所蔵

はじめに

日本仏教の展開は、従来、高僧の著作や伝記によって跡づけられる傾向にあったが、高僧の仏教はいわば日本仏教の表層にしかすぎない。日本仏教の研究には、この「表層仏教」に対する「基層仏教」の領域をこそ、もっと明かす必要がある。この基層仏教を領導したのは無名無数の庶民教化者である。彼らは、日本仏教史の各時代に通じた名称でいえば、聖（ひじり）とよばれる教化者であった。この聖の仏教こそ、日本仏教の基層をなすものであり、聖仏教史の体系的把握は日本仏教研究上の重要な課題である。

聖は宗派仏教の形成・発展にも大きく関与していた。たとえば平安時代、顕密教団からの離脱者が聖の世界に身を投じるや、聖仏教は著しく教学性を帯び、聖仏教のなかに浄土教が進展した。そして聖の世界に身を投じた法然が新しい教学体系を樹立するや、念仏系聖がその傘下に集結し、新たな宗派仏教たる浄土宗が成立した。

鎌倉新仏教のなかで、最初の、しかも中心的な地位を占めたのが法然の唱導する専修念仏であり、その教団たる浄土宗であったが、この浄土宗は、実は聖教団というべきものであった。聖仏教の「表層」への高揚現象が古代から中世への変革期に浄土宗の成立となって現われたのである。法然が聖を志向し、聖仏教のなかに身を置いて、多くの聖を収攬し、聖仏教を浄土宗なる教団仏教へと昇華させ、日本仏教の山脈のなかの一大山系をつくり出したことは、聖仏教の展開史上から見てもきわめて重要である。

本書は、右のような聖仏教史研究の立場から、法然の宗教とその教団の成立・発展に照射を与えようとしたものである。意図が先走りして究明が十分でないことはよく承知しているが、もし従来の浄土宗史に関する著作と比べ、多少なりとも新味があるとするならば、それは聖仏教史から見た浄土宗の成立と展開の解明という研究視角がもたらしたものだといえよう。

法然の宗教とその教団が聖と関連をもって存立し、法然の滅後も浄土宗教団が聖教団として展開し、その拡大を果たしたのは無数無名の念仏勧進の聖や上人であったとは、わたくしの長年の持論であり、今までに発表した論考のほとんどはこのことの解明に当てられていたが、最近この自説を証する有力な史料が現われ、わたくしを歓喜勇躍させた。それは昭和五十四年八月、滋賀県甲賀郡信楽町勅旨にある真言宗玉桂寺の阿弥陀仏像から発見された法然高弟の勢観房源智による造立願文および数万人にのぼる道俗過現者の念仏結縁交名であった。滋賀県教育委員会の御好意によって同年九月これを実見したわたくしは、この史料が、専修念仏教団は念仏上人によって指導された同法集団の連合体であるとの私見を裏づける貴重なものであることを直ちに知って、強い感動を覚えた。

この感激が大きな励みとなって、せっかく笠原一男先生の御推輓で日本宗教史研究叢書に執筆する機会を与えられながらも、生来の怠惰、加えて不敏のため容易に脱稿しえなかったわたくしであったが、玉桂寺阿弥陀仏像胎内文書を使った一篇をも加えることができ、ようやくにして本書をまとめることができたのはなによりの幸いであった。

本書は『浄土宗の成立と展開』と題しているが、浄土宗成立後約一世紀間の考察であって、今日までの長い浄土宗の歴史からいえば、あまりにも短期間しか取扱われていない。厳密には開創期における浄土宗の展開過程を論じたものである。しかし、この開創期の一世紀こそ、世に浄土宗が専修念仏宗とよばれた、その時期である。従って、本書はこの専修念仏宗の成立と展開を究明したもの、と御諒察下さるならば幸甚である。これに続く時代の浄土宗教団の展開については今後を期したい。

思えば、わたくしが聖を研究課題としたのは同志社大学大学院での修士論文においてであり、浄土教史や浄土宗史にも関心をもつようになったのは博士課程に進んでからであって、今日までもう相当の年数になる。この間、実に多くの方々から学恩を蒙っている。なかでも聖の研究を勧めて下さったのは石田一良先生であり、爾来聖の研究はわたくしの終生の課題となっている。また浄土教思想に関して御指導をいただいたのは故香月乗光・藤堂恭俊両先生、更に日本文化史・浄土教史・浄土宗史・法然などの研究に有益な助言を賜わり、貴重な御論考で啓発して下さったのは故塚本善隆・故三品彰英・柴田実・水野恭一郎・三田全信・田村円澄・菊地勇次郎・大橋俊雄・玉山成元の諸先生である。また、鎌倉仏教に関し学問上の刺激をたえず与えられたのは、仏教史学会の委員仲間であり、近世仏教研究会の同人でもあった千葉乗隆・北西弘・薗田香融・藤井学の諸先輩である。学問談義に花を咲かせた若き日のことどもが、昨日のように思い出される。

これらの諸先生・諸先輩のお導きと御鞭韃によって、遅々たる歩みではあるが今日まで研究が続けられたのである。また本書が成ったのは、すでに記したように偏に笠原一男先生の御高配によるものである。笠原先生には、昭和四十一年七月高野山で開催された日本宗教史研究会のサマー・セミナー以来、種々御示教にあずかり、研究の視野を大きく広げていただいた。

このように、多くの方々から学恩を受けているが、わたくしにとって特に忘れられないのは故竹田聴洲先生の鴻恩である。三十年もの間公私にわたって、学問的にも日常生活の面でも御教導下さった。今日のわたくしがあるのは先生のおかげである。昭和五十三年四月仏教大学にお招きしてからは、わたくしを同僚として扱っていただき、わたくしの日本聖仏教史に関する研究がまとまるよう激励され、また本書が近く刊行されるとお知りになるや、大変よろこんで下さった。病床に臥されるようになっても、今までの研究を集成することと、本書の出版とが一日も早く成就することを待ち望んで下さっていた。不肖の弟子のわたくしは、この二つとも御生前に先生の膝下に呈して御叱正を得ることができなかった。まことに痛恨のきわみである。懺悔して先生のお許しを乞うとともに、いま謹みて御霊前にこの小著を献げ、金蓮台上での御納受をねがうのみである。

最後になったが、本書の刊行に当たって貴重な文書の写真掲載を許された玉桂寺御住職白井弘敏師に厚く御礼を申し上げる。おかげで巻頭を飾ることができた。また出版業務万端を進めていただいた吉川弘文館の編集・出版部の諸氏、それに面倒な索引の作成を引受けてもらった仏教大学文学部助手の今堀太逸氏と八杉淳・藤本了・石田忠司の諸君、原稿の浄書に当たってくれた近沢元子・中島和恵・垣崎智子・田上美由紀・高田令子・三山敦子の皆さんに謝意を表したい。さらに檀務や寺庭の雑務を引受けて、わたくしの研究時間を確保し、執筆の進捗を見守ってくれた老父伊藤真徹と妻謙子にも感謝の言葉を捧げたい。

昭和五十六年三月

伊藤唯真

目次

第四章　念仏聖像成立の教団的背景

口絵

序説　開創期浄土宗研究への視角

法然と開創期浄土宗の歴史的解明、これが本書の課題である。思うに、この問題に関する過去の研究にはかなりの蓄積があり、成果も挙っている。(1)それにもかかわらず、いままた一つの研究をつけ加えようとするわけであるが、それは私なりのアプローチがあってのことである。ではどのように課題へ接近しようとするのであろうか。まず法然研究では、浄土宗の成立と法然教団の発展に焦点をあてるが、前者は開宗論、後者は法然教団論ということになるので、はじめに開宗論についての私の立場を明かしておきたい。

戦後、法然研究は著しく進展したが、それだけに大きな論議を呼んだ問題も少なくなかった。法然の浄土宗「開宗」問題もその一つであった。昭和二十年代の後半から三十年代の前半にかけて、とくに「開宗」の年時をめぐって種々の見解が提示されたが、(2)その論議の過程で次第に明らかになったのは、研究者の「開宗」観の相違であった。

法然の内面における主観的な回心をもって開宗とみる立場に対し、布教開始または教団的形成など客観的な事実をもって開宗・立宗とする見方があった。何をもって「開宗」または「立宗」とするかについての概念規定を厳密に行なった上での考察は少なかったが、所論に自ずと窺われた開宗観は右のようなものであった。この開宗観の相違から、論者によっては開宗年時に大きな隔たりがみられたのである。

宗学者は、開宗とは主観的な回心を意味し、その主観的な「宗」が教義として客観的に開顕されたのが「教」であるという。(3) この見解は、教学上もちろん妥当であろう。しかし、問題はいずれの開宗観が正しいかといったことにあるのではなく、どちらの開宗観に立っても、法然のいかなる宗教的確信をもって回心と認め、またその回心の客観化をいかなる事実で確かめ、かつそれぞれが法然の生涯でいつ生起したとみるのかという、きわめて思想的かつ歴史的な課題に直ちに直面せざるをえないのである。このことは、「開宗」問題には思想的歴史的追究が要請されることを意味している。換言すれば、法然にみられるその思想の展開過程と行実との二つの側面を一体化して考察すべきことを示唆しているのである。このことはなにも開宗の問題にだけ限られることでなく、法然研究すべてにいえることである。

そもそも「宗」は「教」へと進む性質を秘めている。すなわち自内証は著述、対話などの教化となって顕現化する。そして、自らの絶え間なき思索や他者との触れあいを通して自内証を深め、さらにそれをより高めた「教」として外へ伝えていく。このように思想は進展し、いくたびかの立教を持つ。また思想は内面の世界だけに止まらず、外部との接触において新たなる形成をはじめる。その宗教思想が社会的意義を多く持てば持つほど、その思想は大衆のものになり、社会化されるに従って教団形成を促し、またそのことが諸契機を生み出し、思想の新たな発展を導き出す。かく観じ来ると、法然の思想の軌跡は、法然一個の内面に属する問題だけでなく、教団の形成と深いかかわりをもっているわけで、いわゆる開宗論も、単に開宗年時の問題のみに終わることなく、法然の思想とその教団の展開過程に一つの展望を与えた上で、再び見直す必要があることに気づかされるのである。私は考える。およそ、ひとつの宗派の成立には、まず開創者の回心、すなわち㈠開「宗」ということ、次に客観化された教説、つまり㈡立「教」ということ、さらに道俗の信者集団、いいかえると㈢結「衆」、以上少なくとも「宗」「教」「衆」の三要件が必要であると。開宗といった場合、宗学的には右の第一、第二の要件だけで充たされるかもしれないが、歴史学的には第三の要件が加わらなければ決して新宗の開創というわけにはいかないのである。これら三要件は相互に関連しあっているものであり、それらが順次整えられていく経路が、とりもなおさず一宗の成立過程なのである。

そこで第一、二章では右のような観点に立って、承安前後の開「宗」から、文治・建久期における立「教」へと進展する法然の思想的展開を、彼の行実や結「衆」つまり教団の形成といった客観的事象とも関連づけて跡づけてみたい。また、教団としての専修念仏、すなわち結「衆」については、その存在形態や性格、さらに信仰的集団的諸動向などを、法然生前の建久・正治から元久を経て建永に至る勃興と、法然没後の建保から嘉禄を経て延応前後に及ぶ興隆との二つの大きなうねりのなかでみていきたい。

次に、法然教団論ないし開創期浄土宗教団論での私の立場であるが、それを述べる前に「開創期浄土宗」について一言しておきたい。浄土宗史の上で、開創期を鎮西派でいう三祖良忠時代までとする見解があるが(4)、私は開宗以降、法然から親しく教えを受けた門弟ら、たとえば幸西、聖覚、親鸞らが活躍していた、およそ十三世紀の半ばごろまでを開創期とよびたい。浄土宗が「専修」「念仏宗」などとよばれていた時期である。教団の歴史上

「開創期浄土宗」とは、私の場合もちろん開宗以後約七、八十年間の浄土宗教団を指すわけであるが、厳密な画期があってのことではない。また開創期の浄土宗のなかで、とくに法然在世中の教団については、開創期浄土宗なる名称から少し離れて、直截に「法然教団」ということにしたい。

法然教団の性格は同法教団であり、このことは大橋俊雄氏がつとに指摘されたが、(5)私のいう開創期浄土宗教団にあってもこの性格は基本的には変らなかった。浄土宗教団は同法教団として発生したが、統一的組織体を有したわけではなく、いわば同法集団の連合体であった。法然教団は、法然および直弟を中心に、その周辺部に、いれかわりたちかわり法然と接触をもった同法者―念仏上人がそれぞれ自己の余党を擁して位置する、拡散的な構造をもっていた。念仏上人が個々に指導する同法集団が、統合人格に法然をいただいて連繫しあっていたのである。法然はこのような念仏上人の求心力の発源であった。法然は平安末期各地に散在していた念仏上人(聖)の収攬者であった。法然教団ないし開創期浄土宗教団は聖《ひじり》教団であったともいえよう。

専修念仏が短期間に急速に遠隔の地まで伝播したのも、また弾圧を受けてもすぐに復興しえたのも、法然の教説がまるで正反対の内容で伝えられたのも、法然の伝記が多くつくられ、なんらかの門流的な背景をもっているのも、すべて法然教団ないし開創期浄土宗が基本的には聖的同法集団の連合体であったと考えれば容易に首肯できるのである。開創期浄土宗は念仏上人、聖たちを迎え入れ、また析出する母体教団であったといえよう。

このような観点から、私は法然教団および開創期浄土宗を聖集団、念仏同法教団と規定するが、そのようになしうる理由を第三章では教団構成員である念仏勧進聖や念仏衆などの生態を考察することで、また第四章では著名な念仏聖の行実と無名の聖が想念する理念的聖像とのはざまで生じた創られたる聖像を窺うことで、さらに第五章では念仏上人の思想・信仰の動向をさぐることによって論究したいと思う。

もちろん法然やその教団、さらには門弟らが構築した開創期浄土宗の歴史的位相が聖的な要素ですべて律しきれるものでないことはよく承知しているが、少なくとも聖の宗教が開創期浄土宗に深くくいこんでいたことや、またそのことによって開創期浄土宗が種々の面で規定されていたということは、認めてよさそうである。

ところで聖といえば、法然の時期にはじめて現われるものではなく、その前後に長い歴史をもつ民衆的仏教の担い手である。この聖の仏教の展開を明かすことは民衆仏教史研究上の重要課題であるが、その究明に開創期の浄土宗が聖の仏教と大きく交叉していた事実を見落せないであろう。開創期浄土宗は民衆仏教を大きく展開させたのである。

ともあれ、浄土宗教団の外部から内側を垣間見て聖に手さぐりで触れるような程度ではなく、教団の内部に視座を置いて、教団内へ流入した〈聖の大河〉に身を潜めてみることが肝腎である。ここに筆者の問題解明への姿勢がある。とはいえ、法然の宗教が日本の思想・信仰史上に占めた地位や、専修念仏の教団が鎌倉仏教に与えた役割・影響などについての考究をないがしろにしてよいというつもりは毛頭なく、むしろそのことの意義を大いに認めるものである。しかし一方では、社会に存続した法然教団を含む開創期の浄土宗が確かに聖仏教的な側面を濃厚にもっていたことを押えた上で、法然や専修念仏の教団の歴史的位相を再考すべきであることを併せ主張したいのである。

註

（１）重松明久氏「戦後における浄土宗史の研究」（『真宗史研究会年報』一、昭和三十二年三月）、大橋俊雄氏『法然上人研究の回顧と展望』（昭和三十三年七月）、拙稿「戦後の法然研究の動向――歴史篇――」（香月乗光氏編『浄土宗開創期の研究』昭和四十五年八月）、大橋俊雄氏「中世浄土宗研究小史」（『日本宗教史研究年報』昭和五十四年四月）。

（２）宗門定説の浄土宗開宗の年時は承安五年四十三歳説であるが、これに対し異論が出た。椎尾弁匡氏は『日本浄土教の中核』（昭和二十五年六月）において六十五～七十二歳説を述べ、重松明久氏は「浄土宗確立過程における法然と兼実との関係」（『名古屋大学文学部研究論集』Ⅱ、昭和二十七年三月）で建久九年六十六歳以後説を説いた。田村円澄氏も承安五年不当説（『法然上人伝の研究』）を採り、井上光貞氏は『日本浄土教成立史の研究』（昭和三十年九月）で承安五年以後建久元年以前説を主張された。承安五年の浄土宗開宗は共通して認められていない。かかるとき福井康順氏が「法然伝についての二三の問題」（『印度学仏教学研究』五―二、昭和三十二年三月）で元久元年以後であろうと論じられた。これがきっかけとなって論争が展開した。反論として香月乗光氏「法然の浄土開宗の年次に関する問題」（『印度学仏教学研究』六―二、昭和三十三年三月）、同「法然上人の浄土開宗の年時に関する諸説とその批判」（『仏教文化研究』六・七、同氏編『浄土宗開創期の研究』）、千賀真順氏「法然上人は内専修外天台に非ず」（『印度学仏教学研究』七―一、昭和三十三年十二月）、坪井俊映氏「承安五年浄土開宗説の形成」（『仏大研究紀要』三五、昭和三十三年十月）などが出た。

（３）香月乗光氏前掲「法然上人の浄土開宗の年時に関する諸説とその批判」。

（４）恵谷隆戒氏『補訂概説浄土宗史』。

（５）大橋俊雄氏「法然上人における教団的組織の基本的性格について」（『浄土学』二九）。

第一章　法然の立宗と比叡下山

――民衆仏教への志向――

第一節　法然の回心と「浄土宗」の開立

――承安前後――

一　『往生要集』の受容

法然の回心はどのように果遂されたのであろうか。まずこのことが解明されなければならない。黒谷に隠遁した法然が、あらゆる聖教を披見して出離の要道を求め、最後に唐の善導の『観経疏』によって、称名による凡夫往生の道理を見出した、とは主要な法然伝がひとしく伝えるところであるが、(1)法然を善導へ導いたのは実は源信の『往生要集』であった。法然は、『往生要集』を先達として善導流の浄土門に入った経緯を、次の通り述懐している。すなわち、『往生要集』について出離の趣きを尋ね、その序文からこの書の奥旨が念仏にあることを窺い、さらに本文十門中念仏の行体を述べた「正修念仏」「助念方法」「別時念仏」「念仏利益」「念仏証拠」等の五門から、本意がこれまた念仏にあることを知り、また種々の念仏中称名にのみ慇懃勧進の言葉があるのに注目して、称名が往生の要行であることを悟ったが、「百即百生」の行相については道綽・善導の釈に譲って詳述していないので、善導にひかれていったのである。だから「往生要集為二先達一而入二浄土門一」ったのだ、と。

この述懐は、伝記・遺文・法語の編纂として成立が早く、また内容的にも史料価値の高い『法然上人伝記』（醍醐本）に収録されている勢観房源智の見聞による「一期物語」のなかに記されているものである。右の述懐からもわかるように、『往生要集』の本旨は念仏、なかんずく称名の一行の勧進にあるのだ、とする法然の領解の仕方は、法然の思想形成の上から特に注目されるところである。

法然が『往生要集』を学ぶことは天台浄土教の伝統のなかできわめて自然なことで、それが源信教学の忠実な受容のみであるならばさして意義を認めることはできないが、その『往生要集』研鑽において法然独自の『往生要集』の領解をうみ出し、しかも独特な受けとめ方のなかに善導教学への指向の契機があったとするならば、法然の思想形成における『往生要集』講究のもつ意味は重要である。

伝記によれば、師の叡空も黒谷において『往生要集』をよく談じ、観仏と称名の勝劣に関し、叡空が先師良忍などの説を受け、称名を観仏のなかにいれて観仏が優れていることを論じたところ、法然は「此条にをきては貴命にしたがひがたし」と称名の勝義を立てたという。(2) 法然が称名優位の説を立てたのは「経論章疏をみるに、一部始終を序題にかへして料簡する」のが「故実」であって、『往生要集』の序文には「依二念仏一門一云々」の文句がみえているからであった。(3) この記事は、黒谷別所で『往生要集』の講究がよく行なわれたことや、法然には師説の鵜呑みではなく、聖教に直参するという研究態度があったことなどを伝えている。また建仁二年（一二〇二）

三月、法然は黒谷時代を懐古して、叡空は受戒の師範であり、衣食の扶持者であったが、法門の義は水火の如く相違し、常に論談していたと述べ、叡空が「大乗実智おこさで、浄土往生してんや」と問うたのに対し、『往生要集』を根拠に「往生し候なん」と答え、この書物の読解をめぐって立腹した叡空が乱暴に及んだこともあったと物語っている。(4) この所伝もまた、在叡中の法然が『往生要集』に多大の関心を寄せていたことや、往生の法門に関して――『往生要集』の受けとめ方と関係しているが――叡空との間に見解の相違があったこと、つまり法然には『往生要集』の理解に独自の立場が築かれていたことを示唆している。

ともあれ法然は『往生要集』を独自の立場で受容した。法然が『往生要集』をどのようにみたかは、法然の作と伝えられている四種類の『往生要集』の註釈書から窺われる。この註釈書から法然が学び取ったものを考えてみたいが、これらの書の真偽はどうであろうか。偽撰説を立てる者はいないようであるが、ただ撰述の時期に異説があって、晩年に属すものだとみるむきもある。石井教道氏は、選択本願念仏説に至る思想過程を㈠浅劣念仏期、㈡本願念仏期、㈢選択念仏期、の三期に分け、四種の註釈書すべてが第一期に著述されたというのではなく、後期から逆観して批判的に述べられた点もあるようだが、大体において第一期の念仏思想に属しているとみて差支えないとされている。(5) このような観点から『昭和新修法然上人全集』でも最初期の著作群とされた。しかし、末疏の一つ『往生要集大綱』(以下『大綱』と略す)について、赤松俊秀氏は三部経釈以後の成立であるとされた。赤松氏は、『無量寿経釈』に源信に触れて「其中至二第八門一、相二対念仏諸行一、有二三番問答一、後日可レ釈レ之、(中略)次至二第十門一、(中略)其中第二往生階位中、有二二問答一、以二善導専雑二修義一、問答決択、其問答別書レ之」とあるが、この二点を取り扱っているのは『大綱』で、この書は『無量寿経釈』での約束が基になって著されたものだという。(6) しかし「後日可レ釈レ之」の後日とは、すでに大橋俊雄氏が指摘されたように、三部経一連講釈での阿弥陀経講説のときを指すとみても差支えないようで、(7) 事実『阿弥陀経釈』で「経来意」を説く前に「重釈二行一」するため『往生要集』の三番問答を取り上げている。しかも同じ三番問答を取り扱うにしても『大綱』とは違った、それも思想の進展に基づく表現の変化と思われるような語を用いて説明している。すなわち三番問答の答文六義が、『往生要集』末疏では『大綱』をも含めて例外なく、㈠難・易、㈡少分・多分、㈢因明・直弁、㈣自説・不自説、㈤摂取・不摂取、㈥如来随機・四依尽理の語で説かれているのに、第四の自説・不自説義――念仏は阿弥陀仏が我を念ずべしと自ら説かれるが故に「自説」、諸行は修すべしとは自ら説かれていないが故に「不自説」――なる用語が『阿弥陀経釈』では「本願・非本願」という語に変わっている。これは法然の内面において本願念仏の思想が高まってはじめて用いられる語であって、『阿弥陀経釈』ならば不思議はない。もし『大綱』が三部経釈以後に成立したものであるならば、「本願・非本願ノ義」の言葉が見えて当然であるのに、そのような語は使われない。また『大綱』に説かれている称名念仏は、藤堂恭俊氏がいわれる如く、いわゆる開宗ののちにみられる阿弥陀仏の本願の聖意のあらわれとしての称名ということにふれない称名念仏であり、また開宗の典拠文をもつ『観経疏』散善義からの引用もなく、そこに説かれている考え方を導入した跡も見出せない。(8) したがって『大綱』は他の要集註釈書と同じように、法然の初期、それも本願念仏思想に達する以前のものと見て差支えない。

そこでこれらによって法然が『往生要集』から何を学び取ったかをみると、まずその学び方であるが、法然は往生にとって何が肝要であるか否かを見きわめようとし、『往生要集』の所説を要・不要にふるい分け、不要は「捨不レ取」、「為レ要」すものからさらに「要中之要」を選び出すという方法を採っている。そして法然は「序者預略述二於一部奥旨一、以示二部内元意一者也」との観点から、序文においていちはやく「此集意、以二諸行一不レ為二往生要一、以二念仏一為レ要一」すと受けとめ（『往生要集料簡』『往生要集略料簡』）、全十門を束ねて㈠厭離穢土門、㈡欣求浄土門、㈢正修念仏門（『往生要集詮要』では念仏往生門）、㈣往生諸行門、㈤問答料簡門の五門とし（『大綱』『詮要』）、特に㈢の正修念仏門（念仏往生門）を「要門」として重視している。この正修念仏門（念仏往生門）とは、十門中の第四正修念仏、第五助念方法、第六別時念仏、第七念仏利益、第八念仏証拠の五門を収めたものをいうのである（『大綱』）。また十門中の第四、五、六門を「念仏行相」、第七門を「念仏利益」、第八門を「問答料簡」ともしている（『詮要』）。

また十門のうちの第一厭離穢土、第二欣求浄土、第三極楽証拠の三門は「非二往生要一、故簡而不レ取」、第四、五の正修念仏、助念方法の二門こそ「正是往生要行」であり、残りの別時念仏等の五門は「非二至要二」とみている（『大綱』）。この往生の要行たる正修念仏門に礼拝等の五門があるが、そのなかの作願と観察の二門が「往生要」であり、慇懃に勧進されているのは観察門のみであるとみる（『大綱』『料簡』）。そして観察門にいう「初心観行不レ堪二深奥一、乃至是故当可レ修二色相観一、此分為レ三、一別相観、二惣相観、三雑略観、随二意楽一応レ用レ之、（中略）若有レ不レ堪三観二念相好一、或依二帰命想一或依二引摂想一或依二往生想一応二一心称念二」の文は「此集肝心」であり、この文に続いてある「行住坐臥、語黙作作、常以二此念一、在二於胸中一、如二飢念レ食、如二渇追レ水、或低レ頭挙レ手、或挙レ声称レ名、外儀難レ異、心念常存、念念相続、寤寐莫レ忘」の慇懃丁寧な勧進文も「約二念仏一行一」めての勧化であると解している（『料簡』）。しかして念仏とは観察門の異名であるが、念仏行に観相と称名の二行があり、『往生要集』の意は「称名念仏」を至要とするにあると法然はみた（『大綱』『詮要』『料簡』）。またいま一つの要行たる助念方法門には方処供具等の六法があるが、修行相貌、止悪修善の二法を要として他を捨て、修行相貌の四修については無間修（『大綱』は無余修）のみを取って他を捨て、三心についてはすべて要としてこれを取っている（『大綱』『詮要』）。

さらに助念方法門では第七惣結要行が「此集肝心」であり、大菩提心、護三業、深信、至誠、常、念仏、随願の決定極楽の七法を「決定往生要法」とみ、『往生要集』の意に従うならば、往生を遂げんとする者はまず縁事の大菩提心を発し、次に十重木叉を持ち、深信と至誠とをもって常に弥陀の名号を称し、願のままに決定して往生を得るべきであるが、大菩提心、護三業の兼修が必要ならば、『往生要集』の説くところは助念仏ということになる。そこで法然は「此要集意以二助念仏一為二決定業一歟」と述べている。

法然はこの助念仏のほかにいま一つ但念仏なるものを指摘し、助念仏が助念門の意であるのに対し、但念仏は正修門の意であるという。正修念仏門（念仏往生門）のこころが但念仏であると法然は受けとったわけであるが、いうところの但念仏とは、観相に対する称名行がそれであり、観念に堪えないものが帰命想により、あるいは引摂想、または往生想など（『詮要』では引摂想を要となす）によって「一心称念」することであった。また法然には惣結要行の項で示された七法のうち大菩提心と護三業を取り除いて、同じ惣結要行にある「往生之業念仏為レ本、其念仏心、必須レ如レ理、故具二深信・至誠・常念三事一」という一文に忠実ならんとする態度がみられるから、(9)但念仏を深信・至誠・常念の三事を具した念仏という方向で考えていたようである。しかし『往生要集』は法然が指摘したように助念仏を決定業としているので、但念仏については詳述されていない。

ともあれ法然は往生業の要否を『往生要集』の所説にさぐり、その要を選んで、称名の一行こそ至要であると看破したのである。法然が後年『往生要集』を先達として浄土門に入った経緯を述懐したなかで、「正修念仏」に関して「有二種々念仏一、初心観行不レ堪二深奥一者、教二色相観一、々々々中有二別相観一、有二総略観一、有二雑略観一、有二極略観一、又有二称名一、其中慇懃勧進之言唯在二称名之段一、於二五念門一雖レ名二正修念仏一、作願廻向是非二行体一、礼拝讃嘆又不レ如二観察一、々々中於二称名一丁寧勘レ之為二本意一云事顕然也」（『法然上人伝記』醍醐本「一期物語」）と述べた旨趣は、右にみてきたが如き註釈書において展開させた論旨と同一である。

このように法然は『往生要集』の真意をさぐることによって、称名念仏を選ぶべきことを学び得たが、さらに彼が重視したのは、『往生要集』大文第十「問答料簡」の第二「往生階位」中の第九の問答に引用されている文であった。「もし凡下の輩もまた往生することを得ば、いかんぞ、近代、かの国土を求むる者は千万なるに、得たものは一二もなきや」との問に答えて、道綽の「信心不レ深、若存若亡故、信心不レ一、不二決定一故、信心不二相続一、余念間故、此三不二相応一者、不レ能二往生一、若具二三心一、不二往生一者、無レ有二是処一」なる『安楽集』の一文と、善導の「若能如レ上、念念相続、畢命為レ期者、十即十生、百即百生、若欲レ捨レ専修二雑業一者、百時希得二一二一、千時希得二三五一」なる『往生礼讃』の一文とが掲げてあり、往生の得否に直結する安心、起行などの在り方が示唆されていた。深く、決定された信心を相続すること、また起行など念々相続して、畢命を期とすることの必要性が説かれている。源信はこの次の問答において、修行の種類は区々であっても畢命を期となし、勤修して懈怠なきことが、業をして決定せしむるものだと述べているが、法然もまたこれらの問答から、いわゆる安心起行などについての基本的な在り方、すなわち信心を確定相続させ、行もまた念々相続して畢命を期となすべきことを教えられ、そして自らが重視した称名の行についても、右のような在り方を具えることを条件に、百即百生業となることを感得した。法然は特に善導の専雑二修の文に注目した。源信のみならず、中国では懐感も重視していることを知り(10)、そして「恵心詮要引二用善導専雑二修一決二往生得否一、而嫌二雑修雑行一勧二専修一志」があるとみた(『大綱』『詮要』)。往生行についての法然の関心は、慇懃丁寧な勧進文もあって「称名」にひきつけられていったが、さらにこの専雑二修の文によって、畢命を期となして勤修するならば、称名こそ百即百生の決定業たりえる、との信念を持つに至ったのである。法然は『往生要集』の上でこの文にふれ、称名に対する確信を深め得たことの印象が忘れ難かったのか、はたまたこの一文のもつ重さに感じ入ってか、後年、『無量寿経釈』をはじめ多くの法語、消息などでたびたびこの文に言及して専修念仏を説いている。ともあれ、法然は、善導の専雑二修の文に導かれて、往生行の照準を称名の一行に定めることができたのである。この点で、法然の思想形成上、善導の右の一文が果たした意義は大きい。

それだけに善導への傾倒が顕著であった。『往生要集』自身、「於二百即百生行相一者、已譲二道綽善導釈一」って詳述していない(11)。かくて源信に訣別して善導に向かう姿勢が構えられた。法然は諸註釈書の中で源信を用いる輩は必ず善導、または道綽・善導に帰すべきであると述べている(『料簡』『大綱』)。いわゆる開宗前において、法然は善導への帰向を見せていた。

以上を要するに、法然が『往生要集』から学び取ったものは、出離のためには、根機に従って観念または称念を常に修すべきであるが、観念に堪えられない凡夫は、勝ではあっても修し難き観念を捨て、劣ではあるが行じ易き称念を選んで、引摂想などをもって一心に念仏、常に称念し、念々相続して寤寐に忘れることなく、畢命を期となして修すれば、往生は百即百生、決定している、というものであった。引摂想などを重視しての称念に、源信流の浄土教の残滓が見受けられるようであるが、すでにそこには称念と専修性が志向されている。

二　善導への帰向

しかし、ではなぜ称名の一行が百即百生の決定業たり得るのか、その道理についてはまだはっきりしたことが把握できず、その道理をみきわめる必要があった。法然はこのような問題を新たな課題として、善導の思想に本格的に迫っていったのである。いうまでもなく、このような課題を解く鍵は善導の『観経疏』にあった。「一期物語」には「是故往生要集為二先達一而入二浄土門一、闚二此宗奥旨一、於二善導〔釈〕一二反見レ之、思二往生難一、第三反度得下乱想凡夫、依二称名行一、可二往生一之道理上」という法然の述懐が伝えられている。義演の筆写本では善導の下に文字の脱落があるように見受けられ、これが「釈」の字であることは、「一期物語」に拠ってつくられたと思われる正安三年（一三〇一）成立の『拾遺古徳伝』の回心に関する部分の記事に徴して明らかである。法然は善導の釈によって乱想の凡夫が称名の行によって往生すべき道理を開悟したというのである。この善導の釈が『観経疏』であったことは、後年『選択本願念仏集』（以下『選択集』と略す）を撰述したとき「善導観経疏者、是西方指南行者目足也、（中略）於レ是貧道昔披二閲茲典一粗識二素意一、立舎二余行一云帰二念仏一」と記していることから明白である。法然の回心を招来したものは『観経疏』であった。しかし彼の魂をゆり動かしたのは『観経疏』のどの部分であったか。「一期物語」『選択集』ともに、『観経疏』または「善導釈」というだけで、具体的に明示していない。けれども右に述べたような課題をもった法然が触発されたのは、古くから伝えられているように『観経疏』散善義（第四巻）の「就行立信」の条の「一心専念弥陀名号云々」の文であった。弁長の『徹選択集』によれば、法然はこの文を目にしたときの感激を、

然間歎歎入二経蔵一、悲悲向二聖教一、手自披レ之見レ之、善導和尚観経疏云下一心専念二弥陀名号一、行住坐臥、不レ問二時節久近一、念念不レ捨者、是名二正定之業一、順二彼仏願一故上文見得之後、如二我等一無智之身偏仰二此文一専憑二此理一、修二念念不捨之称名一備二決定往生之業因一、非三啻信二善導之遺教一、亦厚順二弥陀之弘願一、順彼仏願故之文染レ神留レ心耳、

と物語っている。(12) 因にここの記事は了慧の『和語燈録』にも引かれ、『法然上人行状絵図』に受け継がれている。

この「一心専念弥陀名号云々」の文というのは、「就レ行立レ信」を説くなかで、行を正行と雑行の二つに分け、正行を、一心に専ら『無量寿経』『観無量寿経』『阿弥陀経』を読誦すること（法然のいう読誦正行）、一心に専注して阿弥陀仏と極楽を想い観察し憶念すること（同じく観察正行）、一心に専ら阿弥陀仏を礼すること（同じく礼拝正行）、一心に専ら阿弥陀仏を称すること（同じく称名正行）、一心に専ら阿弥陀仏を讃歎供養すること（同じく讃歎供養正行）の五種

とし、さらにこれらを正定業と助業の二種に分類し、正助二業と雑行の得失を明かした箇所で述べられているものである。法然は五種正行、正助二業を述べたこの箇所の文を「明二往生行相一」かしたものとみた。(13)そして称名念仏は阿弥陀仏の本願の行であるが故に、一心に専ら阿弥陀仏の名号を念じて、行住坐臥に、時節の久近を問わず、念々に捨てざれば、弥陀の本願に乗じて必ず往生することの確信を得た。法然はもともと、『往生要集』には「百即百生行相」が善導らの釈に譲られて詳しい説明がなかったがために善導へ移っていったのである。また前にも述べたように、法然は往生を求める行者の側に立って、百即百生の決定業は称名のほかにないことを知見したが、同時にその称名に「自説」「摂取」などの義があって(『大綱』『料簡』)、行者に対応する弥陀の意思が加わっていること、(14)したがって阿弥陀仏の聖意から称名を考えてみるべきことにも気づいていたと思われる。このような状態にあった法然にとって、救済者たる弥陀の側に視座を据えて称名が正定の業であることを示した「一心専念弥陀名号云々」の文の発見がどのような意味をもったかいうまでもないところである。かくて法然は、『往生要集』によって見出したところと『観経疏』散善義の説くところにより、一心に弥陀の名号を唱えて相続するならば、称名は弥陀の本願であるため、必ず百人が百人ながら往生することができる、との確信を持つに至った。すなわち「念仏には往生法としての独立価値」(15)があることを悟ったのである。もちろん解明すべき問題がなお残されていた。例えば井上光貞氏もいわれる如く、称名がなぜかの仏の本願に順ずるのかといった問題があったし、(16)弥陀はなぜ念仏を本願としたのかということも明かさなくてはならなかった。しかし、そのような問題が残るにしても、念仏は行者の側から発せられる行ではなく、実は仏の本願すなわち弥陀の聖意に基づく行なのであって、だからこそ凡夫も仏願に乗じて往生できる正定業なのだ、という善導の元意を知るに及んで、法然はここに「得下乱想凡夫、依二称名行一、可二往生一之道理上」たのであった。法然が『選択集』で「貧道昔披二閲茲典一粗識二素意一」と語り、伝記が「ほぼ管見していまだ玄意をあきらめずといえども、随喜身にあまり身毛よだちて云々[17]」と述べているのも、かねてから課題をもっていた法然が、善導の『観経疏』によって問題の核心に触れ、その思想形成上の一画期をなしたことを意味している。もちろん念仏思想の構造からみれば、この段階では、まだ「選択念仏」義は発顕されず、善導流の本願念仏義の域にあったが、「立舎二余行一云帰二念仏一」すという実践上の転換を成就さすことができたのである。したがって伝記作者は「始入二浄土門一[18]」、「一向専修の身となり給[19]」と述べて、その転身を招来させた思想的転機に大いなる意義を認め、学者もまたここに法然の回心が果遂されたとみ、専修念仏に帰入したことをもって開宗とみなすことができるとする。確かに往生行を称名一行に転換せしめた思想的発展には重大な意義が認められるのであって、これを回心—conversion とみなすことができるが、まだそこには「浄土宗」の観念や法然独自の思想たる選択念仏義が開顕されていないことを思うならば、回心の果遂にはかなりの時間的な幅を考えねばならない。したがって称名の一行に対する確信は、法然のこのあとにつづく大きな思想的転回における序曲ともいうべきものである。もちろん「立ちどころに余行を舎てて、云《ここ》に念仏に帰す」と述べられているように開悟—心的転回は瞬時にして成り立つものであるが、それにはながい思想的醸成を前提とし、さらに理論的裏づけに時間を必要とするのであって、そのような醸成と理論化の過程で、より大きな回心に到達するものである。後世一般にいわゆる専修念仏帰入をもって開宗と解しているが、実は右にも述べたように選択念仏義形成に至る端緒となった善導義による称名一行への確信を指してかく称しているのであり、伝記にはこの段階をとらえて「開宗」とは表現されていないのである。[20] 宗学者は、善導の『観経疏』によって信心決定し、専修念仏へ帰入したことをもって明らかに開宗ということができるというが、[21]「宗」という字の意味についてのコメント[22]をつけない限り、開宗と表現することには問題が残る。

ともあれ法然は、善導の『観経疏』によって、念仏門への帰入を一気に果たし得た。法然のこの最初の思想的転機を支えた釈文について、諸伝記の記載は必ずしも統一的ではない。しかし「一期物語」の伝える「善導釈」、『選択集』で示されている『観経疏』、さらには特に『徹選択集』が述べる『観経疏』散善義の中の「一心専念弥陀名号云々」の文であったことは明白であり、湛然の『止観輔行伝弘決』の「諸教所レ讃、多在二弥陀一」の偈を挙げる説[23]は否定されねばならない。法然はこの『観経疏』をどこで見たのであろうか。『往生要集』に引用されている善導の著述は『往生礼讃』『観念法門』『観経疏』玄義分などであって、『観経疏』の散善義が引かれていない[24]ところからすれば、北嶺には『観経疏』四巻すべてが伝わっていなかったようである。しかし善導の著作は『観念法門』以外全部が奈良時代に伝来しているのである。[25] 奈良時代の浄土教は、道綽・善導系が中心で、これに法相系、新羅系が混じっていた。[26] 南都浄土教には善導の影響が大きく、永観の『往生拾因』(康和五年撰)や珍海の『決定往生集』(保延五年撰)には、かの「一心専念弥陀名号云々」の文を含む『観経疏』散善義の就行立信釈が引用され、称名念仏が高唱されている。東大寺の東塔院には十一世紀末に『観経疏』四巻が揃って伝わっていた。[27] 法然は建久元年(一一九〇)の『無量寿経釈』で『往生拾因』『決定往生集』に触れているので、これ以前に両書を読んでいることは確かであるが、それがいわゆる回心以前にまで遡れるかどうかは、不明である。もし遡れ得たにしても『観経疏』の一部についての寓目にすぎない。問題は『観経疏』全体をどこで披閲したかということである。「惣吾朝所二来到一聖教乃至伝記目録無レ不二一見一」（『一期物語』）き法然であってみれば、比叡山にないものは他に求めた筈である。法然には南都遊学の伝承もあるが、これと『観経疏』との出会いを結びつけることは困難である。これに比し蓋然性のあるのは、法然が宇治の法蔵から『観経四帖疏』をたずね出したという覚融（仁治二年―正中二年）の『選択集秘鈔』の説である。(28) 覚融がいかなる資料に拠って述べたのか明らかでないが、源隆国（寛弘元年―承暦元年）の『安養集』を考えあわすとき、宇治の平等院の地位はきわめて注目される。『安養集』は第二の『往生要集』ともいわるべきもので、「平等院一切経蔵の南の山ぎわ」（『宇治拾遺物語』序）の南泉房において、延暦寺関係の人々の協力によって成ったものであるが、この書に『往生要集』では見出せない善導の『観経疏』序分義、定善義、散善義が引用されているのである。(29) 浄土教論釈の収集、校合などがこの地で行なわれたことが推察される。平等院を通して南都浄土教が北嶺の浄土教へ導入されたわけで、いわば両者の結節点とでもいうべき宇治の地に、法然が『観経疏』をたずねたことはあり得ることである。かくみると覚融の所伝もあながちに棄て去るべきでないが、さりとて確証があるものでもない。しかし天台宗の関係地で『観経疏』を求め得た可能性はこれで裏づけられよう。

　法然が『観経疏』全巻にふれ得た時期がいつであったか、またどこにおいてであったか、今となっては定かに知る由もないが、ともあれ法然がこれを手に入れてから開悟するまでには、少々の期間があったようである。「一期物語」によれば三読して、『十六門記』によれば「前後あわせて八遍」読み返してはじめて乱想の凡夫が称名によって往生すべきの道理を得たという。もっとも法然は大巻の書でも三遍まで読めば文義に通じることができたというから、(30) このことを記事に反映させたのかもしれない。しかし善導の著書と本格的に取り組む法然を、浄土門帰入の前後において想定しなければなるまい。ところで、善導義により称名往生の確信を得て、「立舎二余行一云帰二念仏一」したのはいつであったのか。法然自身は『選択集』でただ「昔」というだけで、はっきりした時期を示していない。しかし古来『源空聖人私日記』(以下『私日記』と略す)以下多くの伝承が承安五年(安元元、一一七五)としている。『私日記』には「安元元年乙未聖人齢自二四十三一始入二浄土門一、閑観二浄土一給云々」とあり、浄土門帰入とともに三昧発得が始まったように書かれているが、田村円澄氏によれば発得に関する記事は第二次の付加であって、年号の年数、干支の表記をそなえた四十三歳浄土門帰入を述べた部分は、原初的な形態を残す第一次の成立に属しており、原『私日記』の成立は法然在世中と考えてもよいという。(31) したがって信憑性は頗る高いのであるが、四十三歳回心が何を根拠にして述べられているのかわからない。元久元年(一二〇四)に書かれた「七箇条制誡」に、「年来之間、雖レ修二念仏一、随二順聖教一、敢不レ逆二人心一、無レ驚二世聴一、因レ之于レ今三十ケ年、無為渉二日月一」とある三〇年前とは、まさしく承安五年に相当する。この文章は、元久元年から算して三〇年前が、法然にとって一つの画期であったことを示している。元久元年において、延暦寺側から攻撃されるに至った念仏が、自行であれ化他であれ、また世間を驚かさなかったにしろ、ともかく三〇年前に遡るというのであるから、この画期は法然の心的転回に基づく念仏行の始期とみられる。したがって法然の最初の思想的転機——内なる原点——はやはり承安五年、四十三歳と認めてよい。

以上のように、法然は善導の『観経疏』によって、称名往生の確信を持つに至ったが、法然にとってみればその確信を支えたものは善導の著作だけでなく、善導その人のすべてであった。「善導に帰すべし」とした法然は善導の行業すなわちその宗教体験にも触れようとしていた。藤堂恭俊氏は、法然が善導の伝記類を参照した痕跡を『往生要集』の註釈書から見出すことはできないが、法然は必ずや道綽・善導二師の伝記を参照して、師の道綽の往生の得否を入定して答えたという『瑞応刪伝』の説や、善導を阿弥陀仏の化身とする慈雲の説を知り、「十即十生、百即百生」の言葉が三昧発得の宗教体験によって裏づけられた確固たるものであることに気づき、一層善導に傾倒していったものと察せられると指摘されている(32)。法然が承安五年の宗教的転回の前後において善導の著作のみならず、善導その人のすべてにうちこんでいったであろうことは首肯されるところである。「十八歳之秋、遁レ名栖ニ黒谷一、爾降一切経律論鑽仰忘レ眠、自他宗章疏巻舒無レ倦、此外和漢両朝伝記古今諸徳秘書、何不レ携レ手、何不レ浮レ心乎(33)」といわれた法然にしてみれば、善導の行業についても伝記によってこれを知り、その宗教体験に少しでも近づこうとするところがあったに違いない。その場合、既に一心に念仏して畢命を期となすを願わしき念仏の行態と考えていた法然は、善導の「合掌跼跪一心念仏、非ニ力竭一不レ休、乃至寒冷亦須レ流レ汗、以ニ此相状一表ニ於至誠一」といった念仏の状態や「念ニ阿弥陀仏一如レ是一声則有ニ一道光明一従ニ其口一出、至ニ百声一光亦如レ此」という発得者の称念の相貌、あるいは「念ニ阿弥陀仏一日得ニ一万五千一至ニ十万偏一者、及得ニ念仏三昧一往ニ生浄土一者、不レ可レ知レ数」といった伝記(34)の中の記事に心ひかれたであろうと思われる。法然は後になると講録などにはっきりと善導を「於レ道既有レ証」る「三昧発得之人」と渇仰し、(35) また念仏を同じ申すのならば「カマエテ善導ノコトクロヨリ仏出タマフハカリマフスヘキナリ、（中略）誰ナリトモ念仏ヲタニモマコトニ申シテ、ソノ功熟シナハ、ロヨリ仏ハ出タマフヘキ也」と説いているが、(36) ここにみられるような善導を念仏三昧の発得者と仰ぎ、そのような境地に至るべく念仏を唱えたいとする法然の善導観なり念仏観は、すでに四十三歳からそう隔たらない時期に形成されていたと思われる。むしろ法然の『観経疏』による宗教転換とかかる善導観乃至念仏観との定立は、互いに他を支えあう関係にあったとさえ考えられるのである。

三　念仏専称者への関心

法然はこのように唐の善導を自らの思想と行動の規範としてひとえに帰依する態度を固めたが、一方では称名が百即百生の必得往生の行である例証を自分の身近なところで求めようとした。すでに「本朝所レ渡之聖教、乃至伝記目録皆被レ加二一見一了」(37) っていた法然は、わが国の往生伝に念仏専修の往生人のことが多く載せられているのを知っていたであろうが、右のような内面的な成長をなしつつある法然には、ここに、これらの専称念仏者の記事が改めて新しい意味あいをもって受け止められたであろうし、また現実に存在する念仏の専修行者とは無縁であり得なくなり、それらに対する関心が深まった、と察知されるのである。

平安中期以降、とくに民間において、阿弥陀仏に帰依し、その名を唱えることのみをもって往生行とするものが次第に増え、しかも「直心」「一心」の念仏を尊ぶ傾向が現われてきたことなどは『日本往生極楽記』以下の諸往生伝から窺われるところであるが[38]、法然の内面においてこのような民間仏教とのかかわりができたであろうことは、今後の法然の行動やその宗教の性格を考える上に重要となってくる。井上光貞氏は法然の宗教が既に民間浄土教のうちに形成させてきた思想的諸契機と合致するものがあったと指摘されているが[39]、私は法然自身にも民間仏教を志向する必然性のあったことを指摘しておきたい。すなわち『観経疏』を媒介としてなった称名一行に対する確信が、民間に育ってきた念仏専称の行者への新たなる関心を呼びおこし、彼らの中から善導的な往生行を修する人間を求めさすことになった。このことは四十三歳頃の法然の行動によって窺われる。すなわち今までまったく見過ごされてきたことであるが、遊蓮房円照との出会いがそれである。遊蓮房円照と法然のことについては別に詳説するが[40]、ここでは論述上その要点だけを述べておきたい。

当時台嶺の枢機顕職を占めていたのが摂関家など上流貴族であったのに対し、黒谷別所に親近していたのはどちらかといえば中下流の貴族であった。例えば法然の受戒の師叡空は葉室顕時と「師檀チキリ年シ久シ」く、その子行隆の長男信空を弟子としている[41]。また後白河院の近臣であった藤原邦綱の出家戒師と臨終の善知識をつとめたのが「黒谷聖人」であった[42]。法然が行隆とも親交があり、彼から東大寺大仏復興の大勧進職を交渉されたという伝えができたのも[43]、黒谷上人が顕時一門と関係の深かったことを示していよう。このように法然在叡当時の黒谷、とくに叡空一門は中流貴族と関係が深かった。

この叡空の檀越であった葉室顕時の女を妻としていたのが、藤原通憲（入道信西）の子是憲、出家しての法名遊蓮房円照であった。しかも顕時の父長隆も、また通憲も、富力をもって中央貴顕に近習した典型的な受領高階氏の出である高階重仲の女を女房としていたし、顕時もまた信西在世中は信西の息男、俊憲、貞憲らの俊英とともに後白河院の近臣として勢力をふるっていた。したがって法然の法弟たる信空と遊蓮房円照との間には親密な俗縁が存在していたのである。父信西が平治の乱で死するや、信濃守であった是憲は解官され、出家して遊蓮房円照と号した。二十一歳であった。彼は信西の学才をうけて、学者としての大成が期待されていたが、出家後は一切を投げすて、西山の広谷に止住して道心堅固に勇猛精進の日々を送り、治承元年（一一七七）善峰別所で法然を臨終の善知識として没した。信西のとりなしで官途の昇進を果たした中山忠親は、治承三年（一一七九）四月遊蓮房の終焉の地に向かい、その庵室を訪れている(44)。有名な安居院の澄憲、高野の明遍はこの遊蓮房と兄弟である(45)。

この遊蓮房のことは信空の弟子であった信瑞の『明義進行集』(46)に出ている。これによると、彼は初心の時には『法花経』を覚えることもあったが、のちには「一向念仏ハカリ」であった。遊蓮房は最後の所労の時に澄憲に消息を送ったが、それには、貴房は世間の人から後世のつとめに何をすればよいかと尋ねられることが多いだろうが、その時にはぜひ「一向ニ念仏ヲマウセ」と御勧進ありたい、とあった。この消息を受け取った澄憲は、なにごとにも確信がない限りはっきりとものをいわない遊蓮房がこのように後世のつとめに一向念仏を勧める以上、念仏の「証ノエタルコト」もあろうかと尋ねてみようと思っているうちに、遊蓮房がなくなったという。澄憲は遊蓮房が念仏において証を得たことを直接聞くことがなかったが、南都修善院にいた信憲は、遊蓮房が、

高声念仏ハカナラス現徳ヲウル行ナリ、ヨリテ善導ハ貞観中見《ニテ》二西河《ノ》綽禅師《ノ》浄土九品《ノ》道場《ヲ》一、於レ是篤《ク》勤精苦《スルコト》若レ救《ヲ》二頭燃一、毎レ見入《ニ》二仏堂一合掌胡跪《シテ》一心《ニ》念仏《ス》、非《レハ》二力竭《ノツクルニ》一不レ休、雖《トモ》二寒水《ナリト》一亦須《マテヲナカルルアセ》レ流レ汗以《テ》表《ヲ》二至誠一 出《タリ》二龍舒《ノ》浄土文《ニ》一

予祖師ノアトヲオモヒテ三寸火舎ニ香ヲモリテ、ソノ香ノモヘハツルマテ合掌シテ、毎日三時高声ニ念仏スルコトヒサシクナリヌ、ソノ間ニ霊証ヲエタル事度々ナリ、

と語ったのを、さらに他人に聞かせている。信憲は遊蓮房の兄俊憲の子で、同じく遊蓮房の弟覚憲の弟子であるから、この遊蓮房の言葉の伝承経路は筋が通っている。右の言葉からすると、遊蓮房は善導の芳躅を慕い、高声念仏に励み、念仏において霊証を得ていた。だから遊蓮房は「念仏三昧ニオヒテ、一定証ヲエタルヒト」と評され、「少納言入道（信西）ノ一族コソテ遊蓮房ヲタトム事、仏ノ如シ、ウヤマウコト、キミニ同シ」であった。

善導の行業に関して王日休の『龍舒浄土文』が引かれているが、この部分は遊蓮房が善導を仰いで念仏に精進したことを知らせるのを眼目に、『明義進行集』の作者信瑞が独自の考えで挿入したものと考えられる。(47) 現存の『明義進行集』は弘安六年（一二八三）に書写されたもので、「出二龍舒浄土文一」としてある部分は誤写が多い。しかしここに引かれている善導の行業はすでに宋の元豊七年（一〇八四）に編まれた『新修往生伝』から採られたものので、遊蓮房はかかる伝記によって善導の行業を学んだのであろう。また高声念仏主義者の遊蓮房の周辺をみると、南都浄土教の影響があったかとも推測される。すなわち父信西は一時高階経敏の猶子となって高階氏を称していたことがあるが、この経敏の子が東大寺三論宗の敏覚であり、敏覚は「珍海カ面授口決ノ弟子」であった。(48) 珍海にはいうまでもなく、善導の『観経疏』散善義の就行立信条に基づいて「称名実是正中之正也」とした『決定往生集』があったし、また敏覚の直弟が遊蓮房より三歳年少の弟明遍であった。遊蓮房が、敏覚なり明遍を通して、南都系浄土教の論書に触れたであろうことも考えられるが、確証がないので断定はできない。また遊蓮房

の行業には、源信作と伝えられる「極楽六時讃」を誦するなど天台系浄土教の影響も認められるので、彼は叡山浄土教の環境下にも在ったのである。彼は叡山浄土教と南都系のそれとの影響を一身に受けていたともいえようか。しかし、ここで、善導を憑依として高声称名を実践した遊蓮房の宗教が、いかなる学派的支柱によって構築されていたかを詮索するよりも、彼が教団を背景とせず、民間的な、隠遁者の世界に身を投じて、ひたすら往生行を修していたことに注目したい。民間浄土教にあっては既に、往生行の専修性や高声念仏がその特色を形成していた。遊蓮房の行業は、民間浄土教に展開していたものと根底は同質であった。彼の宗教は民間浄土教を背景とした上に、善導を師表と仰ぎ、念仏行において発得の境地に達していたことにその特質がある。まさしく遊蓮房は、法然がもっていた二つの関心、すなわち前にも述べたように、民間に育っていた専修の念仏行と、特に善導的な往生行を修する求道者とに対する志向に適う人物であった。山にいる法然が遊蓮房に心を寄せたのは恐らく、先に述べたような人的関係からみて信空を介してであろうが、たとえ信空がいなくても遊蓮房のことを聞き及んだと考えられる。なぜなら遊蓮房は信西一族の間だけでなく、信西の子として隠遁しても世人の注意をひき、その往生に当っては慈円の耳にもその噂が届く程に、[50]その名と修行ぶりとは世間に聞こえていたからである。法然は身近にある現身得証の人として、遊蓮房の許に馳せ参ぜずにはおれなかったに違いない。

その頃遊蓮房は広谷に止住していたが、法然も「つゐに四明の巌洞をいでゝ、西山の広谷といふところに居をしめ」たのであった。このことは法然伝上重要な「下山」の問題と関連している。法然の下山は、従来、専修念仏への帰入とその勧化、すなわちいわゆる開宗と関係づけて説明され、[51]天台教団からの離脱を意味するものとみられていた。[52] しかし近頃の研究では、いずれも法然の下山が布教と直接結びついたものでなかったことが指摘されたにもかかわらず、その下山の理由については種々の見方があって一致していないのである。例えば、法然の主体的な立場に観点を置いて、専修念仏行者となって修学の目的が果たされた以上、叡山に止まる必要もなくなり、専修念仏の法を得た確信が法然を下山せしめたとするもの、[53] また、善導憑依を表明した以上、叡山に止まる積極的理由がなくなり、下山はむしろ叡山にいることが都合悪くなったからだろうとするもの、[54] また下山して広谷に居を移したことに関連して、高倉天皇に授戒するためであったとするもの、[55] 叡空から独立別居を許されたからであろうとするものなどがある。[56] これらの説はそれぞれ開宗その他についての特色ある見解に支えられて立論されているが、法然の主体的立場と彼をとりまく周囲の情勢とが、下山、それもとくに西山広谷へ移ったことに結びつく必然性については説明しつくされていないことに不満が残る。

この点、今まで述べてきたように、法然の思想と行動とを考えあわすと、伝記上重視されている四十三歳の時の下山の直接的な目的は、念仏三昧において霊証を得た聖に直接出会って、但念仏の自内証をさらに確固たるものにするためのものであった。したがってこの下山は教化を目的としたものでもなく、ましてや天台教団と訣別するためのものではなかった。法然は元久元年（一二〇四）の「送山門起請文」でも「叡山黒谷沙門源空」と自ら称している位である。あくまで自行策励のための下山であり、広い意味での求道の一道程であった。

称名一行に対する確信を得た法然は、まだ多くの課題を残しながらも、比叡山を下って広谷の遊蓮房を訪れ、彼との触れあいのなかで称名行についての信念を確かめた。両者の接触はほんの二、三年であったが、その間の道交があったればこそ、法然は遊蓮房の臨終の善知識となり、遊蓮房は「臨終ニ九念シテイマ一念ト、法然上人ニススメラレ申シテ、高声ニ一念シテ、ヤカテイキタへ」たのである。遊蓮房の終焉の地は善峰別所であり、いつこの地に移ったか明らかでないが、恐らく死期が近づいてからであろう。それまでは広谷に居住していた。法然が広谷で居住した房舎はのち吉水の地に移され、「吉水中房」とよばれた。(57)この房舎が広谷居住に当って法然が新たに構えたものか、それとも当時の聖が、他の同法を訪れた時と同じように、はじめ遊蓮房と同居し、のち彼から譲られたものかいずれともわからないが、いずれにしても少なくとも遊蓮房と死別するまでは広谷の地にあって、その後吉水の地に移され、やがて新房などが増えてからは「吉水の中の房」とよばれるようになったのである。この建物は、「中房」といわれるように、吉水では根本の房舎であるから、法然の東山移住と同時に吉水の地に移されたのであろう。とすると、従来四十三歳下山の年に東山に居住したと伝えられてきたが、東山居住の時期を遊蓮房と死別した治承一、二年の頃まで、二、三年繰り下げた方がよいことになる。広谷移住のことが『法然上人行状絵図』にしか伝えられていないのは、広谷時代が二、三年の短さであり、また教化のためのものではなかったから、吉水の教化時代に入室した門弟にとってはさして重くみられず、伝記にも書き留められなかったのであろう。また諸伝記にもみられるように、下山即教化、開宗という考えが先に立って、伝記作者はあやまって教化の地吉水への移住を下山の年に直結させたのであろう。しかし在叡中の同法であった信空の系統の所伝によって、広谷移住の事実とその理由が以上の通り知られるのである。

四　宗名「浄土宗」の成立

——第一次思想成熟——

四十三歳頃、『観経疏』との出会いを通して称名の一行に踏みきり、念仏三昧の現証を得ることを理想とした法然が、その後いかなる宗教体験と思想形成の過程を経て、自ら己れの宗教思想を「選択」と特質づけて[58]、いつ頃選択本願念仏義を成立せしめたかが次の問題となるが、『選択集』以前ではわずかな講説聞書しか遺されておらず、また大原問答など顕著な事蹟に関しても詳しい内容が伝えられていないので、思想的転回の大きなうねりのさまをあとづけることは容易ではない。

しかし、前にも述べたように、法然はすでに称名を弥陀の聖意に即して考えてみるべきことに気づいていたから、その後の研鑽が救済者たる弥陀の意思をさぐることを中心に推し進められたであろうことは想像に難くない。『往生要集』註釈書以後、『選択集』以前に位置する講説の聞書が、『無量寿経』などいわゆる浄土三部経の講釈を内容としていることは、善導の釈義によりながら浄土の経典に直参して仏意を確かめようとしたことを如実に物語っている。法然が経論疏の習学に当って、たえず仏意を探ろうとする態度を保持していたことは、「爰於二善導和尚往生浄土宗一者、雖レ有二経論一、無レ人二於習学一、雖レ有二疏釈一、無レ倫二讃仰一、然則無レ有二相承血脈法一、非二面授口決儀一、唯浅探二仏意一、疎窺二聖訓一、任二三昧発得之輩一、宣二一分往生之義一」[59]という言葉からも窺われる。

石井教道氏は法然の遺文を思想的に三期に分け、第一期の『往生要集』諸註釈書と第三期の『無量寿経釈』などの三部経釈、『逆修説法』『選択集』との間に、第二期として『三部経大意』『往生大要鈔』を挙げられたが、(60)『往生大要鈔』には一念義の輩に言及している箇所があるから同氏のいう第二期に属するものではなく、また『三部経大意』は選択の文義がないので、一応、三部経釈以前に位置づけてよいと思う。そこでこの『三部経大意』をみると、四十八願中「衆生ノ彼国ニムマルベキ行ヲタテタマヘル」第十八の生因の願が「コトニスグレタ」ることや、『観経』の「光明遍照」の文を第十二光明無量願、第十三寿命無量願、第十七諸仏称揚願、第十八念仏往生願、第十九臨終現前願の五願に関連させて説くなど本願に多く触れ、さらに三心、三字の名号を述べ、「平等ノ慈悲ニモヨヲサレテ」おこされた本願の不思議を信ずべきことが強調されているのに注目される。藤堂恭俊氏は、『三部経大意』から法然は「本願の不思議」を「阿弥陀」なる三字の名号の深勝性を通して、また三学非器という自覚をもつ自身を通して「三心」を掘り下げていったことが窺われるが、これは宗教的客体と主体を結ぶ「名号」と実践の心の持ち方たる「三心」という浄土教の重要な要素を吸収しての解明であって、新たに接した善導教学の受容の一断面を示すものである、と述べておられる。(62)藤堂氏の指摘のうち、法然の「弥陀如来・観音・勢至・普賢・文殊・地蔵・龍樹ヨリハシメテ、乃至カノ土ノ菩薩・声聞等ニ至ルマテソナヘ給ヘル所ノ事理ノ法門、定慧功力、内証ノ実智、外用ノ功徳、惣シテ万徳無漏ノ所証ノ法門、悉ク三字ノ中ニ収マレリ、(中略)今此宗(浄土宗)ノ心ハ、真言ノ阿字本不生ノ義オモ、天台ノ三諦一理ノ法モ、三論ノ八不中道ノ旨モ、法相ノ五重唯識ノ心モ、惣テ森羅ノ万法広ク是ニ摂習フ、極楽世界ニ漏タル法門ナキカ故也」という名号観は、称名の勝行たる所以をはじめて打ち出したものだ、とされた点がきわめて注目される。大橋俊雄氏は『三部経大意』では称念が何が故に勝であるかについて言及していないといわれているが、(63)この名号観を導入させて考えるならば、称名勝行の義が主張されていることがわかる。この万徳所帰の名号観は、香月乗光氏によるならば、源信の『観心略要集』の影響があろうという。(64)法然は「われ聖教を見ざる日なし、木曾の冠者、花洛に乱入のとき（寿永二年）、ただ一日聖教を見ざりき」(65)とも、「貧道従二山修山学之昔一五十年間、広披二閲諸宗章疏一」(66)とも述べているように、聖教の研鑽を続けたのであって、源信の著作や比叡山の伝統的教学に対する研究を怠ることなく、その知識に培養されて自己の教学を形成したのである。藤堂氏の所説でいま一つ示唆深いのは、『三部経大意』の「廻向発願心」を説く段で、『観経疏』玄義分の「極楽ノ弥陀ハ報仏報土也、未断ノ惑ノ凡夫ハ惣シテ生スヘカラスト云ヘトモ、弥陀ノ別願ノ不思議ニテ、罪悪生死ノ凡夫ノ念十念シテ生ス」との文が引かれているが、法然は「未断ノ惑ノ凡夫」という言葉に三学非器としての自分を感じとり、そのような自分が往生し得ることを再確認せしめられるとともに、「弥陀ノ別願ノ不思議」の解明にあたらざるを得なかったのだ、と指摘されたことである。法然の機根に対する省察は善導の教学に触れて一段と深まり、同時に機根相応の法門がもつべき教学体系についての思索が急速に進んだとみられる。この「未断ノ惑ノ凡夫」であるという認識と、さきの本願の不思議に対する仰信との二つが法然教学形成の出発点となっている。

つまり、往生行は阿弥陀仏号の専称であると決定して、善導教学の広汎な受容を始めた法然は、救済者の聖意を本願の不思議に窺うとともに、称名が勝行である所以を名号の最勝性でもって明かそうとし、善導らの教導によって未断惑の凡夫に適った法門を提示せんとしていたのである。この思索の方向は、やがて三部経釈においてはっきりと示された。例えば、『無量寿経釈』では、「四十八願ノ興意」を述べる条に「選択」の義を示したあとで、第十八願に一切の諸行を選び取って往生の本願とされたのは何故かとの問を設け、これに対し「聖意難レ測、不レ能二輙解一」としながらも、勝劣・難易の二義をもって明かそうとし、「初勝劣者、念仏是勝、余行是劣、所以者何、名号者是万徳之所レ帰也、然則弥陀一仏所有四智・三身・十力・四無畏等一切内証功徳、相好・光明・説法・利生等一切外用功徳、皆悉摂二在阿弥陀仏名号之中一、故名号功徳最為レ勝也、（中略）然則仏名号功徳勝二余一切功徳一、故捨レ劣取レ勝、以為二本願一歟」と説明している。[67]また『阿弥陀経釈』では、さきにも述べておいたが、『往生要集』註釈書で挙げた三番問答中の六義を引きながらも、自説・不自説の義を、ここでは、本願・非本願の義と言い換えているのである。[68]これは本願に対する思索が深まったことによる変化とみられる。また、未断惑の凡夫が往生し得るのだという確信に基づいて、未断惑のままで、往生するのが往生浄土の法門であるとの提撕となり、同じく『無量寿経釈』では「往生浄土之法門、雖レ未レ断二煩悩之迷一、依二弥陀願力一生二極楽一者、永離二三界一、出二六道生死一、故往生浄土之法、是未二断惑一出二三界一法[69]」と説かれるに至った。

もちろん『無量寿経釈』『阿弥陀経釈』などは、例の承安五年から一五年も経過したときのもので、[70]その思想上の特色はもっと全体的に展望しなければならないが、ここでは、機と本願、つまり対応関係をもつ両極の凡夫と弥陀についての思索が、『三部経大意』から『無量寿経釈』にかけて貫かれていることを指摘しておきたい。この思索上の重点が法然の思想的特質を構成する基軸となり、これに基礎を置いて法然が自らの立場を鮮明に打ち出していたことは、これら三部経の講釈より以前にあった「大原問答」からも窺われるところである。「大原問答」

は文治二年に行なわれたと伝えられているが、[71] その内容はよくわかっていない。しかし始原の法然伝記によれば、法然はこの問答で「弥陀本願之旨、明明説レ之」[72] いたという。また問答の発議者となった顕真の「如何輒遂二往生一耶」という問に対して、「成仏雖レ難往生易レ得也、依二道綽善導意一者、仰二仏願力一為二強縁一故凡夫生二浄土一云々」[73] と答えたと述懐している。このとき弥陀の本願のことにあわせて機根のことをも力説した。法然は「浄土宗弘二於大原一談論時、法門比牛角論事不レ切、機根比源空勝たりし也。聖道門法門雖レ深今機不レ叶、浄土門似レ浅今根易レ叶云時、人皆承伏云々」[74] と懐古している。このように「大原問答」での法然の法談の基調は本願と機根のことにあったのである。

法然は善導教学を依拠として自身の宗教を築いていったが、「雖レ未レ断二煩悩之迷一、依二弥陀願力一生二極楽一」ずる「往生浄土之法門」について「立二宗名一」て、これを「浄土宗」「往生浄土宗」と称した。そしてかく名づけるのは自分が最初ではなく、「自他宗人師、既名二浄土一宗一」づけるところであるとして、『逆修説法』や『選択集』では元暁の『遊心安楽道』、慈恩の『西方要決』、迦才の『浄土論』、善導の『観経疏』などを挙げ、その証拠としている。[75] 法然が善導や善導と思想的脈絡をもつ人師の宗的立場を「浄土宗」「往生浄土宗」として領解したことは、「善導和尚往生浄土宗」[76]、「善導偏以二浄土一為レ宗」[77]、「迦才、善導ハトモニコノ浄土一宗ヲモハラニ信スル人ナリ」[78]、「道綽、善導等ノ浄土宗ノ聖人」[79] などと述べてあることによっても明らかである。しかしこの「浄土宗」なる語は、法然が自分の立場に立って善導らをみた結果であるから、つまるところは法然自身の宗教的立場を指すものであった。

「浄土宗」という言葉が講録に出てくる最初は『三部経大意』であろうが、そこには「浄土宗ノ心ハ、浄土ニ生レムト願ルヲ菩提心ト云ヘリ」とある。(80) 菩提心は法然が浄土の祖師とした人々もみな往生の行としての重要性を強調したものであるが、法然はこの菩提心が往生を願う願生心に転換されてはじめて浄土宗の菩提心となり、往生の行となるのであって、そうでない限り菩提心は捨てられねばならないとした。(81) 法然は、善導の主張がそう積極的でなかったのに、「唯善導一師許下無二菩提心一之往生上」したと理解した。(82) これは香月乗光氏のいわれる如く、善導によりながらも、その実は法然によって形成された独自の見解である。(83) このような思想的態度は「浄土宗」の概念の場合にも見受けられよう。『三部経大意』で述べられている「浄土宗ノコヽロ」は善導など浄土宗の立場に基づいた法然独自の見解であり、「浄土宗」の語も、法然自身他宗の人師が用いた証拠があるとはいうものの、まさに法然の「初申」であった。

ではこの「浄土宗」なる概念がいつ生まれたのであろうか。著作ではなく伝記の上でのことであるから明確ではないが、「一期物語」によれば、法然は晩年かの大原問答を回顧して、「浄土宗弘二於大原一談論時云々」と述べ、このときに既に「浄土宗」なる想念が定立していたようである。もちろん浄土宗なる概念の内容は、師資相承観が確立するなどして進展していくが、その起点は善導の教学に憑依して見出した「未二断惑一而出二三界一法」に対して、浄土宗なる宗名を立てたことにあった。『私日記』は、法然四十三歳のとき「始入二浄土門一」り、「修二念仏三昧一立二浄土宗一」てたが、南都北嶺の誹謗嘲弄があり、然る間文治二年(一一八六)の頃に大原問答があったとして、浄土門帰入と同時に浄土宗の開宗があったように叙述している。しかし四十三歳のときの「始入二浄土門一るということが、法然の心的転換の大きなうねりの序曲を意味するものであったことは前にも述べた通りである。この段階において法然が自己の宗教的立場を示すのに「浄土宗」なる表現を用いたとの明証は存在しないのである。法然の回心、すなわち心的転換は即時にして成ったであろうが、その教学の転換の成就にはなお時間を必要としたであろう。この法然における仏教の転換の開始から成就までを、私は心的転換の大きなうねりと考えるのであって、その転換のひとまずの果遂の指標となるのが「浄土宗」なる語の定立であると思う。「浄土宗」の概念が生じてこそ、浄土宗の開立ということもできるのである。その時期を確定することは、所与の資料が皆無にひとしいので困難であるが、今もみてきた通り、『三部経大意』の講述以前において、また文治年間を遡ることそう遠くない頃においてであったと考えられる。つまり承安五年（一一七五）後一〇年以内元暦の頃までの時期において、法然は、弥陀の本願に信を寄せ、称名の一行に徹する宗教的立場を「浄土宗」として旗幟を鮮明にし得る確信を得たのである。

勿論この段階での浄土宗は宗団としてのものではなく、また宗義としての浄土宗であったにしても、その教学体系の中心をなすものは善導流の本願義であって、法然独自の選択義はまだ開顕されていない。選択本願義へと発展していく方向性は胚胎されていたであろうが、それが教義としてはっきりと現われているのは文治六年（建久元）、五十八歳の時の浄土三部経の講釈においてであって、少しさきのことである。専修念仏への帰入をもって法然における仏教転換となし、「浄土宗」なる概念導入をとらえて第一次の思想成熟とみるなら、この選択本願念仏義の成立は第二次のそれであるといえよう。八宗・九宗と並列した教団としての「浄土宗」が形成されるのは、この第二次の思想進展以降に属している。

法然における思想進展の第一次から第二次にかけての時期は、源平二氏の興亡とそれに続く武家政権の樹立という変革期とぴたり一致している。このことは、法然の宗教が、有為転変の体験が人々をして生死からの離脱を心底から願わしめたこの時代を背景として、一段と深化したことを物語っている。自身の出離においてはすでに確定しおわっていながらも、他人への教化は「時機難レ叶故」に躊躇していた法然も、右のような時代を背景として、伝道への姿勢をとることになり、その宗教的立場を「浄土宗」と表明したのであった。そして法然の思考はこの時代の社会的契機とあいまって、やがて選択本願義という一段と成熟した思想体系を盛った「浄土宗」を成立させることになったのである。

註

（1）『源空聖人私日記』、『法然上人伝記』（醍醐本「一期物語」）、『法然上人伝絵詞』巻三（琳阿本）、『法然上人伝記』巻第一下（九巻伝）、『法然上人行状絵図』巻六、『黒谷源空聖人伝』第九（十六門記）、『知恩講私記』、法然上人伝研究会編『法然上人伝の成立史的研究』第一巻（対照篇上）三八頁。

（2）『拾遺古徳伝』巻三、『法然上人行状絵図』巻六、『法然上人伝の成立史的研究』三九頁。

（3）『拾遺古徳伝』巻三（『法然上人伝全集』五九六頁）。

（4）『法然上人行状絵図』巻一三（同右書、五七頁）。

（5）石井教道氏編『昭和新修法然上人全集』序。

（6）赤松俊秀氏「鎌倉仏教の課題」（『史学雑誌』六七―七、『続鎌倉仏教の研究』所収）。

（7）大橋俊雄氏「法然上人の叡山修学に就て」（『浄土学』二五）、同「法然上人語録研究序説」（『浄土学』二七）。

（8）藤堂恭俊氏「浄土開宗への一歴程――源信より善導へ――」（香月乗光氏編『浄土宗開創期の研究』所収）。
（9）藤堂恭俊氏「浄土宗開創前後における法然の課題をめぐって」（『仏教文化研究』一七）。
（10）『往生要集詮要』（『真宗聖教全書』四、四二五頁）。
（11）『法然上人伝記』醍醐本「一期物語」（『法然上人伝全集』七七四頁）。
（12）『浄土宗全書』七、九五頁。
（13）『選択本願念仏集』「善導和尚立二正雑二行一捨二雑行一帰二正行一之文」（『昭和新修法然上人全集』三一四頁）。
（14）註（9）参照。
（15）『昭和新修法然上人全集』序、九頁。
（16）井上光貞氏『日本浄土教成立史の研究』三一二頁。
（17）『十六門記』（『法然上人伝全集』七九六頁）。
（18）『源空聖人私日記』（同右書、七七一頁）。
（19）『法然上人行状絵図』（同右書、二五頁）。
（20）『獅子伏象論』巻中末に「本伝」を引いて「承安四年（中略）興二浄土宗一」（同右書、九九二頁）と記するほか、開宗およびこれに類する言葉は用いられていない。
（21）香月乗光氏「法然上人の浄土開宗の年時に関する諸説とその批判」（『仏教文化研究』六・七、同氏編『浄土宗開創期の研究』所収）。
（22）香月氏は「宗教的確信が内心の事実として把握され、新しい精神的世界が開かれることを開宗というのである」「得脱の道が自己にとって唯一絶対の依拠として『宗』となり、そこに開宗の事実が存する」などと説明する。註（21）参照。
（23）『本朝祖師伝記絵詞』（『法然上人伝全集』四七三頁）。
（24）望月信亨氏『浄土教之研究』五二頁。
（25）（26）石田茂作氏『写経より見たる奈良朝仏教の研究』一六一～一六三頁。
（27）田村円澄氏『法然上人伝の研究』九三頁。
（28）覚融『選択集秘鈔』（『浄土宗全書』八、三四〇頁）。

(29) 石田充之氏『日本浄土教の研究』二九頁。
(30) 『源空聖人私日記』(『法然上人伝全集』七六九頁)、『浄土随聞記』(『真宗聖教全書』四、六九一頁)。
(31) 田村円澄氏「『源空聖人私日記』の成立過程」(恵谷先生古稀記念『浄土教の思想と文化』所収)。
(32) 註(8)参照。
(33) 『知恩講私記』(『法然上人伝全集』増補再版、一〇三五頁)。
(34) 『新修往生伝』(『続浄土宗全書』一六、九一頁)。
(35) 『阿弥陀経釈』(『昭和新修法然上人全集』一五七〜一五八頁)。
(36) 『法然聖人御説法事』(同右書、二一四頁)。
(37) 『私日記』(『法然上人伝全集』七七〇頁)。
(38) 井上光貞氏前掲書、二五〇頁以下、拙稿「浄土教と賤民層について」(『仏教文化研究』一五)。
(39) 井上光貞氏前掲書、三一五頁。
(40) 本書第一章第二節参照。
(41) 『明義進行集』巻二(仏教古典叢書本、三六頁)。
(42) 『玉葉』治承五年閏二月二十三日条。因に邦綱出家の治承五年当時叡空はすでに没しているから、この黒谷聖人は赤松俊秀氏がいわれる如く(『続鎌倉仏教の研究』)法然である公算が大きいが、信空もまた「一朝ノ戒師、万人ノ依怙」(『明義進行集』)であったから信空ともみられる。
(43) 『本朝祖師伝記絵詞』巻二(『法然上人伝全集』四七七頁)。
(44) 『山槐記』治承三年四月二十日条。
(45) 『尊卑分脈』(『新訂増補国史大系』六一、四八八頁)。
(46) 望月信亨氏の校訂による仏教古典叢書本には、一部誤読がある。本書では原本によって訂正したものを引用した。
(47) 『龍舒浄土文』は紹興辛巳年(一一六一)の編述とも淳熙八年(一一八一)の著作ともいわれているから、遊蓮房が披閲し得たか疑問である。法然は「逆修説法」で「チカゴロ唐ヨリワタリタル龍舒浄土文トマウス文候」といっているから、建久五年(一一九四)頃より少し前にわが国に伝わったものと思われる。

(48)『三会定一記』第一、保元二年条（『大日本仏教全書』興福寺叢書第一、三一八頁）。『明義進行集』には「敏覚ハ長門ノ法印ト号 ナカトノカミタカハシノツネトシノ子、越前已講珍海カ面授口決ノ弟子ナリ」とある。

(49)『明義進行集』巻二、明遍条下。

(50)『愚管抄』巻第五に「信西ガ子ニ是憲トテ信乃入道トテ、西山吉峰ノ往生院ニテ最後十念成就シテ決定往生シタリ」と出ている。

(51)「上人一向専修の身となり給にしかば、つゐに四明の巌洞をいでゝ（中略）たづねいたるものあれば、浄土の法をのべ、念仏の行をすゝめらる」（『法然上人行状絵図』）、「黒谷をいでて吉水に住し給、これひとへに他を利せんためなり」（『法然聖人絵』）、「諸方の道俗を化せんがために、承安五年甲午の春、行年四十二にして黒谷を出て、吉水に住したまふ」（『古徳伝』）、「高倉院御宇、承安五年甲午の春上人四十三、黒谷をいでゝ吉水に住し給ふ、其より以来、浄土の法門を談じ、念仏の行をひろめ、普方人を勧め給ふに云々」（『九巻伝』）、「上人巳に和尚の指授を蒙て黒谷の禅坊を出て吉水の庵室に住給しより以来、自行化他併念仏の勤なり」（『十六門記』）、「承安四年甲午春二月九日、出二叡山黒谷一住二洛陽東山吉水大谷一興二浄土宗一」（『獅子伏象論』巻中末所引「本論」）、「晩見二信師往生要集一乃棄二所業一、倡二浄土専念之宗一、承安四年出二黒谷一居二洛東吉水一、盛説二専修及円頓菩薩大戒一」（『元亨釈書』第五）などと述べられ、下山が境となって、自行化他ともに念仏となって浄土宗が興されたことが強調されている。

(52)田村円澄氏前掲書、一〇三頁。

(53)註(21)参照。

(54)註(52)に同じ。

(55)椎尾弁匡氏『日本浄土教の中核』二六頁。

(56)三田全信氏「法然上人の下山について」（『仏教文化研究』九）。

(57)「没後起請文」（『昭和新修法然上人全集』七八四頁）。

(58)『徹選択集』に法然が「諸師作レ文必本意有レ一、慧心立二因明直転義一、善導釈二本願念仏一義一、予立二選択之一義一作二選択集一」と述べたと伝えている。

(59)『阿弥陀経釈』（『昭和新修法然上人全集』一四五頁）。

(60) 註(5)参照。

(61) 「又一念にも一定往生すなれば、念仏はおほく申さずともありなんと、あしく心うる人のいできて、つみをばゆるし、念仏をば制するやうに申しなすが返々もあさましく候也」(『昭和新修法然上人全集』六一一頁)。

(62) 註(9)参照。

(63) 大橋俊雄氏『法然・一遍』(日本思想大系)四〇四頁。

(64) 香月乗光氏「法然教学における称名勝行説の成立」(『仏教文化研究』四)。

(65) 『法然上人行状絵図』巻五(『法然上人伝全集』二三頁)。

(66) 「一念義停止起請文」(『昭和新修法然上人全集』八〇二頁)。

(67) 『無量寿経釈』(同右書、七一頁)。

(68) 『阿弥陀経釈』(同右書、一三三頁)。

(69) 『無量寿経釈』(同右書、六八頁)。

(70) 『阿弥陀経釈』(善本『漢語燈録』)。後記に「本ニ云、文治六年二月一日、於東大寺講之畢、所請源空上人、能請重賢上人」とあり、同じく『観無量寿経釈』には「本ニ云、文治六年庚戌二月二日云々」とあって、阿弥陀経の講釈の方が先であったかの如くであるが、『阿弥陀経釈』には「抑双巻無量寿経、観無量寿経、阿弥陀経、浄土三部妙典、自二開白之朝一至二結願之夕一、合三ケ日間、一一文句細々雖レ不二消釈一、管見所レ及、短慮所レ量、或任二経論之誠説一、或依二人師之解釈一、三経大旨、念仏少分、依二善導和尚御意一、取レ要抽レ詮、如レ形奉二解釈一了」と述べられているから、文治六年二月、『無量寿経』より順次『阿弥陀経』へと経釈が行なわれたと思われる。

(71) 『私日記』に「文治二年之比」と出ている(『法然上人伝全集』七七〇頁)。『私聚百因縁集』は「文治五年」と伝える。

(72) 『私日記』(『法然上人伝全集』七七一頁)。

(73) 『法然上人伝記』「一期物語」(同右書、七七四頁)。

(74) 『法然上人伝記』「三心科簡事」(同右書、七八五頁)。

(75) 『逆修説法』(『昭和新修法然上人全集』二三六頁)、『法然上人御説法事』(同上書、一七二頁)、『選択集』(同上書、三一一頁)。

(76) 『阿弥陀経釈』(同右書、一四五頁)。

(77)『観無量寿経釈』(同右書、一二七頁)。
(78)『法然上人説法事』(同右書、一七二頁)。
(79)『念仏大意』(同右書、四〇五頁)。
(80)『三部経大意』(同右書、四五頁)。
(81)香月乗光氏「法然上人の浄土開宗における仏教の転換」(同氏編『浄土宗開創期の研究』所収)。
(82)『法然上人伝記』「一期物語」(『法然上人伝全集』七七七頁)。
(83)註(81)に同じ。

第二節　遊蓮房円照と法然の下山
——法然の聖的世界への接近——

一　円照研究の意義と円照伝

法然の経歴が比較的明らかになってくるのはその生涯の後半において、しかも六十歳に近くなってからであり、それ以前の事績については伝えられるところがきわめて少なく、たとえ伝記にみえていても不明に属することがほとんどである。

しかし実は伝記上空白のこの時期にこそ、浄土宗の開創、比叡下山といった文字通りの画期的な事績が含まれているのであって、この点、生涯の前半、特に開宗前後の時期の究明が切に望まれるわけである。法然の諸伝記が伝える承安五年、法然四十三歳の前後の空白の時期を埋めることなしに、法然の宗教およびその成立過程を明かすことはできないといえよう。

このため第一節では、法然の源信から善導へと移行する教学上の関心を追って、その開宗への歴程を思想的側面から考究したわけであるが、この節では観点を転じて主として開宗前後の後白河院政期における法然周辺の人物を取り上げ、特にその中心に遊蓮房円照を据えて、これら人物群にみられる人間関係から法然の宗教の形成を考察しようと思う。

遊蓮房円照は藤原通憲の子息であり、法然の開宗の頃に、「念仏ニオヒテ証ヲエタル」「道心堅固」(『明義進行集』巻二)な念仏者として知られ、また後で述べるように、法然の同法であり、高弟でもあった信空の家系たる葉室流藤原氏とも関係があった。したがってこの遊蓮房を軸に、藤原通憲一族、葉室流藤原氏の人々に潜んでいる糸をたぐっていけば、法然その人と宗教とに密着した人物系譜が、伝記上空白であった時期に出現することが予測されるのである。

遊蓮房のことを正面から取り上げた論文は管見ではきわめて少ない(1)。しかし臨終の善知識に法然を迎え(後述)、また法然から常に、

浄土の法門と、遊蓮房とにあへるこそ、人界の生をうけたる、思出にては侍れ、

といわれた(2)遊蓮房のことは、いま一度見直す必要があろう。

遊蓮房については断片的な史料しかないが、そのなかで比較的多く触れてあるのは信空の弟子敬西房信瑞が著

した『明義進行集』である。もとよりこの書は「方今末学ノ異義ヲタヽンガタメニ先哲ノ微言ヲアツめたもの」（巻三末）で、各人の事績を明らかにしようとしたものではないから、遊蓮房についても主として信仰・行業・人柄などを略述しただけである。しかし簡単ながら経歴に関する記事も書かれている。そこでまず遊蓮房の人物像を大略把握するため、この『明義進行集』巻二「高野僧都明遍」条下の記事の全文を、そのままの順序で内容的に分類し、これに番号を附して左に掲げてみよう。

Ⅰ〔評言〕又（明遍）病中ニ、或人時（マヽ）カタテイハク、遊蓮房カヒシリ骨ニハ世間ニナニコトモ対スヘキモノナシ、頼業カ学生ハカリヤモシ対揚ナラムト、大納言入道光頼ハマウサレケリ、

Ⅱ〔係累〕空阿弥陀（明遍）ハ遊蓮房カオトウト解脱房カオチナルカ、難勘ノコトニテアルナリ、

Ⅲ〔人柄〕ヒトノコヽロニクヽオモヒタルコノユヘカ、遊蓮房ハコトハヲイタシテモノマウサルヽコトハナカリキ、ソノコトハサウラウウナト人申ス時ハ、ウナツカレシハカリナリ、

Ⅳ〔澄憲宛消息〕最後ニ所労ノ時、安居院ノ法印ノモトヘ消息ヲツカハシタリケリ、ソノ状ニイハク、後世ノツトメニハナニコトヲカセムスルト人申シ候ハヽ、一向ニ念仏ヲマウセト御勧進アルヘク候、智者ニテオハシマセハ、世間ノ人定メテ尋申候ハムスラムトテ申候也トマウサレタリシカハ、オホロケナラテハ、サ様ノコト申スヘクモナカリシ人ノモシ証ノエタルコトノアリシアラムトタツネ申サムトオモヒシホトニ、ヤカテウセラレキト法印カタラレキ、

Ⅴ〔行業〕経一巻モ書籍一巻モミニ持セサリシ人ナリ、法花経ハ初心ノ時オホヘラレタリキ、後ニハ一向念仏

ハカリナリ、

Ⅵ〔臨終〕臨終ニ九念シテイマ一念ト、法然上人ニスヽメラレ申シテ、高声ニ一念シテ、ヤカテイキタヘヌ、

Ⅶ〔出家経歴〕廿一ニシテ出家、卅九ニシテ往生、ハシメニハ西山ニヒロタニトイウトコロニ止住、後ニハヨシミネニシテ終焉ト云々、

Ⅷ〔係累〕遊蓮房ハ少納言入道ノ第十一ノ男、信濃ノカミコレノリナリ法名円照、

Ⅸ〔念仏現証〕澄憲法印ノモシ証ノエタルコトノアリシヤラム、タツネ申サムトオモヒシアトニウセラレキト不審シ申サレタルコトハ、遊蓮房ノ念仏ニオヒテ、証ヲエタルコトヲシリヲヨハレサリケルニアリ、ソノ証ヲエラレタルヨシヲ、南都ノ修善院ノ僧正信憲ノ人ニカタリ申サレケルハ、故遊蓮房ノノタマヒシハ、高声念仏ハカナラス現徳ヲウル行ナリ、ヨリテ善導ハ貞観中見《テ》二西河《ノ》綽禅師《ノ》浄土九品《ノ》道場《ヲ》一、於レ是篤勤《ク》精苦《スルコト》若レ救二頭燃《ヲ》一、毎レ見二入仏堂《ニ》一合掌胡跪《シテ》一心念仏《ス》、非《レハ》二力竭《ノツクルニ》一不レ休、雖《トモ》二寒水《ナリト》一亦須《マテヲナカルルアセ》レ流レ汗以《テ》表二至誠《ヲ》一出《タリ》二龍舒《ノ》浄土文《ニ》一予祖師ノアトヲオモヒテ三寸火舎ニ香ヲモリテ、ソノ香ノモヘハツルマテ合掌シテ、毎日三時高声ニ念仏スルコトヒサシクナリヌ、ソノ間ニ霊証ヲエタル事度々ナリ、ソノ証相ヲハヽカリヲナシテ、カサネテイカニトモタツネ申サヽリキト、カレハ念仏三昧ニオヒテ、一定証ヲエタルヒトナリ、

Ⅹ〔行業〕ソモ〳〵遊蓮房ハ、身ハホソ〳〵トシテカハユキホトニ、甲斐ナケナル嬰孩第一ノ人也ケリ、シカレトモ聊ノアリキニモ、一幅半ナル極楽ノ曼陀羅ヲトモニ具シタル、小法師ニハモタセスシテ、ミツカラクヒニカケテ、ヤスミモシ、トヽマリモスル処ニハ、左右ナクニシニカケテ、コレヲカミ、極楽六時讃ヲオ

ホヘテ、時ヲタカヘス誦シテ念仏ヲ申サレケリ、

XI〔一族の崇敬〕スヘテ少納言入道ノ一族コソテ遊蓮房ヲタトム事、仏ノ如シ、ウヤマウコト、キミニ同シ、
コレスナハチ道心堅固ニ、勇猛精進ニシテ、チリハカリモ俗ニ混セサルユヘナリ、

右のように、信仰の書たる『明義進行集』の性格からいって当然ではあるが、遊蓮房の経歴に関する記事は僅少である。しかし出家前の名を是憲といい、その家系については、学才一世に高く、後白河院の近臣として権勢をふるった少納言入道信西（藤原通憲）を父とし、「四海大唱導、一天名人」（『尊卑分脈』）たる安居院の澄憲、「有智ノ空阿弥陀仏」（『明義進行集』）といわれた明遍とは兄弟、また「能説名才」（『尊卑分脈』）を謳われた聖覚や笠置の解脱房貞慶とは叔父・甥の間柄にあったことが述べられている。

遊蓮房の母のことには触れてないが、『尊卑分脈』によれば近江守高階重仲の女であった。[3] 遊蓮房の生没年は不明であるが、次のように推定することができる。すなわち『明義進行集』には「廿一ニシテ出家」（Ⅶ）とあるが、この出家が平治の乱における父信西の死や一族の解官・遠流と関係があり、「（平治元年）十二月十日解官、同廿二日配流越後国、同卅日出家」[4] という兄俊憲と同じ経路を辿っているとするなら、平治元年（一一五九）二十一歳出家とみて、その生年は保延五年（一一三九）、通憲三十四歳の時の子ということになる。とすると「卅九ニシテ往生」（Ⅶ）ということであるから、その没年は治承元年（一一七七）である。通憲の生前に、そのとりなしで官途の昇進を果たした中山忠親が、治承三年（一一七九）四月、遊蓮房の終焉の地である善峰別所に向かい、「故信乃入道少納言入道信西子入滅所」たる「三間庵室」を訪れている[5]から、かりに出家の年が兄俊憲よりおくれて平治二年であった

としても、その没年は治承二年である。『尊卑分脈』には「平治配佐渡国、出家、往生人」とあり、また信濃守[6]当時から出家していたことを示す史料も他に見当らないので、右の如く保延五年誕生、治承元年逝去とみてよかろう。したがって遊蓮房は法然より六歳下であった。

通憲は「時ニトリテサウナキ者」（『愚管抄』巻第五）で、「我子ドモ俊憲大弁宰相・貞憲右中弁・成憲近衛司ナドニナシ（中略）法師ドモ、数シラズオホカ」（同上）ったが、この子らも父に縁座して「僧は度禄（縁）を取、俗は位記を取」（『平治物語』上）られ、配流に処せられた。[7] 是憲（遊蓮房）の配所は安房とも佐渡ともいわれているが、[8] 翌永暦元年二月には「信西ガ子ドモハ又カズヲ尽シテメシカヘ」（『愚管抄』巻第五）されたと伝えられているから、配所へは実際に赴かずして出家したのであろう。貞憲の如きは流罪に処せられなかったともいうし、[9] 覚憲は「住京之間被レ免」れている。[10]

通憲には「才智文章ナド誠ニ人ニ勝レ」（『愚管抄』巻第五）た子息が多かったが、遊蓮房も学問の奥義を会得する才能を有し（Ⅰ）、父からその将来を期待されていた「学生」であった。遊蓮房は出家以前に、源義朝から婿に望まれたが、この時通憲は「我子ハ学生ナリ。汝ガムコニアタハズト云アラキヤウナル返事」をし、その上当時の妻の紀二位藤原朝子（後白河天皇の乳母）が生んだ成範を清盛の婿にしたので、義朝は遺恨に思ったという。[11] 遊蓮房は優れた資質を有していたので、藤原信頼の乱逆による身上の変化がなければ、『明義進行集』の先の記事Ⅰに出てくる明経博士清原頼業（文治五年〈一一八九〉没）のように、学者としての大成が可能であった。しかし『明義進行集』によれば、言葉かずも少ないもの静かな性格で（Ⅲ）、痩せ型のどことなくひ弱いインテリであった（Ⅹ）。出家後は俗事を避け、道心堅固、勇猛精進の日々を送った(Ⅺ)。一族は遊蓮房を崇敬すること仏や君の如くであったという。兄弟のなかにあっても異色の存在であった。

二　円照の宗教

上述の如く、遊蓮房は年齢的には信空よりも一層法然に近く、しかも法然の開宗は遊蓮房の宗教生活が高潮に達した時期においてであり、かつ臨終の善知識という間柄の存在したことが窺われたのであるが、両者の間にはもっと密接な関係が潜んでいるのではなかろうか。もし二人を結びつけるものがあるとするなら、それは第一に信仰面の一致でなくてはならない。そこで次にこのことを検討するため遊蓮房の宗教をみてみよう。

『明義進行集』によれば、遊蓮房は初心の時には『法花経』も覚えたが、のちは「一向念仏ハカリ」であった(Ⅴ)。安居院澄憲によれば、遊蓮房が最後の所労の時に澄憲宛に消息を送ったが、それには、貴房のような智者には世間の人が後世のつとめにいかなることをすればよいかと尋ねることも多かろうが、そのときにはぜひ「一向ニ念仏ヲマウセ」と御勧進ありたい、とあった(Ⅳ)。そしてこの消息を受け取った澄憲は、なにごとにも確信がない限りはっきりと言い切らない遊蓮房が、このようにきっぱりと後世のつとめに一向念仏を勧める以上、念仏の現証を得たに相違なかろうから尋ねてみようと思ったが、果たさないうちに遊蓮房がなくなったという(Ⅳ)。

澄憲は遊蓮房が念仏において証を得たことを知り及ばなかったのであるが、南都の修善院の信憲は遊蓮房から聞き及んで、これを人に語ったこともあった(Ⅸ)。信憲は通憲の子息、興福寺別当覚憲の弟子である。『興福寺別当次第』によれば、嘉禄元年（一二二五）九月、八十一歳をもって修禅院で入滅しているから(12)、遊蓮房より六歳下である。『興福寺別当次第』には「近江君信玄息」と書かれているが、「文治元年遂二維摩講師一、四十一」とあって(13)、『三会定一記』の該当条下には「文治元年乙巳宝積院四十一講師信憲興福寺法相宗〔俊憲宰相子〕」とあり(14)、『尊卑分脈』にも俊憲の子として「信憲興福寺別当僧正」と出ているから、師の覚憲とは叔父・甥の間柄であった。したがって遊蓮房とも同様の関係にあり、遊蓮房を尊ぶこと仏の如くであった一族にとってみれば、信憲が遊蓮房の念仏現証のことを知っていたのも不思議ではない。因にこの信憲の師、覚憲は、法然を「称二仏陀一展二供養一」（『知恩講私記』）た蔵俊の弟子であった。『興福寺別当次第』覚憲の条には「母近江守高階重仲女、（中略）以二蔵俊僧都一為二依学師範一」とあって(15)（『尊卑分脈』には覚憲の母は記載されていない）、遊蓮房と覚憲とは同母の兄弟であることが知られる。遊蓮房がなくなったとき、覚憲は四十七歳、信憲は三十三歳である。信憲は、遊蓮房と兄弟であり、かつ自分からすれば叔父であり師でもある覚憲から、「故遊蓮房ノノタマヒシ」こと(IX)を知ったのかもしれないし、あるいは直接遊蓮房から聞いたのかもわからない。年齢的にもありうることであるし、『明義進行集』の書き方からすると信憲が直接聞いたようである。

さて、「故遊蓮房ノノタマヒシ」ことは、「高声念仏ハカナラス現徳ヲウル行」であり、善導の芳躅を慕って「三寸火舎ニ香ヲモリテ、ソノ香ノモヘハツルマテ合掌シテ、毎日三時高声ニ念仏スルコトヒサシ」き間に、「霊証ヲエタル事度々」であったということであった。その証相については、信憲ははばかりをなして重ねて聞かなかったようであるが、遊蓮房が「念仏三昧ニオヒテ、一定証ヲエタルヒトナリ」と評されたことは注目される。後世のつとめは一向称念をおいて他にないという確信を持ち、念仏において霊証を得ていたことは、法然の宗教との関連を考える場合特に重要である。

このほか彼の行業をみると、他行のときには一幅半の「極楽ノ曼陀羅」を携帯し、休憩、宿泊の折これを西面に掲げて拝み、時をたがえず「極楽六時讃」を誦して念仏を称えたという（Ⅹ）。この「極楽ノ曼陀羅」が、観相念仏にあたって用いられた「観経浄土変相図」なのか、往生観を修するための「極楽迎接曼陀羅」なのか、『明義進行集』の文言だけではさだかでない。しかし「極楽六時讃」については伝源信作の「六時讃」（『浄土依憑経論章疏目録』）と考えられる。

ともあれこのようにして「道心堅固ニ、勇猛精進ニシテ、チリハカリモ俗ニ混セサル」生活であった（Ⅺ）が、その「無極道心者」（『法水分流記』）であった遊蓮房が軌範としたのは善導であった。信慧が伝えている遊蓮房の言葉の中にも、善導の行業に注目している箇所がある（Ⅸ）。『明義進行集』の叙述には、善導の行業に関して王日休の『龍舒浄土文』が引かれているが、この書がわが国へもたらされた年時が明らかでないから、遊蓮房が披見し得たかどうかは問題である。ただ法然はこれを見て逆修説法の時に言及している。遊蓮房が『龍舒浄土文』自体を披閲できなかったにしても、善導の行業を知ることはできた筈である。すなわち「善導ハ貞観中見二西河綽禅師浄土九品道場二云々一」の文は、宋の元豊七年（一〇八四）に作られた『新修往生伝』にすでに出ているものである。同書には「釈善導、（中略）唐貞観中見下西河綽禅師行二方等懺一及浄土九品道場講中観経上、導大喜曰、此真入二仏道一之津要、修二余行業一迂僻難レ成、惟此観門速超二生死一、吾得レ之矣、於レ是篤勤精苦、若レ救二頭燃一、（中略）導入レ堂則合掌蹠跪一心念仏、非二力竭一不レ休、乃至寒冷亦須レ流レ汗、以二此相状一表二於至誠一云々」（傍点が『龍舒浄土文』の部分）とある。ついでにいうと法然作と伝えられる『浄土五祖伝』には、『新修往生伝』『龍舒浄土文』の右の部分が引かれている。『新修往生伝』の方は成立時期から考えても院政期には閲読できたであろう。しかし『明義進行集』に引用されている『龍舒浄土文』の箇所は念仏精進のことを知らせるのが眼目のようであるから、この部分は作者の信瑞が独自の考えで挿入したとも思われる。

もし遊蓮房が『新修往生伝』などの善導伝をみていたとするなら、それがいかなる事縁契機によってであったかを明かさなければならないが、この点については満足な答えが得られない。ただこういうことはいえるであろう。出家当初は『法花経』を覚え、また源信の「六時讃」を諷誦したというから、天台的な環境に身を置いたわけであり、天台浄土教に傾いた場合、『往生要集』によって善導の名を知るに至ったであろうことは十分考えられる。当時、『往生要集』は遁世聖の座右の書であった。[16] さらにまた「毎日三時高声ニ念仏スルコトヒサシクナリヌ」（IX）というところからみると、観想を認めながらも「発レ声不レ絶称二念仏号一」（『往生拾因』）することを勧めた永観や「称名実是正中之正也」（『決定往生集』）と述べた珍海、さらには『往生拾因』を競い写してもって念仏宗となした「念仏之輩」[17]の行業も影響していると考えられる。また慶滋保胤、大江匡房、三善為康、藤原宗友らが著した往生伝にも目を向け、称名の往生人に感銘したこともあったであろう。またのちになって「経一巻モ書籍一巻モミ（身）ニ持」たなかった（V）遊蓮房も、はじめは『往生要集』『往生拾因』、往生伝などのいわば西方行者の必読書籍ともいうべきものぐらいは、「学生」としての経歴からみても、当然持っていたことであろうし、また披閲したであろうと推測される。

称名中心主義――善導の意に立脚した――を高揚した永観や珍海の教学は、浄土教史上法然の宗教への一道程として注目されているが、(18)この南都浄土教と遊蓮房との出会いについて、単なる机上での典籍披閲以上の事縁が考えられないものであろうか。ここで想起されるのは、東大寺三論宗の敏覚のことである。

「長門ノ法印」と号し、「三会ノ講師ヲトケ、法勝寺ノ証義ヲツトメ、東大寺元興寺等ノ別当ニ住」(『明義進行集』巻二)した敏覚は、長門守高階経敏入道を父とし、(19)「珍海カ面授口決ノ弟子」(同上)であった。康治元年(一一四二)の興福寺維摩会には珍海が講師、敏覚が竪義をつとめている。(20)さらに注目されるのは遊蓮房の父藤原通憲が、一時敏覚の父経敏の猶子となって高階氏を称していたことである。『尊卑分脈』には、

経敏（長門守　正四下）――通憲（少納言　正五下　法名信西　実藤原実兼一男也）

と出ている。(21)敏覚と通憲にはこのような俗縁があった。さらに通憲に仕え、その推挙で官を得、通憲最後の時に西光の法名をもらい、のち鹿ヶ谷事件の首謀者となった藤原師光と敏覚との間にも、「敏覚ハ西光カヤシナイキ(養君)ミ(中略)ナリ」(『明義進行集』巻二)という関係があった。因に、西光は平清盛のために斬刑に処されるとき、敏覚に美絹一〇〇疋を寄進すべき旨を遺言し、敏覚はこの絹をもって、かつは西光出離のため、かつは自身の行法のため、洛東の住房の近くに一堂を建て、「ソノカヘ(壁)ニ等身ナル光ホトケヲ図シ、左右ニ木像ノ観音勢至ヲタテヽ、ヒカリ堂ト号ス、コヽニシテツネニ妓楽ヲトヽノヘテ往生講ヲ修ス、ツヒニ臨終正念ニシテ、往生ヲトケオハ」

ったという。[22] かの通憲の子息、空阿弥陀仏明遍はこの敏覚の直弟であった。

このように遊蓮房は、父通憲、その家従西光、あるいは高階氏などが敏覚と構成する諸関係を通して、東大寺三論の名匠、換言すると永観、珍海、敏覚と次第する南都浄土教と有縁の存在であった。ことに敏覚は「カネテ西方ノ行人者」（『明義進行集』巻二）であり、住房を洛東に有しているから、遊蓮房の高声念仏が永観・珍海らの浄土教に導かれる面があるとするならば、「珍海カ面授口決ノ弟子」たる敏覚の存在に留意せざるを得ないのである。敏覚の弟子であり、遊蓮房とは兄弟である明遍のことも考えられるが、明遍とは何かの理由で「難勘ノコト」があった（Ⅱ）ので、遊蓮房との接触が考えられる東大寺三論系の人はやはり敏覚である。また敏覚は、法然の浄土宗の開立があった承安五年三月に東大寺八十二代別当に補せられ、それより衆徒の違背に苦しみ、安元二年の三月に任半ばにして退いている（『東大寺別当次第』）から、遊蓮房との接触はこれよりもっと早い時期であったろう。決定的な史料がないのでやや憶測に過ぎる嫌いがあるが、右のようなことが推測されるのである。

かく観じきたると、遊蓮房は『往生要集』的な観相の念仏にあわせ、南都系浄土教が強調した善導の義に立脚する称名正定主義を汲み取った高声称名の実践者であったことが知られる。彼は北嶺系浄土教と南都系のそれの特色を併せ持っていたともいえようか。そして先にも注目したように、遊蓮房は「念仏三昧ニオヒテ、一定証ヲエタルヒト」、「霊証ヲエタル事度々」の念仏聖であった。彼はまさしく現身に証を得た人であった。「口称之力現身得レ証、等ニ導和尚ニ同ニ感禅師一、寧非ニ一向称名功一乎、寔是専修念仏徳也、行順ニ本願一勤称ニ仏意一、以レ之為レ験以レ之為レ証」（『知恩講私記』）と讃えられ、自身も確かに「初常見ニ宝樹宝宮殿一（中略）後親拝ニ化仏化菩薩二一（同上）

した法然にとってみれば、遊蓮房はまさしくその先達であった。このように、法然の開宗に近接した時期に存在し、信仰的にも最も法然に近かった人物は遊蓮房をおいては他になく、法然研究の上からもきわめて重視されるのである。

三　法然の宗教的志向と下山問題の新視点

『明義進行集』によれば法然は遊蓮房の臨終の善知識をつとめており、それだけでも両者の間柄が並々ならぬものであったことを示しているが、遊蓮房がおかれている時代的信仰的位置が前述の如くであるとすると、法然と遊蓮房との接触についてもっと積極的な意義を見出すことが可能であろう。

ここで法然その人の思想遍歴と遊蓮房のそれとの対比や交叉しあう面を跡づけてみるべきであるが、遊蓮房の史料が限定されているので、ここでは法然と遊蓮房との一致点である善導帰依の問題だけを取り上げてみよう。これについては藤堂恭俊氏によって次の如く考えられている。すなわち『往生要集料簡』『往生要集略料簡』には必ず善導に帰すべき旨が見えており、「十即十生、百即百生」とは必得往生という断定であり、この断定を裏づけるものは善導の宗教体験そのものであって、『新修往生伝』の説や善導を阿弥陀の化身とする慈雲の説を、法然は「十即十生、百即百生」の証として受け取り、一層善導に傾倒していったのであると。[23] 思うに法然にあっては善導こそ念仏往生の活きた証左であった。もちろん法然は善導の『観経疏』を依拠として宗教的自己変革を遂げたのであるが、法然にとってみればその回心を支えたのは善導の書物だけでなく、善導その人のすべてであった。

法然は「本朝所レ渡之聖教、乃至伝記目録皆被レ加二一見一了」（『私日記』）とか、「十八歳之秋、遁レ名栖二黒谷一、爾降一切経律論鑽仰忘レ眠、自他宗章疏巻舒無レ倦、此外和漢両朝伝記古今諸徳秘書、何不レ携レ手、何不レ浮レ心乎」（『知恩講私記』）といわれているように和漢の伝記をひろく読み、善導の行業についても伝記によってこれを知り、善導を「於レ道既有レ証」る「三昧発得之人」として渇仰したのである。[24] この善導観は『阿弥陀経釈』『逆修説法』『選択集』など一貫して不変であった。[25] 法然の『観経疏』による回心とかかる善導観との定立は相即したものであり、時期的にもかけ離れているとは思われない。善導に傾注し、「修二念仏三昧一立二浄土宗一」てた法然は晩年には「口称之力」によって霊証を得ること度々であった。そしてその三昧発得の瑞相を自ら記し留めたという。[26]

このような法然が壮年の頃に、既に念仏において霊証を得ていた遊蓮房のことを聞き及んだならば、それこそ身近にある現身得証の人としてその許に馳せ参ぜずにはおれなかったに違いない。その頃、遊蓮房は「西山ニヒロタニトイウトコロニ止住」していた（Ⅶ）。一方、法然の方であるが、伝記には「上人（法然）一向専修の身となり給にしかば、つゐに四明の巌洞をいでゝ、西山の広谷といふところに居をしめ給き」（『四十八巻伝』）とあって、下山最初の止住地がこれまた西山の広谷であった。

かく観じきたると、遊蓮房と法然の出会いは、法然伝で重要な「下山」の問題と関連してくるのである。従来、下山の理由については諸説があった。例えば、㈠専修念仏行者となって修学の目的が果たされた以上叡山にとどまる必要もなくなり、専修念仏の法を得た確信が法然をして下山せしめたとするもの、[27] ㈡善導憑依を表明した法然にとっては叡山にとどまる積極的理由がなくなり、下山はむしろ叡山にいることが都合悪くなったからと思われ、伝道教化や天台教団の改革を意図してのことではなかったとするもの、(28)㈢下山して広谷に居住したのは専修念仏弘通のためではなく、高倉天皇に授戒するためであったとするもの、(29)㈣師の叡空の命によって独立別居を許され、聖の生活が持続できる黒谷別所と同じような静閑の地西山の広谷へ移ったのだとするもの、(30)などがある。

これらの説はそれぞれ開宗その他についての特色ある諸見解に支えられて立論されているのであるが、諸説に接して感じられるところは、特に㈢については高倉天皇授戒の史実と授戒に当っての広谷居住の必要性に疑問が残り、㈣に関しては師命という点に新しさを感じるが、独立別居に至る必然性の解明とその史的裏づけに今さらながら困難さを感じるということである。また㈡は法然がつくり出す環境の変化に視点を置いて、㈠は法然の主体的立場に観点を置いての説明で、ともに大方の納得を得ているものであるが、法然の主体的立場と周囲の客観情勢が生み出す緊張状態の具体的種々相の中から、直接的な下山の契機を見出しえない史料的欠乏に嗟嘆せざるを得ないということである。しかし、法然の下山が布教には直接結びついていなかったとする点は各説共通であって、伝道のための下山ではなかったということと、それに、西山の広谷への居住についてはまだ十分に解明されていないということとが知られるのである。

このようなことを念頭において、上述してきた遊蓮房と法然とのことを総括すると、法然の下山は遊蓮房に会うためであり、そのために西山の広谷へ向かったのだと考えざるを得ないのである。善導の『観経疏』によって獲得した専修念仏の自内証をさらに確固たるものとし、念仏三昧において霊証を得た聖に直接出会って自己の信仰を深めるため、広谷の遊蓮房の庵室へ赴いたのである。したがってこの下山はあくまで己れ自身のために行なわれたもので、教化のためではなかった。法然は、年齢こそ自分より下ではあるが三昧発得の聖として遊蓮房を尊敬し、遊蓮房は法然を同法者として迎えたことであろう。もとより如何なる対話がかわされたか知る由もないが、法然の生涯において忘れ難き人となったことは確かである。

遁世者の居住形態に同宿、並庵などの別があったようであるが[31]、法然は広谷に新たに庵室を構えたのではなく、別所聖が他の別所の同法を訪れたときのように、おそらく遊蓮房の庵室に同宿したものと思われる。そしてその期間は短かったようである。なぜなら遊蓮房は間もなく善峰別所へ移ったからである。別所の原初的な役割は往生地であり[32]、この善峰別所においても治承三年の時点において、中山忠親の女房がここを往生の地としている例があるから[33]、遊蓮房がこの善峰別所へ居を移したのも、日頃虚弱であった彼が死期の近づいたのを知って、終焉の地として近くのこの別所を選んだのだと推定される。入滅の庵室は「三間庵室」であった[34]。慈円も「信西ガ子ニ是憲トテ信乃入道トテ、西山吉峰ノ往生院ニテ最後十念成就シテ決定往生シタリ」(『愚管抄』巻第五)と世間の噂を伝え聞いている。終焉の地としての善峰寺へ移った時期はよくわからないが、前にも述べたように寂年が治承元年のようであるから、これより少し前のことであろう。法然が下山したのは後にも述べる如く、承安四年(一一七四)とも安元元年(一一七五)ともいうから、広谷を出会いの場とした両者の接触は、ほんの二、三年の間であった。そしてこの出会いを縁として、善峰別所へ移った遊蓮房は広谷の住房を法然に譲ったのであろう。これがのちの「吉水中房本在二西山広谷一」(「没後起請文」)かと思われる。

広谷移住のことは『法然上人行状絵図』以外に記されていないが、これは広谷時代がきわめて短く、かつ教化のためのものではなかったから、吉水の教化時代に入室した門弟にとってはさして重くみられず、伝記の上でも書き留められなくなったのであろう。『法然上人行状絵図』の広谷移住の記事は「没後起請文」に「吉水中房本在西山広谷」とあるのに拠ったのであろうとする考えもあるが(35)、これはやはりその事実があったからであり、その事実が在叡中の同法であった信空の系統にのみ伝えられていることはまことに暗示的である。

広谷移住の年時については、法然諸伝の中に下山に関して『獅子伏象論』巻中末所引の『法然伝記』や『拾遺古徳伝』の如く承安四年四十二歳とするものと、『九巻伝』『法然上人行状絵図』などのように承安五年四十三歳説を述べるもの、また浄土門帰入に関しても『私日記』『四巻伝』などのように四十三歳を明記するものがあって、承安四年とも翌承安五年とも受けとれるのであるが確定的なことはいえない。ただ『私日記』や『法然上人伝記』(醍醐本)によれば、自身の得脱と他人への弘通を決心する間には時間があったようであり、この間に善導の夢中の勧奨があったことを伝えているが、遊蓮房に身近に接するため法然が下山したのも、この自身の得脱から教化への決心が定まるまでの期間に属していた、とだけはいえそうである。

法然は在叡中「於二自身出離一已思定畢」(醍醐本)っても、「為レ世為レ人雖レ欲レ令レ弘二通此行一、時機難レ量感応難レ知」(『私日記』)と心定まらず、広谷への遊蓮房訪問によって善導憑依の想いをいよいよ固め、口称の功力を体した三昧発得の聖に接して信仰上種々感ずるところがあり、やがて伝記上善導の夢中勧奨に象徴されるが如き心的経過を経て教化の決心を定め、かくて静寂の地から諸人往還の洛東へ居を遷すことになるのである。自内証を積極的に他人に説く決心は在叡中に固まったのではなく、山を下りて遊蓮房と接触している間においてであり、もしこの間に他人に説く心が決らなければ吉水へ移ることなく黒谷へ戻ったであろう。逆にいうと道俗貴賤との接触が多い吉水の地へ転じたのは、広谷時代の法然に魂の著しい高まりがあったからである。かくして法然がつねに「浄土の法門と、遊蓮房とにあへるこそ、人界の生をうけたる、思出にては侍れ」と述懐した意味がよく理解されるのである。

以上の如く、遊蓮房と法然とは相互に影響を与えあい、同法として深きちぎりがあったのである。さればこそ遊蓮房は臨終の善知識として法然を招き、「臨終ニ九念シテイマ一念ト、法然上人ニスヽメラレ申シテ、高声ニ一念シテ」（Ⅵ）、「臨終正念」（『山槐記』）に「決定往生」（『愚管抄』）した。法然も遊蓮房を深く思うところがあった。常の述懐によくそのことが現われているが、教説勧化の間にも遊蓮房のことが念頭にあったようである。法然は文治六年（一一九〇）五十八歳のとき東大寺で三部経を講じたことがあり、そのときの講録が伝えられているが、『阿弥陀経釈』をみると「夫速欲レ離ニ生死一、二種勝法中、且閣ニ聖道門一、選入ニ浄土門一、欲レ入ニ浄土門一、正雑二行中、且抛ニ諸雑行一、選応レ帰ニ正行一、欲レ修ニ於正行一、正助二業中猶傍ニ於助業一、選応レ専ニ正定一、正定之業者、即是称ニ仏名一、称レ名必得レ生、依ニ仏本願一故云々」と結論を述べ、ついで三経の大旨は善導の意に基づいて解していることを告げ、さらに浄土宗義の相承にふれて自己の基本態度を次のように表白している。すなわち「然今愚僧者、本習ニ天台余風一、雖レ酌ニ玉泉末流一、於ニ三観六即一、尚疑関未レ披、於ニ四教五時一、曚昧未レ晴、何況於ニ異宗他宗一之哉、爰於二善導和尚往生浄土宗一者、雖レ有二経論一、無レ人二於習学一、雖レ有二疏釈一、無レ倫二讃仰一、然則無レ有二相承血脈法一、非二面授口決儀一、唯浅探二仏意一、疎窺二聖訓一、任二三昧発得之輩一、宣二一分往生之義一、愚見誠不レ敏、深理何可レ当之哉、何況雖レ有二章疏一、魚魯易レ迷、雖レ有二疏釈一、文字難レ見、不レ遇二善導一者、決智難レ生、不レ訪二唐方一者、遺訓難レ了云々[36]」と。法然の相承観を窺う上できわめて重要な文言であるが、このなかで相承血脈の法も面授口決の儀もないが、己れが分量で仏意聖訓を汲み取り、「三昧発得の輩に任せて、一分往生の義を宣ぶ」といっている箇所は注目に値する。これは三昧発得者に憑依して往生の義理を宣揚するというのであって、法然は自らの領解を三昧発得の人で裏づけ、その宗教的人格を通してそれを真理としたことを自ら物語っている。「善導に遇わずば決智生じ難し」といっているが、この「三昧発得之輩」は善導だけを指すのではなく、現身に証を得て善導と同等の境域に達したものをいっているようである。善導を憑依とした三昧発得の聖たちにゆだねて往生義を立てたのだという法然の心中には、十二、三年前に強烈な印象を受けた筈の遊蓮房の俤が去来したことであろう。「三昧発得之輩」という言葉の奥には、三昧発得者の一人としての遊蓮房が存在している。

上来説述の如く、法然下山の内的契機が遊蓮房に関連していたとするならば、法然がどうして遊蓮房のことを知るようになったのかについても考察しておかねばならないが、この場合は信空がキーポイントになっているように見受けられる。以下項をかえて述べてみよう。

四　円照・法然をめぐる人物譜

いわゆる開宗以前、山上において法然が身近に接していたのは、師の叡空をのぞけば信空である。この信空と遊蓮房とにはかなり深い俗縁があった。

信空は、周知のように叡空を師とし、法然とははじめ同法、後には弟子という間柄で、法然の「補処トシテ本尊聖教三衣坊舎、コト〳〵クニモテ相伝」した人で、「一朝ノ戒師、万人ノ依怙ナリ」と評された。(37) 父は藤原行隆、祖父は同顕時である。父、行隆は東大寺再建に当って造東大寺長官となった人で、この行隆―信空という線を利用して、法然伝の作者は法然への東大寺大勧進の補職交渉とその固辞という造事をなしたと考えられている。(38)『明義進行集』によれば、行隆の父顕時は黒谷の叡空と師檀関係を持ち、法師子をもつのが年来の希望で、ようやく子の行隆と藤原通季の女との間にできた孫を出家さすことで宿願を果たした。孫とはすなわち信空である。そして信空出家後一〇年目の仁安二年（一一六七）に自分も出家し、ほどなく没した。ところで『尊卑分脈』によると、顕時の母は高階重仲の女であり、また遊蓮房の妻は、この顕時の女であった。すなわち次の如く出ている。

長隆―顕時（母 近江守高階重仲女）
　├行隆（略）
　│　├行房（略）
　│　└信空（法蓮上人 母 法然上人第一弟子）
　└女子（信乃守是憲妻）

高階重仲の女は一人のようであるから、(39) 顕時と遊蓮房とは異父兄弟ということになり、遊蓮房は信空からいえ

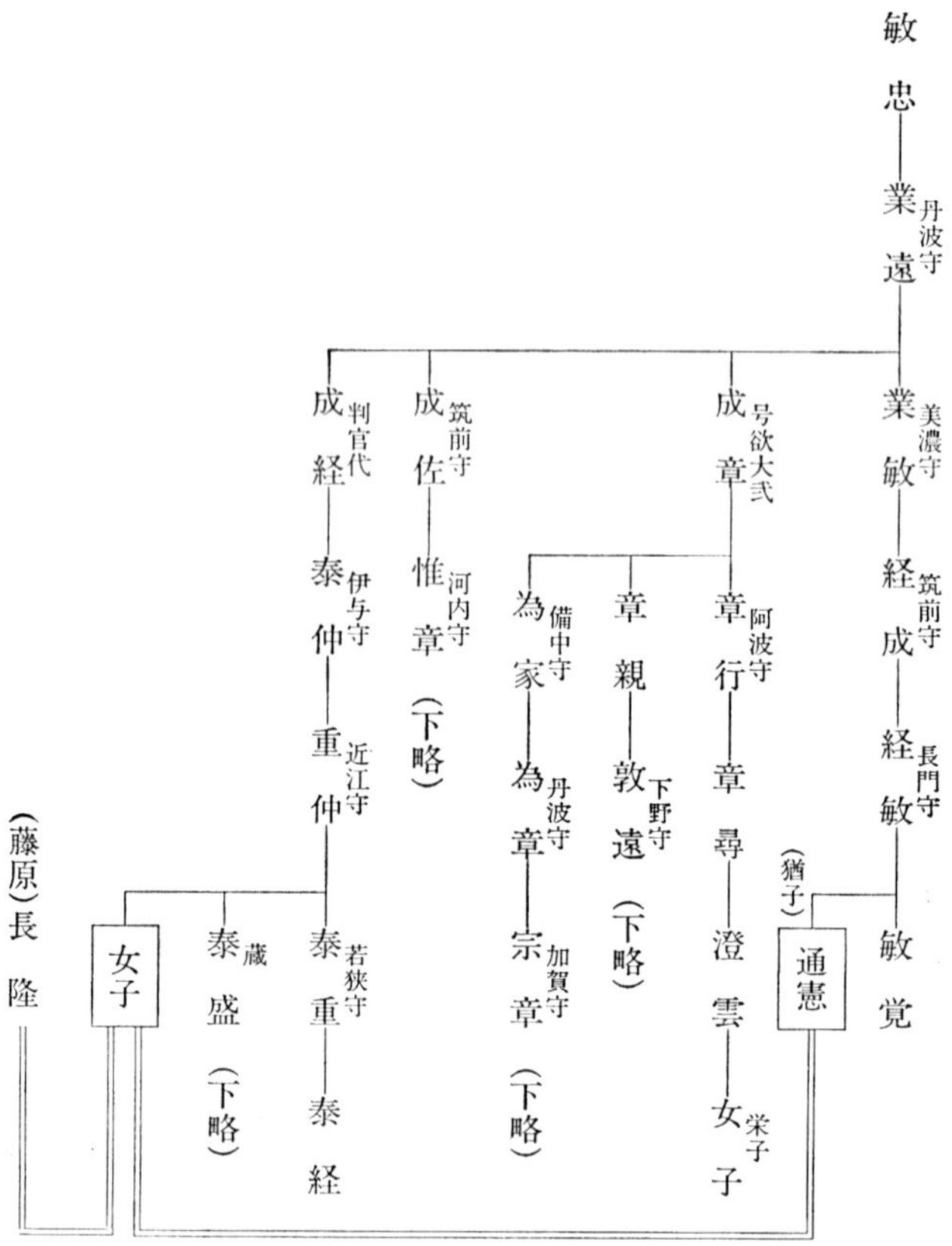

ば叔父に当る。通憲在世中は顕時も通憲の子息とともに院近臣として勢力をもっていた。平治元年には顕時と通憲の子息俊憲とが並んで参議正四位下になっている。このように高階重仲の女を介して藤原通憲一族と藤原(葉室)顕時一族とは密接な間柄にあった。因に、安楽房遵西は重仲の孫の泰経の侍であった。高階氏は諸省の卿・国守を歴任するものが多く、院政期には院の近臣として権勢をふるった。高階為章と白河上皇の関係はよく知られているし、後白河法皇の寵妃高階栄子も同族である。

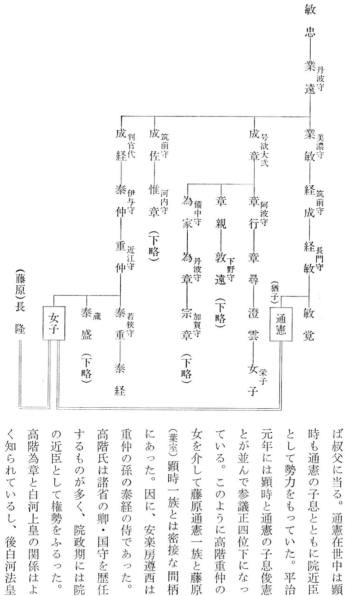

一族の国守歴任の様子と通憲との関連を示すため作系すると右の通りである。

院の近臣には、廟堂での席次も公卿の末席に近いような、摂関政治の下積みとなっていた中下流の貴族たちが集まり、富力と院の信任を得て権勢をふるったが、藤原通憲や高階氏はもとより、顕時、信空らを含む葉室流藤原氏もこれに近かった。先に分類掲載した『明義進行集』遊蓮房関係記事のⅠに出ていた「大納言入道光頼」も葉室流の人であった。彼は遊蓮房のことを知っていて、清原頼業に関連づけて寸評を下したわけであるが、遊蓮房のことが耳に入ったのは、政界の当事者として自然であったというよりも、通憲一族と葉室流との関係が密接であったことの方に大きな理由があろう。

光頼の祖父顕隆はその父為房と同様に白河院の院司であったが、妻が鳥羽院の乳母となった関係でことに寵愛を得、子孫隆盛の端を開き、葉室一流の祖となった。父の顕頼も鳥羽院院司であり、妻が二条天皇の乳母であった。顕頼は、往生者として藤原宗友の『本朝新修往生伝』に入れられる程に、浄土信仰に篤い人であった。左京九条の祖父の堂の傍に仏堂を建て、専ら仏事を勤めたが、久安三年（一一四七）十二月病に罹り、翌年正月、「口称二仏号一安二住正念一」して五十五歳で没した。(40) この顕頼の子息光頼も後白河院の院司であった。彼は保元元年参議正四位下に任ぜられ、長寛二年（一一六四）権大納言正二位となり、同年八月に出家、法名を光然といった。(41) この光頼の周囲には一門に、かの大原談義の能請者であった顕真、「化導ニ随テサハヤカニ本宗ノ執心ヲアラタメテ、専無観ノ称名ヲ行シテ往生ノ望ヲトケタル」（『明義進行集』）毘沙門堂の明禅らがいた。顕真は父顕頼の弟、顕能の子であり、明禅は弟成頼の子であった。

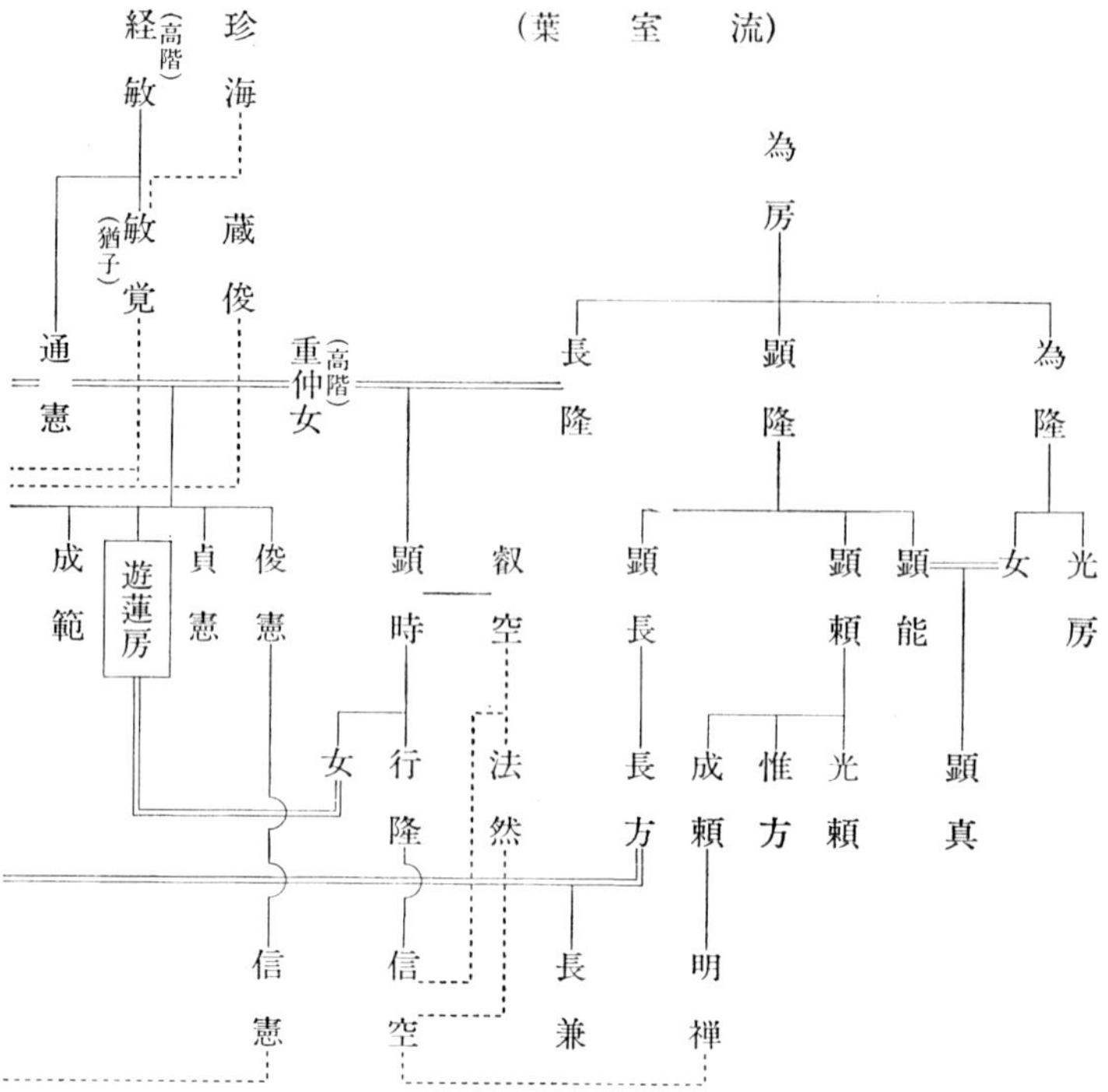

このように院政時代に権臣を多く出した葉室流藤原氏は、一門に法然関係者を有し、他方では同系の一家系が遊蓮房など通憲一族とも結ばれていた。このような人的関係に基づいて、遊蓮房のこともこの葉室流の人々に知られ易く、その家系の一員たる信空によって法然に伝えられる可能性もきわめて高いのである。法然と顕真などの接近にもかかる俗的関係を機縁としている面があるように思われる。もちろん宗教者の交流はその主体性においてなされているものであることはいうまでもないが、俗的諸関係がその交流の端緒となり、また促進させるものとなることがあるのは否めないところである。

右に述べてきたような葉室流一族と通憲

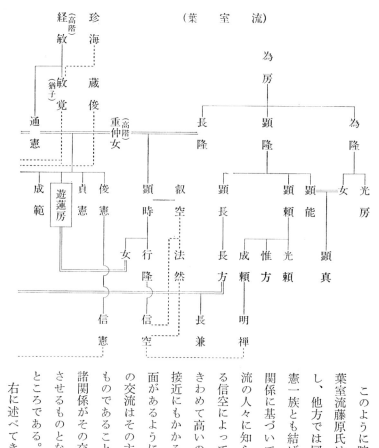

(通憲一族)

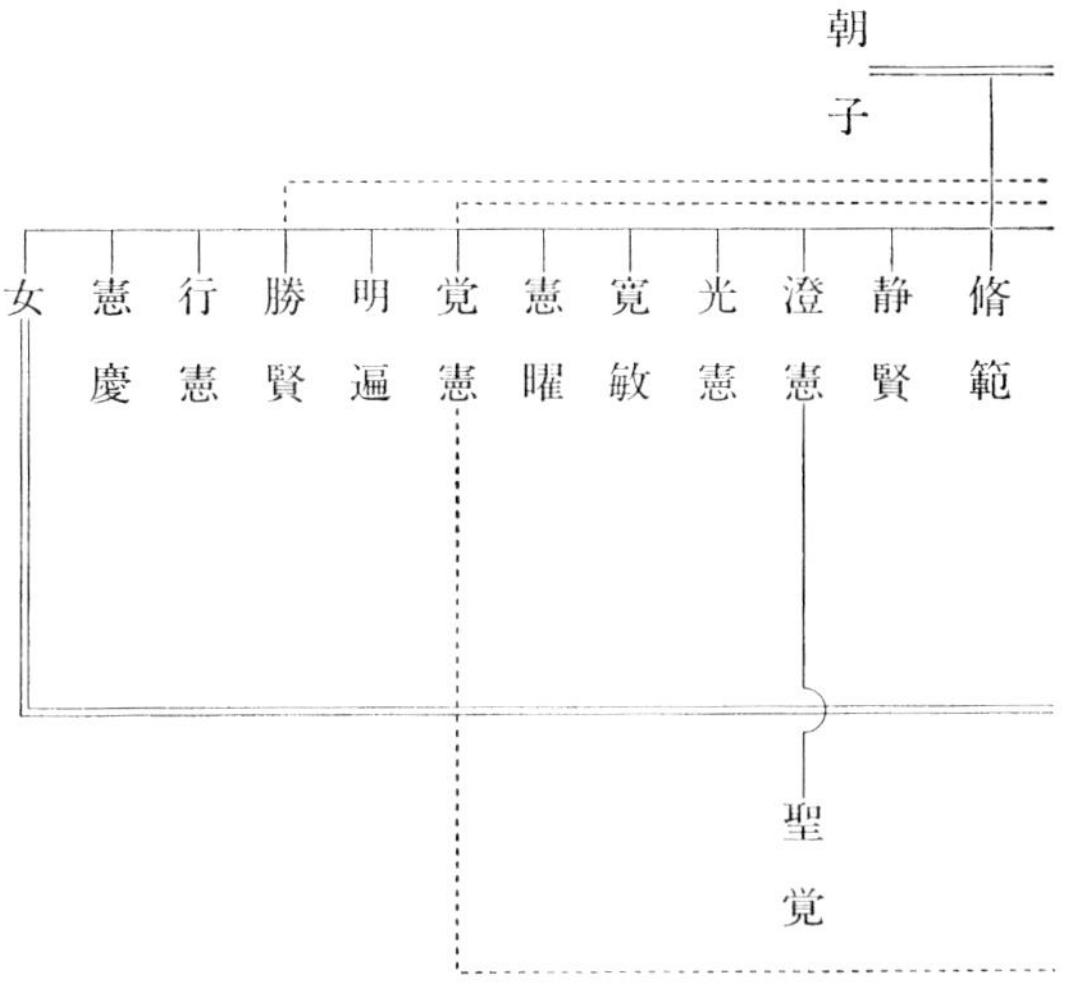

注 ‖婚姻関係、……師弟関係、——師檀関係。

一族の関連を示すため、関係の系図を作ってみると上の通りである。

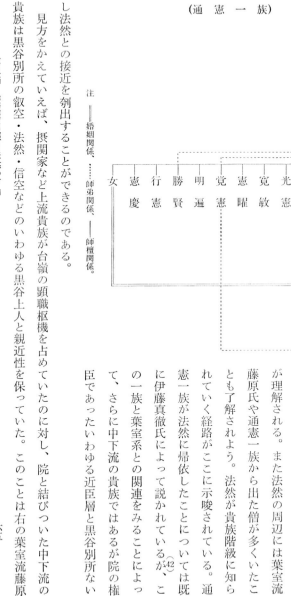

この系図によって、法然が遊蓮房のことを知ったのは、信空を介してであろうことが理解される。また法然の周辺には葉室流藤原氏や通憲一族から出た僧が多くいたことも了解されよう。法然が貴族階級に知られていく経路がここに示唆されている。通憲一族が法然に帰依したことについては既に伊藤真徹氏によって説かれているが、[42] この一族と葉室系との関連をみることによって、さらに中下流の貴族ではあるが院の権臣であったいわゆる近臣層と黒谷別所ないし法然との接近を剔出することができるのである。

見方をかえていえば、摂関家など上流貴族が台嶺の顕職枢機を占めていたのに対し、院と結びついた中下流の貴族は黒谷別所の叡空・法然・信空などのいわゆる黒谷上人と親近性を保っていた。このことは右の葉室流藤原氏などの場合で既に明らかであるが、さらに藤原邦綱の場合をも例に挙げることができる。藤原邦綱はのち平清盛に近づいたが、後白河院の近臣であった。また女の邦子は高倉天皇の、同輔子は安徳天皇の、同綱子は建礼門院のそれぞれ乳母であった。この邦綱は治承五年（一一八一）閏二月三日に出家し、同二十三日に没したが、彼の出家戒師および臨終善知識は黒谷上人であった。[43]この黒谷上人は叡空ではなく、[44]法然かまたは信空であろう。九条兼実は邦綱の死を聞いて「雖レ出二自卑賤一、其心広大也、天下諸人、不レ論二貴賤一、以二其経営一、偏為二身之大事一、因レ茲、衆人莫レ不レ惜」と述べているが、[45]兼実からすれば冬嗣六男良門の子孫である邦綱は卑賤の出身であった。そして黒谷上人はそのような家柄の低いものとこそ親しかったのである。兼実が女の宜秋門院（任子、後鳥羽天皇中宮）に受戒さすべく法然を招いたとき、「先例、如レ此上人強不レ参二貴所一之由」をいうものがあったが、[46]「如レ此上人」とは、せいぜい中下流貴族以下にその親近の対象を置いている上人という意である。この言葉の中から、逆に法然ないし黒谷別所が交渉をもった貴族がその階層では奈辺にあったかが窺われるのである。

法然と九条兼実との仏道上の交友は、すでに藤原氏長者であった彼が太政大臣となった文治五年（一一八九）以降においてみられるが、それ以前にあって法然と親近のあった貴族といえば、やはり右にみたように通憲一族ないし葉室系関係の人々であった。そしてこの家系との関係はその後も続いたのである。例えば、南都の専修念仏禁断の訴えに対して法然側に同情的であった三条長兼は、葉室顕隆の孫長方の二男で、母は通憲の女であった。また『諸人霊夢記』に出てくる兼高はこの長兼の弟であり、また惟方は顕頼の子であった。ともに法然帰依者である。

このように叡空・法然・信空などの黒谷別所は葉室流藤原氏と特に関係が深く、その後形成された法然の新教団にも、通憲一族と重層しつつ、この関連が及んでいることはきわめて注目される。遊蓮房の存在は、慈円や中山忠親がめでたき往生者として記しているように、かなりよく知られていたようであるから、法然の耳にも自然と入ったであろうが、法然が遊蓮房のことをよく知り、かつその許へ行き得たのは、黒谷別所と葉室流や通憲一族との間に右のような関係があったからである。遊蓮房と法然を結びつけたものは、広くみれば黒谷別所が持ち得た葉室流藤原氏などとの密接な関係そのものであるといえるが、狭くみれば、かかる人的関係の結節点に位置する信空であったとみられる。遊蓮房との接触は信空の仲介によって実現したという直接的な証拠は見当らないが、今まで述べてきたような状況証拠からして、このようにいい得られるであろう。

以上、遊蓮房円照と法然との関係を、遊蓮房の経歴および宗教、法然の宗教的志向、遊蓮房や法然をめぐる周辺の人物系譜などの諸点から種々検討し、あわせて開宗の前後という法然にとってきわめて重要な時期において、遊蓮房が占め得た地位のもつ意味を考えてきたが、その結果、法然の下山問題について新しい見方がなされうることになった。

すなわち、浄土教研究の過程において善導に傾倒し、この三昧発得の善導を依憑とせんとした法然は、葉室流藤原氏と通憲一族と関係の深かった信空を介して、高声念仏のうちに三昧の現証を得ていた通憲の子息、遊蓮房円照を知り、自己の到達した宗教をこの身近な念仏現証の同法者によってさらに確固たるものとせんがために、比叡山から遊蓮房のいた西山の広谷へ下ったのである。法然にとってこの下山は広い意味での求道の一歴程であった。そしてこの求道の一環としての遊蓮房とのふれあいの中で、先に得た回心にあわせて、教化へのひそかな決意が高まり、やがて貴賤道俗の真只中に身を置くべく東山へ転じることとなったのである。

したがって法然の比叡下山には、今までいわれてきたように叡山にいることが都合悪くなったからだとか、あるいは独立別居が許されたからだとか、または修学所期の目的が果たされたからだなどといった理由は見出されないのである。ましてや下山が直ちに伝道や教団改革に結びつくようなことはなかったのである。法然の下山は、遊蓮房の存在を知ることによって当然おきてきた自己変革――専修念仏帰入――の上でのきわめて意義深い道程なのであった。

このようにみてはじめて法然の下山問題をスムーズに理解することができよう。遊蓮房円照は実に、回心確立期における法然にとって、看過でき得ない人物である。では、法然の宗教形成にかくも重要な人物が、数多くの法然伝記にどうしてその名を遺さないのかという疑問が残るであろうが、この点については次のような理由が挙げられる。簡単に記すと、両者の関係は遊蓮房の早世によって間もなく絶たれ、人々の記憶に残ることが少なかったこと、たとえ遊蓮房についての法然の述懐があったとしても、救済者としての後半生の法然について多く触れねばならない伝記作者(47)にとって、求道者としての前半生については関心外にあったこと、遊蓮房のことは信空系の門弟に伝えられていたと思われるが、法然の滅後は『私日記』などに窺われるように、信空その人をもり立てようとする働きが信空派の弟子の間におこり、遊蓮房はその蔭にかくれて法然伝の表面には出なくなったことなどが考えられる。ところでここで想起されるのは『法然上人絵』(『弘願本』)のみに伝えられている「源空は明遍の故にこそ念仏者にはなりたれ」という詞である。この詞は、明遍の弟子の敬仏房に対するものであるが、歴史的事実を伝えたものか甚だ疑わしいのである。(48)この詞に続いて法然は「一代聖教の中よりは、念仏にてぞ生死ははなるべきと見さだめてあれども、凡夫なればなをおぼつかなきに、僧都の一向念仏者にておはすれば、同心なりけりと思故に、うちかためて念仏者にてはあるなり云々」と述べたというが、法然が念仏において安心決定しかねている時期の一向念仏者といえば、明遍よりも遊蓮房でなくてはならない。明遍を遊蓮房に置きかえてこの詞をみると、右の結論と抵触することなく理解することができるのである。思うにこの法然の詞は、はじめ「(明遍の兄)遊蓮房の故にこそ云々」とでも伝えられていたのが、敬仏とその師、高野の明遍にアクセントが置かれすぎて、いつしか「遊蓮房」が脱落して「明遍」のみが残ったのではなかろうか。このように考えてみると、従来疑問視されていた法然の詞も氷解するし、また遊蓮房のことが伝えられていたことの間接的な証左も存在することになるのである。

註

(1) 伊藤真徹氏「法然上人と通憲一族の帰浄――聖覚を中心として――」(『仏教大学学報』二六)、三田全信氏『成立史的法然上人諸伝の研究』三二〇～三二二頁。
(2) 『法然上人行状絵図』巻四四(『法然上人伝全集』二八四頁)。
(3) 「是憲母同俊憲」とあり、俊憲の箇所には「母近江守高階重仲女」と書かれている(『新訂増補国史大系』五九、四八六・四八八頁)。
(4) 『公卿補任』二条院保元四年条(『新訂増補国史大系』五三、四四六頁)。

（5）『山槐記』治承三年四月二十七日条「寅刻不レ秉レ燭、日未レ出向二善峰別所一西山当二大原野西南一、（中略）経二善峰本堂前一、（中略）有二一草菴一、（中略）去二此菴室一五六町、在二西北山上一号二往生院一、（中略）件持仏堂西南方岸上有二巌崛一、（中略）其後岸下有二三間菴室一、故信乃入道少納言入道信西子入滅所也、臨終正念云々」。

（6）『尊卑分脈』には「従五下、飛騨（守脱カ）、少納言」とあるが、『平治物語』『愚管抄』『山槐記』などは「信濃守惟憲」または「信濃入道」と記している。

（7）『平治物語』と『尊卑分脈』と相違する場合がある。以下（　）は『尊卑分脈』。俊憲出雲国（越後国）、成範下野国、貞憲隠岐国（土佐国）、長（脩）範阿波国（隠岐国）、惟（是）憲安房国（佐渡国）、静賢丹波国（安房国）、寛敏上総国（上野国）、覚憲伊与国、憲曜陸奥国、勝憲（賢）佐渡国（安芸国）、澄憲信濃国（下野国）、明遍越後国。静賢以下は法師。

（8）註（7）参照。

（9）『弁官補任』保元四年条（『群書類従』第四輯、八一頁）。

（10）『三会定一記』第二「平治元講師覚憲少納言入道通憲子或記云、抑当講覚憲、親父入道依レ被レ斬レ頭、後二会不レ遂レ之、教縁律師遂レ之、而依二父罪過一、僧俗子息等、皆悉可レ被レ配二流諸国一之由宣下了、雖レ然至二覚憲已講一者、依レ未二事秘露一、住京間被レ免了、則大明神冥助之由、人々有二夢想告一、云々、即房信〔教文房〕所レ語也」（『大日本仏教全書』興福寺叢書第一、三五四頁）。

（11）『愚管抄』巻第五（『日本古典文学大系』八六、二二七頁）。

（12）『興福寺別当次第』巻之第三（『大日本仏教全書』興福寺叢書第二、二九頁）。

（13）同右書、二八頁。

（14）『三会定一記』第一（『大日本仏教全書』興福寺叢書第一、三二四頁）。

（15）『興福寺別当次第』巻之第三（『大日本仏教全書』興福寺叢書第二、二五頁）。

（16）「その家のありさま、よのつねにもにず、ひろさはわづかに方丈（中略）障子をへだてゝ阿弥陀の絵像を安置し、（中略）西南に竹のつりたなをかまへて、くろきかはご三合をおけり、すなはち和歌、管絃、住生要集ごときの抄物をいれたり」（『方丈記』）。

（17）『拾遺往生伝』巻下（『続浄土宗全書』六、八六頁）。

（18）石田充之氏『日本浄土教の研究』三七頁以下、香月乗光氏「永観の浄土教」（『仏教大学学報』三〇）、藤堂恭俊氏「禅林寺永観の浄土教思想」(『日本仏教学会年報』二二)等。

(19)『三会定一記』第一、保元二年条(『大日本仏教全書』興福寺叢書第一、三一八頁)。

(20)同右(同右書、三一六頁)。

(21)『尊卑分脈』(『新訂増補国史大系』六〇下、一一三頁)。

(22)『明義進行集』巻二、明遍条(仏教古典叢書本、四頁)。

(23)藤堂恭俊氏「浄土開宗への一歴程——源信より善導へ——」(香月乗光氏編『浄土宗開創期の研究』所収)。

(24)『阿弥陀経釈』(『昭和新修法然上人全集』一五七〜一五八頁)。

(25)同右、『逆修説法』(同右書、二六五頁)、『法然聖人御説法事』(同上書、二一四頁)、『選択集』(同上書、三四八頁)。

(26)「三昧発得記」(同右書、八六三頁)、「建久九年正月一日記」(同上書、八六五頁)。

(27)香月乗光氏「法然上人の浄土開宗の年時に関する諸説とその批判」(『仏教文化研究』六・七、同氏編『浄土宗開創期の研究』所収)。

(28)田村円澄氏『法然上人伝の研究』一〇三頁。

(29)椎尾弁匡氏『日本浄土教の中核』二六頁。

(30)三田全信氏「法然上人の下山について」(『仏教文化研究』九)。

(31)『一言芳談』(『日本古典文学大系』八三、二〇四頁)。

(32)拙稿「我が国初期浄土教の形成史的研究」(『東山学園紀要』四)。

(33)『山槐記』治承三年四月二十七日条に「(前略)向二善峯別所一、(中略)女房為レ求二終焉地一所レ向也、女房二人、共人十人許相具」とある。

(34)註(5)参照。

(35)註(30)に同じ。

(36)『阿弥陀経釈』(『昭和新修法然上人全集』一四五〜一四六頁)。

(37)『明義進行集』巻二(仏教古典叢書本、三七〜三八頁)。

(38)田村円澄氏「重源上人と法然上人」(『重源上人の研究』二八〜二九頁)。

(39)『尊卑分脈』には次の通りある(『新訂増補国史大系』六〇下、一二二〜一二四頁)。

中宮権大進
近江守正四下
重仲 ┬ 泰重
　　 ├ 泰盛
　　 └ 女子（通憲妾　参議藤俊憲卿母）

(40)『本朝新修往生伝』(『続浄土宗全書』六、一六四頁)。
(41)『公卿補任』後白河院・二条院条(『新訂増補国史大系』五三、四三六・四五五頁)。
(42)註(1)参照。
(43)『公卿補任』安徳天皇条(『新訂増補国史大系』五三、四九六頁)、『玉葉』治承五年閏二月四日、同二十三日条。
(44)三田全信氏前掲書一二九頁。
(45)『玉葉』治承五年閏二月二十三日条。
(46)同右、建久二年九月二十九日条。
(47)田村円澄氏『法然』三頁以下。
(48)藤堂恭俊氏「法然上人絵に関する諸問題」(『仏教文化研究』一一)。

第二章　法然の思想進展と浄土宗（法然教団）の発達

第一節　「一枚起請文」への道程と教団の生成
――文治・建久期――

一　選択本願念仏説の成立
――第二次思想成熟――

文治六年（一一九〇）二月、俊乗房重源の請いによって東大寺で講じた浄土三部経の講説と、建久五年（一一九四）の頃、安楽房遵西の父外記入道師秀に招かれて説いた逆修供養の説法とは、かの『選択本願念仏集』の撰述に先立ち、両者とも種々の点で注目すべき内容をもっているが、なかでも見過ごせないのは、すでに「選択義」が社会性を帯びた形で述べられ、また「念仏三昧」が特に勧奨されていることである。

まず「選択義」が当時の社会の現実を背景に講説されていたことからみていこう。法然は、『無量寿経釈』の「四十八願ノ興意」を明かす段で、「選択」とは選取・選捨の義、摂取の意であると述べ、麁悪を選捨して善妙を選取することわりを四十八願に例をとって説くが、そのなかで第十八願の念仏往生願については次のようにいう[1]。諸仏土の中には、布施、持戒、忍辱、精進、禅定、般若、菩提心、六念、持経、持呪、起立塔像、飯食沙門、および孝養父母、奉事師長など種々の行それぞれをもって往生行となす国土があるが、一行をもって一仏土に配することは「一往之義」でしかない。いま第十八願では「選二捨前布施持戒乃至孝養父母等諸行一、選二取専称仏号一、故云二選択一也」と。また引き続いて一切諸行を選捨し、ただひとえに念仏一行のみを選取して往生の本願となすことの理由については、前に触れた[2]ように勝劣・難易の二義から明かそうとしているが、後者の難易の義を説く箇所で、平等慈悲の仏心を強調して次のように述べている。「念仏易レ修、諸行難レ修、故諸仏心者慈悲為レ体、以二此平等慈悲一、普摂二一切一也。仏慈悲不レ漏二一人一、普可レ利二一切一」と。そして、この平等慈悲の仏心の立場から、法蔵比丘がもし諸宗の心をもって往生の別願とされた場合どうなるかを詳述する。むかし法蔵比丘が真言宗の心によって三密章句をもって往生の別願とされたならば、無畏・不空・恵果・法全らの輩は往生し得ても自余の諸宗の人は不可能となる。同様に仏心宗の意によって見性成仏をもって別願とされたならば恵可・僧璨・弘忍・恵能らの輩のみ、法華宗の意によって一乗実相をもって別願とされたならば天台・章安・妙楽・道邃らのみ、華厳法界の意によって海印頓現をもって別願とされたならば賢首・清涼らのみ、無相宗の意によって八不中道をもって別願とされたならば嘉祥・興皇らのみ、有相宗の意によって唯識唯心をもって別願とされたならば玄弉・慈恩らのみ、四分宗によって二百五十戒をもって別願とされたならば南山・東西の律師のみ、梵網の意によって四十八戒をもって別願とされたならば恵威・明曠らのみ、それぞれ往生が可能であるが、自余の諸宗の人は不可能となる。しかし念仏往生の願はそうではない。

然念仏往生願、真言止観行人同修レ之、華厳達磨人又以修レ之無レ妨、有相無相之行人、四分五分之律師念仏無レ妨往生有レ馮、然則真言等八宗共不レ漏二往生慈悲願網一也、加之若以二布施一為二別願一、戒日孤可二往生一、一切貧窮之人不レ可レ生、若以二起塔一為二別願一、育王一可二往生一、一切困乏之倫不レ可二往生一、若以二稽古鑚仰一為二別願一、訪生光基之倫可レ生、若以二多聞広学一為二別願一、生肇融叡之類可レ生、若以二弃家捨欲一為二別願一、出家二一衆生、在家両輩不レ可レ生、若以二貴家尊宿一為二別願一、一人三公生、九民百黎不レ可レ生、然今念仏往生願、不レ選二有知無知一、不レ嫌二持戒破戒一、不レ云二少聞少見一、不レ云二在家在俗《イ出家》一、一切有心之者、易レ唱易レ生、如下一月浮二万水一無レ嫌二水浅深一、如下太陽照二世界一不レ選二地高低一、法照釈云、不レ簡レ貧云々、設雖二少聞少見一唱二名号一即生、設雖二多聞多見一称二仏名一即生、設雖二月卿雲客一、念仏者即生、設雖二田夫野人一、称念即生云々、万機摂二一願一、千品納二十念一、以二此平等慈悲一、普摂二一切一也、

すなわち、法然は第十八念仏往生願こそ、平等の慈悲に発して万機一切を摂取する本願たることを強調する。布施、起塔、稽古鑚仰、多聞広学等が往生行に適うものであるならば、戒日・阿育王らは往生できるが、貧窮困乏者は不可能となり、出家や富勢者たることが往生の条件となるならば、在家男女・衆庶は往生できない。ただ念仏往生の願のみ機根、修行形態、社会的階層の相違を超えて唱えればすべてが往生できるのだ、と説く。ここに既成仏教に対する痛烈な批判がみられるが、それは、道俗貴賤という宗教的社会的存在形態の如何を問わず、変革の時代に翻弄されて苦悩し、不安に怯える人々すべてが、今こそ阿弥陀仏の「普摂」の救済にすがるべきだ、とする法然自身の衆庶に寄せる慈愛と宗教的使命観に根ざすものであった。

『選択集』の「弥陀如来不下以二余行一為中往生本願上唯以二念仏一為二往生本願一之文」においても、右と同じことが論じられている。(3) すなわち弥陀が第十八願で念仏の一行を選取して往生の本願となし給うた聖意を勝劣・難易の義でさぐった後に、

故知、念仏易故通二於一切一、諸行難故不レ通二諸機一、然則為レ令二一切衆生平等往生一、捨レ難取レ易為二本願一歟、若夫以二造像起塔一而為二本願一者貧窮困乏類定絶二往生望一、然富貴者少貧賤者甚多、若以二知恵高才一而為二本願一者愚鈍下知者定絶二往生望一、然知恵者少愚痴者甚多、若以二多聞多見一而為二本願一者少聞少見輩定絶二往生望一、然多聞者少少聞者甚多、若以二持戒持律一而為二本願一者破戒無戒人定絶二往生望一、然持戒者少破戒者甚多、自余諸行准レ之応レ知、以二上諸行等一而為二本願一者得二往生一者少、不二往生一者多、然則弥陀如来法蔵比丘之昔、被レ催二平等慈悲一、普為レ摂二於一切一、不下以二造像起塔等諸行一為中往生本願上、唯以二称名念仏一行一為二其本願一也、

と述べ、『無量寿経釈』での趣旨を敷衍している。

先にも触れたが、(4) 念仏が弥陀の聖意にかなった本願の行であることに気づき、念仏に往生行としての独立価値があることを悟ったとき、法然はなお、なぜ弥陀が念仏を本願とされたかという問題を残していた。この点について法然は、『三部経大意』『無量寿経釈』において「平等ノ慈悲ニモヨヲサレテ」（『三部経大意』）、「真言等八宗」の行人・一切貧窮の人・一切困乏の倫・在家男女・九民百黎などの万機を「摂二一願一千品納二十念一、（中略）普摂二一切一」するがためにおこされたのが念仏往生の願であると説き、『選択集』において貧賤・愚痴・少聞・破戒の者も富貴・高才・多聞・持戒の者と同じく、みな平等に往生させんがために、造像等の諸行を本願とせず念仏の一

行をもって本願とされたのだと明かしている。また、法然は『観無量寿経釈』において、「光明遍照」の文を平等義・本願義・親縁義の三義をもって釈しているが(5)、弥陀の光明が念仏者のみを照らして、余行の者を照らさない理由を、平等義によって次のように説明している。顕密の行人や事理の行者が選捨せられ、摂取の光明が瑜伽道場や理観の縄床に照らさずして、念仏者のみに限られているのはなぜだろうか。もし弥陀の光明が、経論に博達した者や事理に利根な者に限って照らされるならば、世に多い愚痴鈍根の者はすべて漏れてしまう。これでは不平等である。しかし念仏門においては知恵愚者ともに念仏を修するから、平等に光明を蒙ることができる。凡聖・賢愚・利鈍・貴賤の別なく、ひとしく摂取の光明にあずかれるのは念仏者だけである。平等の大悲をもっての故に、光明の摂益は念仏の行者にのみあるのだ、と。これは『無量寿経釈』の第十八願釈で展開させたのと同趣の論法、説明である。

ともあれ、三部経釈において法然が抱いていた思想の一つは、弥陀の本願は平等の慈悲からおこされたものであり、弥陀の大悲は貴賤・貧富・賢愚などの差別ある社会に向けられているのであって、賤・貧・愚者の満ち溢れている現実を通してこそ、その真実性が証されるのだということにあった。

次に念仏三昧が勧奨されている点をみよう。念仏三昧はかの回心のとき既に志向されていたが、三部経釈ではこの点が一段と強調されている。

『観無量寿経釈』では、往生の行は仏名を念ずるだけでなく、観想もまた往生極楽の業因となると説き、真実の厭離穢土・欣求浄土の志があるなら、「自二今日一後、各随レ願、或一観、或二観、随レ意修レ之、或宝地、或宝池、或華座、或像想、乃至仏菩薩観、任レ願各修二習之一、各可レ期二往生極楽一」と教化し(6)、また『逆修説法』でも「如二我等一欲レ観者、必可二成就一也」と説いているが(7)、『無量寿経釈』においては、仏の相好・光明などを観じ、あるいは帰命想、引接想などにより、「一心称二念弥陀仏名一」することが念仏であるといい、一心称念の上での観仏を説いている。そして、たとえ観念を行じなくても「但信二称名一」ずれば往生は可能であると述べて、「一心称念」を勧奨している(8)。

また同じ『無量寿経釈』で、「設今時我等、専雖レ不レ持二戒行一、若一心念仏、何不レ遂二往生一」と述べ、別に戒品をたもっていなくても念仏を修すれば往生極楽ができると、称念が戒律に相応することを述べている(9)。さらに『観無量寿経釈』では、念仏三昧は重罪・軽罪ともに滅するから王三昧であると説き(10)、『逆修説法』では、阿弥陀仏の名号を念ずれば持戒清浄の人と同じであるとして、その理由を「至心専念二此阿弥陀仏名号一者、即彼仏放二無貪清浄之光一照触取故、除二婬貪財貪之不浄一、滅二無戒破戒之罪愆一、成二無貪善根身一、均二持戒清浄人一也」と述べている(11)。

このように、重罪軽罪をも滅して、持戒清浄の身とひとしくなり、往生が遂げられるのも、「一心称念」であることが不可欠絶対の条件なのであるが、『無量寿経釈』では、諸宗諸家の理観を修習しなくても、本願を憑んで「一心称念」すれば往生は可能であると主張し、戒律や理観に耐えられない凡愚の者にとっては「称二弥陀名一、一心不乱」たることが往生行である点を明かしている(12)。

さらに『阿弥陀経釈』では、念仏とは、「一心称二念彼仏名一」することだといい、『阿弥陀経』にある「若有二善男子善女人一、聞レ説二阿弥陀仏一、執二持名号一、若一日若二日若三日若四日若五日若六日若七日、一心不乱」の文こそ「専修二正行一修二念仏三昧一文」であると述べる。(13) そしてこの文中に四意があるとして次のようにいう。「若有善男子善女人」とは念仏行者を指し、善人を挙げて意は悪人を兼ね、「執持名号」とは正修念仏をいい、「若一日乃至七日」とは念仏三昧を修する時節の延促であって、意は一生乃至十声・三声・一声等の時節を兼ね、「一心不乱」とは念仏のときの心散乱せず、至誠信心に専ら仏名を念ずるをいい、これらは往生の修因である、と。また善導の『観念法門』の釈文を引いて、この経文の意はただに善人の一日七日の往生を説くだけでなく、かねて十悪の軽罪、破戒の次罪、五逆の重罪を犯した人々の往生をも明かすことにある、と説いている。

法然は『阿弥陀経釈』で、道綽・善導を念仏の一形を尽して無上菩提を証した人とみているが、(14) 右の講説で力説されているところも、まさにこれらの人師のように、往生行たる「一心称念」に励み、「念仏三昧」の法に徹すべきことにあった。かの逆修説法でも法然は、「同《おなじく》念仏ヲマフストモ、カマエテ善導ノコトク（如）、口ヨリ仏出タマフハカリマフス（中）ヘキナリ」と勧め、「欲如善導妙在純熟トマフシテ、誰ナリトモ念仏ヲタニモマコトニ申テ、ソノ功熟シナハ口ヨリ仏ハ出タマフヘキ也」と、誰でもその境地に達しえることを教えている。(15) 善導と同じ宗教的境域に至るべく、「一心称念」の「念仏三昧」を修すべきであるというのが、法然の心なのである。

法然は、この「一心称念」「念仏三昧」の法門を指して「専修念仏ノ一門」(16)「一向専念ノ往生義」(17)とも称し、行相によって「一向専称」(18)「専修念仏」(19)「専修正行念仏三昧」(20)の語を用い、正定業を示すに「一向専念」(21)といい、さらにかの正行を修する行者を「専修ノ行者」とよんでいるが、このような言葉が多く使用されるのは、三部経釈および特に逆修説法以後である。

このように、弥陀の側で選び取られていた一向専念をもって往生行とする専修念仏の法門が説かれると、これに対して既存の解脱法門に憑る人々から誹謗や不信が生まれるが、三部経の講釈がなされた建久元年頃、すでに法然の専修念仏は謗難を受けていたようである。法然は『阿弥陀経』流通分の「聞仏所説歓喜信受」の文を釈して、人あって念仏往生の法を聞き、誹謗して信じないものは極悪闡提であると述べ、経文の同箇所に対する『法事讃』巻下の釈文を引用し、その「見レ有二修行一起二嗔毒一、方便破壊競生レ怨」の文について「於二此念仏三昧一見レ有二修行一者、在家出家四衆、各起二嗔恚一、以二種種方便種種善巧一故、破二壊此法門一、競生二怨敵一」と註解し、さらに言葉を継いで「今或聖人云、天王寺等所所謗二此念仏三昧一」と述べ、誹謗の例証としている。[22]ここでは「或聖人」というだけでその名を明かしていないが、おそらく天王寺念仏系の上人から法然の説く念仏三昧が誹謗され、そのことが法然の耳にもはいっていたのであろう。

四天王寺では、天養の頃から出雲聖人が、「西門外鳥居内屋」の八幡念仏所において、初・後夜の行法すなわち弥陀悔過を行ない、[23]また年に一度京中の貴賤に百万遍念仏を勧め、その念仏結衆による恒例の「弥陀百万」は「天王寺念仏」として著名であった。[24]また久安五年（一一四九）鳥羽法皇は檜皮葺六間四面の念仏三昧院を建立し、円上人が勇猛念仏を修するために造立した金色三尺阿弥陀像を安置した。以後法皇・貴族の参詣があいつぎ、しばしば「西門之念仏」が修された。[25]後白河法皇もまた四天王寺念仏の当番を勤めた。[26]この四天王寺念仏三昧院および西門外南脇にあった念仏堂は、『阿弥陀経釈』が講義された翌建久二年九月に焼失したが、[27]念仏三昧院は一年後に再建された。[28] 栄西は建久六年（一一九五）に著した『興禅護国論』で「又念仏宗者、先皇勅置ニ天王寺一、今尊卑念仏、是其余薫也」と述べ、尊卑の念仏＝念仏宗の濫觴を、「仏法皆付ニ属国王一故、必応ニ依レ勅流通一」の立場から、鳥羽法皇の念仏三昧院の念仏に求めているが、四天王寺西門における念仏は久安前後、すなわち法然の青年時代から一段とさかんで、往反の僧俗、参詣者は跡を絶たなかったのである。四天王寺信仰もこれにつれて高まり、承安の頃には「今天王寺」と号する普成仏院が建てられ、念仏講衆が結ばれて都人の信仰を集めていた。[29]

もともと四天王寺では寛弘の頃から西門を中心に観想念仏が広まったが、他方では聖徳太子信仰や仏舎利信仰もあって、これらが互いに結びつき、平安末期の四天王寺信仰は浄土教、聖徳太子、舎利等の諸信仰が複合した形のものであった。このなかで念仏信仰は西門の念仏に象徴されるが、それは極楽堂での迎講、六時堂での念仏会など観想的な四天王寺念仏であり、また弥陀百万遍も、毎旬最終日に過去現在の念仏者名を読みあげるといったように、追善乃至は逆修の性格が濃い念仏であった。[30] したがって善導の意によって専修念仏を「衆生往生ノ正業」[31]となす法然の立場からすれば、四天王寺の念仏は助業的なものであったし、しかも四天王寺の仏事には貴賤衆庶の結縁衆が多く、文治四年（一一八八）の後白河法皇の如法十種供養には、「凡上下結縁之衆、不レ知ニ何千万一、寺辺之人家尽レ数、雖レ然猶人多、家少、空宿ニ道路一之者多」という有様であったが、[32] このような結縁の大衆に含まれる貧窮困乏、在家百黎こそ、法然の考えによるならば、専修念仏によってこそ救済されるべきものであった。

念仏三昧をもって一切の解脱法門に相対せしめた善導の意により一向専念の「但念仏」の立場に立った法然からみれば、四天王寺の念仏こそ「助念仏」であったが、常行三昧流の観想念仏的な四天王寺念仏[33]の側からすれば、法然の但念仏は謗難さるべきものであった。四天王寺と都を往反する僧俗によって、法然側の主張も四天王寺の上人側の誹謗も互いに知っていたであろう。とすれば『阿弥陀経釈』における「今或聖人云、天王寺等所所謗ニ此念仏三昧一」なる言葉は教団形成を考える上で重要である。すなわち法然の念仏三昧の法門は、西門の念仏にまだ直接的な影響を与えなかったにせよ、藤原期浄土教以来の伝統をもつ観想的な念仏者の側から批難が寄せられるほどに、新しい念仏三昧の法門として、すでに宗団的にも成長を遂げつつあったことを意味するからである。

折しも宗団形成の途上にあったことを示唆するものとして、「浄土宗」に関する法然の師資相承説の展開があった。後年、専修念仏は聖道諸宗からはげしい批難を受けたが、「興福寺奏状」に明らかなように、その論難の一点は、法然が中国の高僧から直接法門を相承することなく、また勅許を得ることもなく「新宗」を立てたということにあった。この師説の稟承もなく、幾ばくかの内証でもって教導し、一宗を号しているとの論難は元久二年（一二〇五）に初めて出されたものではなく、それ以前から、おそらく「天王寺等所所謗ニ此念仏三昧一」った頃には現われていたと思われる。法然は『阿弥陀経釈』で、

爰於ニ善導和尚往生浄土宗一者、雖レ有ニ経論一、無レ人ニ於習学一、雖レ有ニ疏釈一、無レ倫ニ讃仰一、然則無レ有ニ相承血脈法一、非ニ面授口決儀一、唯浅探ニ仏意一、疎窺ニ聖訓一、任ニ三昧発得之輩一、宣ニ一分往生之義一、愚見誠不レ敏、深理何可レ当之哉、何況雖レ有ニ章疏一、魚魯易レ迷、雖レ有ニ疏釈一、文字難レ見、不レ遇ニ善導一者、決智難レ生、不レ訪ニ唐方一者、遺訓難レ了、

と、相承血脈・面授口決によらず、まったく自内証という純粋に主体的な立場で往生義を立てたことを述べてい

る。このことは、権威主義的形式主義的な既成仏教のなりたちと、法然の浄土宗のそれとが截然としている点できわめて注目されるのであるが、香月乗光氏が指摘されるように、[34]『阿弥陀経釈』の文面から法然には相承を明らかにしようとの意図のあったことが推察される。そして法然は『逆修説法』では、宗の名を立てることは、天台法相など諸宗はみな師資相承によっているが、浄土宗にも師資相承血脈次第のことがあるのだとして、菩提流支、恵寵、道場、曇鸞、法上、道綽、善導、懐感、少康の九大徳を挙げ、「自他宗人師、既名二浄土一宗一、浄土宗祖師、又次第相承、依レ之今相伝、名二浄土宗一者也」と述べ、さらに、この旨を知らない輩が、八宗のほかに浄土宗ということを聞き及んでいないと論破することがあるので、いささか開陳するのだと言い添えている。[35]すなわち『逆修説法』では、当時、浄土宗が相承なしに一宗を立てているとの批難のあったことが示されている。『逆修説法』は文治六年の三部経講釈と建久九年の『選択集』との間に成立したとみられている。法然は三部経講釈あたりから意図していた浄土宗の相承を、この『逆修説法』で菩提流支以下恵寵らの九大徳相承説でもって提示し、浄土宗なる宗名を立てる所以を明らかにしたのである。このことは、「浄土宗」なる宗名に、既成宗派の人々から誹謗の意趣をもって多大の関心が寄せられていたことを意味している。「未四曾聞三八宗外有二浄土宗一」と誹謗者が論難しているのは、彼らが浄土宗を天台・真言などの既成宗派と同様に宗団視することから発している考え方であって、相承に関する難詰はとりもなおさず、浄土宗が八宗外の新宗派として、すでに宗団性を帯びていたことを示していよう。誹謗者は、思想レベルというよりも宗団レベルの問題として「相承」を取り上げて浄土宗を攻撃しているのであって、このことは「興福寺奏状」をまつまでもなく、すでに『逆修説法』の頃にはじまっていたのである。

法然はまたこの『逆修説法』で「往生浄土祖師五影像」を解説しているが、ここでも浄土宗の師資相承に関する二説を述べている。一つには『安楽集』に出る菩提流支、恵寵、道場、曇鸞、斉朝、法上の六祖を、いま一つには曇鸞、道綽、善導、懐感、少康の五祖を挙げているのである。[36]法然はこの五祖の相承を重んじる。法然の浄土宗相承説は『選択集』において、中国浄土教の三流のうち、道綽・善導流について二種の相承を立て、『安楽集』に出る「六大徳相承説」と、菩提流支、曇鸞、道綽、善導、懐感、少康らの相承説とを掲げ、とくに後者を重視するに至っている。[37]そして菩提流支以下曇鸞らの五祖説の根拠を、「出二唐宋両伝一」と記しているが、実は法然が独自に設定したものである。[38]『逆修説法』では、前に述べたように、この五祖を含む九大徳の相承次第を挙げていた。このように、「無レ有二相承血脈法一」とした『阿弥陀経釈』から九大徳相承説を述べた『逆修説法』を経て、よりどころを挙げて浄土五祖説を定立させた『選択集』に至るまで、法然の相承説には変遷があるが、この推移は彼の「浄土宗」義が受容者を得て、教団的な形成を遂げていくその過程と対応している。『逆修説法』での相承説は、『選択集』で明かしている『安楽集』の「六大徳相承説」と自説たる「浄土五祖説」とが、充分整理されてないかたちで提示された過渡的なものであった。これが過渡的なものであるだけに、そこには現実に急ぎ対応しようとする法然の姿勢が窺われ、そのことによってまた、この建久の逆修説法がなされた前後に、他宗が黙視できないまでの教団の急激な成長があったものと推測されるのである。この相承説の推移や、前にみた念仏三昧に対する謗難などは、浄土宗の教団形成を証するものといえよう。

このようにみてくると、教団としての浄土宗形成の始期は、三部経講釈と逆修説法のあった文治・建久の間と考えられる。法然によって社会的意義をもった選択義が説かれ、専修念仏の社会的弘通が促されたのは、実にこの時期であった。選択本願念仏義を開顕した法然の主著『選択集』が成立したのは建久九年（一一九八）であったが、その重要部分の原型は『無量寿経釈』以下の三部経講釈や『逆修説法』に見出される。例えば法然は『阿弥陀経』を講釈し終って、三部経の総括として、

凡案二三経意一、諸行中選二択念仏一以為二旨帰一、先双巻経中有二三選択一、一選択本願、二選択讃歎、三選択留経、（中略）次観経中又有二三選択一、一選択摂取、二選択化讃、三選択付属、（中略）次阿弥陀経中有二一選択一、所謂選択証誠也、

と三経中に七選択の意趣があることを述べ、最後に、

夫速欲レ離二生死一、二種勝法中、且閣二聖道門一、選入二浄土門一、欲レ入二浄土門一、正雑二行中、且抛二諸雑行一、選応レ帰二正行一、欲レ修二於正行一、正助二業中猶傍二於助業一、選応レ専二正定一、正定之業者即是称二仏名一、称レ名必得レ生、依二仏本願一故、

と教導しているが[39]、これらの文は『選択集』終章の「釈迦如来以二弥陀名号一慇懃付二属舎利弗等一文」にもそのまま引かれているのである。もちろん、浄土相承説のように思考の変化をみせた部分もあるが、『選択集』の原型は既に三部経講釈、『逆修説法』での思想段階で成立していたといえる。

以上のように法然が遺した確実な教義書による限り、善導流本願義から昇華して選択本願義を開顕した、いう

ところの思想昇華に伴う法然における第二次の仏教転換もまた、文治・建久の間にあったと考えられ、またこの法然の思想的進展と教団の形成とが相互に関係しあっていたことが窺われるのである。かくて、法然の浄土宗は、善導流「浄土宗」から前進して、文治・建久の間に、選択本願義という成熟した宗義、つまり独自の思想体系をもって、教団的な成長をも開始したといい得られよう。

二　法然同法集団の出現
——文治・建久期——

次に観点をかえて、法然をめぐる道俗の動きをみよう。法然の身辺がにわかに活況を呈するようになるのは、これまた文治・建久のあたりからである。

天台の顕真が法然を招いて浄土の教義を談じた大原問答の時期は文治二年（一一八六）、あるいは同五年、またその場所については龍禅寺とも勝林院丈六堂とも伝えられている。古伝である『源空聖人私日記』によれば文治二年の頃、龍禅寺で行なわれたという。年時は定かでないが、いずれにせよ文治年間のことと思われ、場所は龍禅寺と考えられる。龍禅寺は顕真の大原籠居中の住坊で「顕真僧都小堂」とよばれているから[40]、ここに法然を招くことは自然であり、成立の早い伝記はいずれも龍禅寺としている。藤原経房は承安四年（一一七四）二月十六日大原を訪れ、極楽院、龍禅寺、来迎院を巡拝している[41]。問答のときの会衆を、『私日記』は光明山の明遍僧都、笠置の解脱上人、大原山の本成坊、東大寺勧進重源、嵯峨往生院念仏房、大原来迎院明定坊、菩提山長尾の蓮光坊、法印大僧都証真らの諸学匠、外に聴衆凡そ三百余人とするが、龍禅寺は小堂であったから、この記事は誇張されている。『私聚百因縁集』は来会者を『私日記』によって書きながらも、すでに「此ノ来リ集マル人々ノ中ニ少々有二不審一依二古記一注レ之、能々可レ尋」と疑問を残している。おそらく事実は『法然上人伝記』（醍醐本）「一期物語」が書いているように重源とその門下および大原の上人たちが参会した程度であり、諸伝記が当代の諸学僧を列挙したのは、田村円澄氏が指摘されたように(42)、「自二其時一、彼聖人念仏宗興盛也」とする門弟らの教団意識がなせるわざであった。大原問答は伝記にいうような大規模なものでなかったにしろ、法然教義の弘通からみれば意義深いものであった。大原は聖の集まる別所であり、そこに隠棲する念仏聖が大原上人であった。また重源やその配下はこのような別所を往反する聖である。彼らは聖の世界に身を置くものであった。その人々に法然の思想が知られるということは、その思想がまた彼らを通してより広い聖の世界に伝えられることでもあった。法然の宗教の受容者やその伝播者には聖的念仏上人、別所や諸寺を往反する聖が多かった。聖の里、大原で行なわれた大原問答は、民間仏教の形成者である聖たちに法然の宗教を伝えしめる契機となったという意味において、その教団史的意義が注目されるのである。

『私日記』『本朝祖師伝記絵詞』（『四巻伝』）などで大原問答に参集したとされる嵯峨往生院念仏房は、「入二念仏一門ニ」り、「勧二三業相応之称念一」めた念仏聖であった。建久二年（一一九一）九月、一尺六寸の阿弥陀如来を往生院に奉安し、金泥『観無量寿経』一巻、墨字『無量寿経』二巻、『阿弥陀経』一巻、『阿弥陀鼓音声王陀羅尼経』一巻、『称讃浄土経』『仏摂受経』『阿弥陀仏国十往生経』一巻、『般舟三昧経』三巻、『無量寿経論優婆提舎願生偈』

一巻、『曇鸞法師註解』二巻、『安楽集』二帖、『観経疏』四帖、『観念法門』一帖、『法事讃』二帖、『天台十疑』一帖、『西方要決』一帖、『往生礼讃』『群疑論』『往生要集』三帖を書写したが、この修善は「末法万年余経悉滅、弥陀一教利物偏増、専信二此事一」じて発願したものであった。(43)この念仏房が大原問答に列席していたかどうか断定はできないが、「小齢攀二台岳一、(中略)雖レ励二螢雪之功一、天性素愚、難レ及二鷲露之智一、何況不レ願下顕二練行之徳一兮遇中尊卑之帰心上、不レ思下極二綱位之班一兮登中三千之貫首上、名利者出家之日皆所レ棄也、何顧二今世一、菩提者臨終之後尤所レ期也、須下営二当来一、入二念仏之一門一、求中託生於九品上」(44)といった性向からすれば、「大原上人居流」(醍醐本「一期物語」)の中に列座していたこともありえる。また参加していなかったとしても、その信仰や書写の聖教などの内容からみて法然の影響が認められる。『法然上人行状絵図』には「往生院の念仏房又号念阿弥陀仏は叡山の住侶、天台の学者なりき、しかるに上人の勧化によりて、浄土の出離をもとめ、たちまちに名利の学道をやめて、ふかく隠遁の風味をこひねがはれけり」(45)と書かれている。同伝には建長三年十一月三日、九十五歳で没したとあるから、大原問答につらなっていたとするなら、それは三十歳、また建久二年の往生院修善は三十五歳の時である。念仏房は清凉寺の再建にも活躍した勧進聖であり、嵯峨における念仏衆の中心人物であった。(46)このようなことが反映して、伝記では念仏房が大原問答に参加したかのように書かれたのかもしれないが、建久二年の往生院修善の願文によれば、念仏房のような念仏系勧進聖に法然の宗教が影響していたことは否めない。

建久元年（一一九〇）には、大原問答に参加したという重源の要請によって、法然は東大寺で浄土三部経を講じた。この講録がいわゆる三部経釈である。またその前の文治五年（一一八九）から、法然と九条兼実との交際がはじまった。すでに兼実は文治二年三月に摂政となり、文治五年には太政大臣をかねていた。『玉葉』には文治五年八月一日条に「今日請二法然房之聖人一、談二法文語及往生業一」と書かれているのをはじめとして、直接法然の名を記した記事が、建久三年までの期間に八回出てくる。兼実は文治五年以前には仏厳、湛斅らと多く交わっていたのに、この年を境として親密さが薄れ、かわって法然との関係が密接になっている(47)。文治四年二月二十日、兼実の息男内大臣良通が急逝したが、おそらくはこのことも法然を招いて法文および往生業を談ずる機縁の一つとなったのであろう。以後兼実は恒例念仏または病気の際の戒師として法然を招いた。また兼実は女の任子を建久元年一月入内させ女御となし、同年四月には後鳥羽天皇の中宮に立てたが、建久二年八月下旬から病となり、なかなか回復しなかったので、彼は宜秋門院任子のために「不レ顧二傍難一」法然を請用して授戒せしめた(48)。僧位もなき法然のような上人が貴所に参上するのは異例であったが、兼実は受戒の効験を認め、あえて法然を中宮のために請用したのであった。法然が兼実の視野に入ったのは、日記の上では文治五年以後であるが、戒師としての法然のことを聞き及んだのはもう少し先かもしれない。前権大納言藤原邦綱が治承五年閏二月二十二日に亡くなったとき、兼実は「臨終殊神妙、悦思不レ少、以二黒谷聖人一為二善知識一云々、件上人出家戒師也」と書いているが(49)、この黒谷聖人は法然である公算が大きい。このときは法然の名が伝えられなかったが、その後戒師として、また念仏勧進の上人としてその名を知るにつれ、良通をなくした兼実は法然を招く機会をもったのであろう。専修念仏帰入後の法然における戒の問題については別に考えねばならないが、ともあれ兼実が法然と関係をもちはじめ、やがて「念仏ノ事ヲ法然上人スヽメ申セシヲバ信ジテ、ソレヲ戒師ニテ出家ナドセラレ」(『愚管抄』)るほどの篤信者になっていくのは、法然の名が世にひろまり、その教団的形成が開始された時期と合致していた。

さらに法然の門弟をみると、建久九年（一一九八）の「没後起請文」によれば、入室者はわずかに信空・感西・証空・円親・長尊・感聖・良清の七人であったが、弟子は多かったという。信空はいうまでもなく、叡空を師として、はじめ法然とは同法、のち叡空の死後法然の弟子となった「多年入室」の上足、感西も「年来常随給仕之弟子」であった。感西は伝記によれば法然の在叡中に弟子となり、正治二年（一二〇〇）に没したが、『選択集』撰述のときには執筆の任を担ったという。(50) 証空は建久元年（一一九〇）に入室していた。また元久元年（一二〇四）の「七箇条制誡」には法然についで最初に信空、二番目に感聖、四番目に証空が署名しているが、すでに亡くなっていた感西は別として、円親、長尊、良清の名はこの起請文に出ていない。

そこで、円親ら三人が入室者七人のなかに数えられているのは、法然没後にその財産処分が問題となったとき、おそらく法然に住居を提供した長尊、円親らが所有権を確保するために、その名をあげて配分のことを記したのであって、「没後起請文」は彼らまたはその一味の偽作である、との見方がなされている。(51) しかし、昭和三十七年四月発見された正行房宛の諸書状には、法然書状をはじめ、高弟の証空、「七箇条制誡」で十四番目に署名している親蓮、同じく二十三番目の欣西の書状があって、いずれも法然や都の念仏者の近況、諸連絡などを述べているが、(52) この書状群の中に円親書状（但し包紙のみ）も含まれていたので、円親も証空、親蓮などと同じく吉水の法然の側近の一人であったことが察せられ、かりにこの円親に偽作説がいうような意図があったにしても、彼が法然に身近な人物であったことにはまちがいなく、したがって「没後起請文」が円親ら三人を含めた七人を「至順至孝之志篤」き「年来同室」の者と述べているのも事実に相違なく、ひいては「没後起請文」も一概に偽作と断定できないのである。ましてや信空、証空、感聖などが生存している時点で、事実に反するまったくの捏造は無理であると思われる。

このように「没後起請文」に史料性を認めるならば、「弟子雖レ多、入室者僅」という表現は、文治・建久の頃の法然の門弟事情を伝えたもので、入室者は一〇人に満たなかったのである。しかし吉水の房舎には、多年入室、常随給仕のほかに、「雖レ非二年来一」も止住する「同法者」があった。「没後起請文」が書かれた建久九年四月当時には遵西・直念・欣西などがいた。遵西・欣西はともに元久元年の「七箇条制誡」に署名している。遵西は外記入道中原師秀の息で、師秀が法然を招いて五〇日の逆修を修したときの説法聞書がかの『逆修説法』である。欣西は正行房宛書状でわかるように、法然にずっと近侍したようである。

ともあれ、法然の門弟には入室者なる直弟と一時止住のいわば客分的な出家同法者とがあった。同法者は、やがて吉水の禅房を離れて「本在之草庵」(『西方指南抄』「葬家追善事」)や諸所に赴いて、専修念仏の自行化他に当った。法然はこれらの門弟を「我弟子同法」(同上)、「我同法遺弟」(『漢語燈録』「没後起請文」)と表現している。止住の人々は法然所持の房舎の規模からみてもそう多くはない数であったと思われる。承元三年(一二〇九)の頃北陸道の一誑法者が「於二彼上人禅房一門人等有二二十人一」(53)と述べていたのも、この間の事情を物語っている。おそらく建久から承元に至る間も一〇人から二〇人前後であったろう。

また往反の途次、法然の禅房に立ち寄って法門を聞く同行の者も多かった。「没後起請文」には「西来東来、有

ㇾ問二法門一、西去東去、不ㇾ知二行方一、朝来暮往之人甚多」とある。東西に往還して求道聞法に日を送った聖が、いちはやく法然の周辺に多数現われたわけである。「七箇条制誡」において、法然は控え目に「至二近来一、此十箇年以後、無智不善輩時々到来」と述べているが、この十箇年以後とは建久五、六年以後のことであって、「没後起請文」の記事と内容が一致する。

このようにして、法然および入室の直弟を中心として、入れ替り立ち替り、法然と接触を保った同法者がその周辺部に位置するという構造をもち、拡散的な存在形態を帯びた同法集団が、文治・建久の期間に形成されてきた。そして法然自身に教団をつくる意思がなかったにもかかわらず、同法者が自らの帰信者をもつことによって、この集団は膨張の一途を辿るに至った。そして「号二予（法然）門人一之念仏上人」（「七箇条制誡」）の増加は、第三者に教団としての「浄土宗」「念仏宗」の存在を意識せしめずにはおかなかったのである。法然教団はかくの如く同法集団として萌芽したが、この集団の存在形態は、聖同志の間にみられた往来聞法という交流のありようを基本にして、法然という強力な核を有したものであった。それは法然同法集団ともいうべきものである。法然教団はしたがって発生的には聖集団と看做しうるし、また法然は期せずして平安末期に各地に散在していた民間念仏聖の有力な収攬者ともなったといえよう。この点、聖の歴史からも法然の存在は注目されるのである。

このような形勢のなかで、専修念仏宗の最も初期の旗手となった俊秀な門弟も登場した。すなわち建久六年（一一九五）平家の遺児源智が、同八年には鎮西義の聖光、翌九年には一念義の幸西、少しおくれて建仁元年（一二〇一）に親鸞、同二年に諸行本願義の長西、同三年頃多念義の隆寛らがあいついで門弟となった。[54]

この間、社会的には、武家政権が着実に基礎を固め、源頼朝は全国の警備権を得、京都の警固も御家人に交替で当らせたので関東の御家人のなかにも法然の感化を受けたものが出てきた。武蔵国猪俣党の甘糟太郎忠綱は建久三年十一月、日吉八王子社壇を城廓としてたてこもった山門堂衆を攻めるに当って、弓箭の家業を捨てずして往生の素意をとげる道を法然に尋ね、念仏勧化を受けて戦没したという。(55) また同国の御家人津戸三郎為守は建久六年二月東大寺供養臨席のために上洛した頼朝に供奉し、同年三月二十一日法然の庵室を訪ねて度々の合戦の罪を懺悔し、念仏往生の道を聞いてから但信称名の行者となった。(56) また熊谷次郎直実は、建久二年三月以前に出家し、(57) 翌年十一月の幕府での所領堺相論ののち出奔し、上京の後遅くとも建久四、五年には法然に帰依したことが、「又こくらく《〔極楽〕》ニ所くわん《〔願〕》ニしたかん《〔従〕》てうまる《〔生〕》との給へる事を、よこと《〔夜毎〕》ニけんさい《〔現在〕》ニみ《〔身〕》をかみ《〔噛〕》て、ことし八十一年ニなる」という元久元年の直実自筆の置文からわかる。(58) 彼らもまた法然を中心とした同法集団の一員であった。

以上、文治・建久における法然周辺の道俗の動きをみたが、その結果、法然同法集団の起源がこの頃に求められることを知り得た。日蓮は後世から眺めて、後鳥羽院の御宇に法然が専修を興したとみているが、(59) 後鳥羽院の代とは文治・建久であって、まさしく、この時期に浄土宗が宗義としての「宗」から、教団的内実をもった「宗」へと発展していたのである。

三　法然の三昧発得

さて、三昧発得者善導に憑依して、念仏三昧を志向し、自らもその三昧成就を期していた法然は、「専修正行念仏三昧」の功つもり、建久九年ついに発得の境地に達し、建永元年までの間に幾度か三昧発得の体験をもった。極楽の依正二報の荘厳をまのあたりに見た法然は、その次第を自筆で記し置いたが、「存生の間に秘蔵して人に知られず、没後にようやく流布する処」（『九巻伝』）となった。現に『法然上人伝記』（醍醐本）所収の「三昧発得記」、親鸞筆写の『西方指南抄』所載の「建久九年記」、了慧の『拾遺語燈録』収載の「三昧発得記」などとして伝えられ、伝記にもこの三種の系統のものが引用されている。この三昧発得の記文が法然の手になることは、「上人存生時、発二得口称三昧一常見二浄土依正一、以自筆レ之」（醍醐本所収「三昧発得記」）、「聖人御在生之時記二註之一外見におよばざれ秘蔵すべしと、」「聖人みづからの御記文なり」（「建久九年記」）との註記をもつことからも明らかであるが、法然に仮託した偽作であるとの説もある。田村円澄氏によれば、無観称名を標榜する法然の立場からすれば非法然的なものであり、法然を求道者（人間）とせず救済者（仏菩薩）として描こうとした『私日記』と同様に、法然がただの専修念仏者ではなく依正二報の観察がなしうる化身とみようとする態度が窺われ、浄土の依正を感得して『観経疏』をつくった善導にならって、法然を『選択集』が成立した年にかけて三昧発得者にしたのであろうという。(60)

確かに示唆深い見解であるが、「三昧発得記」の内容が果たして非法然的なものであろうか。記文の最初をみると「恒例毎月七日念仏始二行之一、一日明相少現レ之、自然甚明也、二日水想観自然成二就之一、惣念仏七ケ日之内、地想観之中、瑠璃相少分見レ之」と書かれている。一見、水想観、地想観などを修しているかの如くであるが、法然は、「行住坐臥不レ問二時節久近一、閉目開目亦専観二察水一」（『観経釈』）とか、「向二静処一面向二西方一正坐跏趺、（中略）既住レ心已徐徐転レ心想二彼宝地一」（同上）といったいわゆる「息レ想凝レ心」の定善としての修観を目的としたのではなく、「口称三昧」すなわち法然の考える正定業たる念仏を行ずるうち「自然」に相を現じたのである。「三昧発得記」は続いて、二月四日朝瑠璃地が現じ、六日後夜に瑠璃宮殿の相が、七日朝かさねてその相影が現じ、総じて水想、地想、宝樹、宝池、宝殿の五観が成就したことを述べているが、注意すべきはこれらの相が現じたのは、正月一日より二月七日まで「毎日七万反念仏不退勤ㇾ之」めたによる、と記していることである。

法然は『観無量寿経釈』において、色相などの観法を勧めてはいるものの、それも修行者の機根次第であること、また『観経』は観仏三昧と念仏三昧とを「為ㇾ宗」しているが、同経流通分の「仏告阿難、汝好持是語云云」の文に対する善導の『観経疏』散善義によれば、『観経』は定散両善の益を説くも、玄旨は衆生をして弥陀仏名を一向専称させるにあることなどを明かしている。(61) 法然は観想の益を認めながらも、善導によって、弥陀の名号を阿難に付属して遐代に流通させることに釈迦の聖意があると受け取っていたのである。そして『選択集』ではさらにすすんで、『観経』は「定散為ㇾ廃而説、念仏三昧為ㇾ立而説」かれたものだとさえ述べている。(62) また観想と念仏とに関し、十三定観なかんずく第九真身観の観仏三昧の利益は深甚であるが、釈迦が阿難に付属されたのは念仏法であるから、観仏にはしって念仏を忘れては弥陀の本願に背き、釈尊の付属に違うことになるとも説いている。(63) 因に信空も法然の意を伝え、「観法ナトヲシテ申ス」観仏三昧と、「観法セスシテ只口ハカリニミナヲトナウル」念仏三昧とは別のものであるから、これを「シトケナクトリタカウ〔違〕」てはならぬと、行者にたえず注意を喚起していた。(64)

これらの教説からすれば、法然は本願行としての念仏を最重要視し、「称名・観法合シテ念仏三昧」とする源信流念仏[65]を超克していたことが窺われる。法然に五観等の相が現じたのは観仏三味に入った結果ではなく、念仏三味によって「自然成就ニ」したものなのである。建仁二年正月五日に三度まで丈六ばかりの勢至菩薩の面像が現じたが[66]、法然は「是則此菩薩既以ニ念仏法門一為ニ所証法門一故、今為ニ念仏者一示現、其相不レ可レ疑也」とみた。このように勢至菩薩の真身を観じたり、「地想等五観、行住坐臥随レ意任レ意任レ運現レ之」じ得たのは念仏三味によってであった。種々の瑞相は、法然の場合あくまでも念仏三味による発得であって、それらは念仏法門の所証のための現相と受け取られたのである。また瑠璃地が再三現じたのを観じた法然は、『観経』に「若観是地者除八十億劫生死罪、捨身他生必生浄国心得無疑」、『観経疏』定善義に「願行之業已円、命尽無疑不住」とあるところから、「於レ今者、依ニ経并釈一往生無レ疑」との確信を得た。法然は、三昧発得者は往生決定の人であるとみていた[67]から、口称によって地観が自然に成就したことによって、自身の往生が疑いなきことを知ったのである。

このようにみてくると、「三昧発得記」は法然の教義と合わない内容をもっているという批判は当らないことになる。非法然的というよりも、むしろ法然の生涯における思想の展開過程からみても、最も法然的なのである。

さらに観点をかえて「三昧発得記」をみると、法然は建久九年正月一日より毎日七万遍の念仏を不退に勤めていたが、二月二十八日から病によって一万または二万遍に減じ、八月一日からもとのように七万遍を勤めたとある。つまり二月から七月にかけて約半年間不例であった。一方『拾遺語燈録』に年紀を欠いた四月二十六日付の法然書状が収められている。[68]これは津戸三郎が法然の病気を聞いて見舞った書状への返状で、

この正月に別時念仏を五十日申て候しに、いよ〳〵風をひき候て、二月の十日ころよりすこし口のかはく様

におほえ候しか、二月の二十日は五十日になり候しかは、それまてとおもひ候てなをしゐて候し程に、その事かまさり候て、水なんとのむ事になり、又身のいたく候事なんとの候しか、今日までやみもやり(一本なやみもやみ)候はす、なかひきて候へとも、又たゝいまいかなるへしともおほへぬ程の事にて候也、医師の大事と申候へは、やいとうふ(を)たゝひし、湯にゆて候、又様々の唐のくすりともたへなんとして候気にや、このほとはちりはかりよき様なる事の候也、

とある。風邪がこじれた時期から推すと、ちょうど建久九年の不例と合致する。津戸三郎はその三年前に法然の教化を受け念仏の信者となっている(69)から、法然を見舞うに不思議はなく、この返状は建久九年のものと考えられる。このように建久九年の病悩に関連した消息が伝えられているとすると、「三昧発得記」に窺われる不例の推移は事実であり、したがってその前後にあったと記されている発得も、またその余他の現相も真実であったとみられる。法然の示寂直後に成立した『知恩講私記』に、

六時礼讃多年積レ功、別時念仏幾許累レ徳、時々欣求百千廻、日々称名七万遍、願力不思議故、初常見二宝樹宝宮殿一、仏力不思議故、後親拝二化仏化菩薩一、闇夜雖レ無レ燭光明照如レ昼、見二室内外一似レ向二明鏡一、口称之力現身得レ証、等二導和尚一同二感禅師一、寧非二一向称名功一乎、

とあって、種々の瑞相や三昧発得中の観見を述べている。おそらく『私日記』の記事から適当に修文按配したのであろうが、その『私日記』は「三昧発得記」を参照しているようである(70)。法然自筆の三昧発得の記は、醍醐本「三昧発得記」の首尾に書かれているように、法然在世中は披露されず、源智に伝えられてからも秘蔵されていた

が、明遍が披見したとの伝承があるように、法然入滅時に在京した有力な門弟など一部の間では披見、書写する機会があったのであろう。[71]ともあれ、『知恩講私記』では法然の三昧発得が伝えられ、しかもその「現身得証」の発得は専修念仏の「口称之力」「一向称名功」と考えられていた。遺弟信徒らのこの受け止め方は、さきにみたように法然自身の考えと違わないものであった。また法然の臨終記録によれば、死期の近づいた建暦二年正月十一日、法然に真仏を拝する素振りがあったが、これについて作者は、案内を知らないもののために、在世中法然が秘めていたから人に知られなかったが、実は十余年来、念仏の功つもって極楽の依正二報を観じていたのだ、と由緒を記している。[72]十余年前とは建久九年であって、「三昧発得記」によって法然の三昧発得の事実がひろく伝えられようとしていることが窺われる。

ともあれ、法然はすでに述べたように、[73]つとに「念仏三昧ニオヒテ一定証ヲエタルヒト」と評された遊蓮房円照に近づき、「於レ道既有二其証一」る「三昧発得之人」善導和尚の導きによって、自らも三昧発得を体験するに至った。かくて「以二浄土一而為レ宗」す数多い浄土祖師のなかでも、善導偏依の態度をいよいよ固めるとともに、尊崇の念をますます深めて善導を弥陀の化身、その教化を仏説と観るに及んだ。三昧発得がはじまった建久九年に撰述されたとされる『選択集』では、善導は弥陀の化身、『観経疏』は弥陀の直説であると述べ、「仰討二本地一者四十八願之法王也、十劫正覚之唱有レ憑二于念仏一、俯訪二垂迹一者専修念仏之導師也、三昧正受之語無レ疑二于往生一」[74]と善導を仏格視している。このような『選択集』の言文は、三昧発得の体験を抜きにしては空疎なものとなろう。法然の善導への讃仰は、自身の三昧発得に裏づけられて、弥陀化身へと高められ、真実揺ぎなきものとなった。

因に『西方指南抄』に収められている大胡太郎実秀への三月十四日付消息にも「善導マタタヽノ凡夫ニアラス、スナワチ阿弥陀仏ノ化身ナリ、カノ仏ワカ本願ヲヒロメテ、ヒロク衆生ニ往生セサセムレウニ、カリニ人トムマレテ善導トハ申ナリ、ソノオシエ申セハ仏説ニテコソ候へ、イカニイハムヤ垂跡ノカタニテモ、現身ニ三昧ヲエテ、マノアタリ浄土ノ荘厳オモミ、仏ニムカヒタテマツリテ、タヽチニ仏ノオシヘヲウケタマハリテノタマヘルコトハトモナリ、本地ヲオモフニモ、垂跡ヲタツヌルニモ、カタ〳〵アフキテ信スヘキオシエナリ(75)」と、『選択集』と同じ趣意が書かれている。右の観点からすれば、この消息は三昧発得のあった建久九年か、または『選択集』成立の翌年以降のある年の善導忌日に出されたものと推察される。

自身の三昧発得によって、口称の一行が本願に順じ、仏意にかなったものであることを体認した法然は、以後ますます専修の一行を強調した。彼の体験の深まりは、教化の言辞にも変化をもたらした。例えば、三昧発得以前の『無量寿経釈』では「念仏者、或観二仏相好一、或観二光明一、或依二帰命想一、或依二引接想一、一心称二念弥陀仏名一、名レ之為二念仏一(76)」と説いていたのが、それ以後の正治元年正月二十八日付の大胡太郎実秀の妻室へつかわした消息(77)では、「念仏ハ仏ノ法身ヲ観スルニモアラス、仏ノ相好ヲ観スルニモアラス、タヽ心ヲヒトツニシテ、モハラ弥陀ノ名号ヲ称スルヲ、コレヲ念仏トハ申ナリ、カルカユヘニ称名トハナツケテ候ナリ、念仏ノホカノ一切ノ行ハコレ弥陀ノ本願ニアラス、カルカユヘニ、タトヒ、タエナル行ナリトイフトモ、念仏ニハオヨヒ候マシキナリ(78)」と教えるように、かわってきている。また法然晩年の弟子である乗願房の見聞によると、ある人が法然に、色想観は『観経』の説であるから、たとえ称名の行人であってもこれを観ずべきであろうかと質問したところ、法然は

「源空もはじめはさるいたづら事をしたりき、いまはしからず、但信の称名也」と答えたという。(79) また正治二年のものと推定される十月十八日付の津戸三郎為守宛消息で、(80) 法然は幕府から喚問された際の答弁の仕方を示唆し、「(善導は)阿弥陀ほとけの化身にておはしまし候なれは、おしへすゝめさせ給はん事、よもひか事にては候はし、とふかく信して念仏はつかまつり候也云々」(81) と申開きせよと述べているが、ここにおいてもまた、阿弥陀仏の化身たる善導の勧化になる念仏は僻事なき絶対真実の行なのだ、という法然の考え方が滲み出ている。

また熊谷直勝譲状(82)によれば、上品上生の大願をおこした直実入道蓮生が信心強盛の間に数度も奇瑞を感得し、ことの次第をつぶさに尋ねた法然から「サテハ三昧発得之人也、殊浄土門規模於二未来一可レ有レ益」といわれ、さらに三昧発得中の感得を基にした迎接曼荼羅を図してもらったのを本尊として護持したという。法然が蓮生を三昧発得者とみたというのは、迎接曼荼羅が子孫に伝えられる過程でできた伝承かもしれないが、念仏三昧によって現証を得た法然にしてみれば、口称の「行業ノ功力」によって「不思議奇瑞等及二数箇度一」んだ蓮生を「サテハ三昧発得之人也」と評したというのもありうることである。三昧発得は法然がずっと持ちつづけていた関心事であったから。

このように、建久九年にはじまる幾たびかの三昧発得の体験に裏づけられて、法然は「念仏三昧の得道の法門」(『西方指南抄』「二位の禅尼に答ふる書」)たる「一向専修」をますます主唱するに至ったのである。例えば正治二年に法然から授戒され、建仁元年十二月に没した九条兼実の北政所への書状では、往生の行は念仏がめでたく、真言・止観の高き行法も選びとどめ、愚かなわたくしのはからいをやめ、強き念仏の行をつとめよとて、「念仏ニトリテモ一向専修ノ念仏也。ソノムネ三昧発得ノ善導ノ観経疏ニミエタリ、（中略）イマタヽ一向専修ノ但念仏者ニナラセオハシマスヘク候」[83]と勧め、また元久法難の前後のものと思われる[84]『念仏大意』には、末代悪世の衆生はよくよく身と時をはかり、他のつとめなく「一向専修ノ念仏門ニイルヘキ」であると教え、「返々モ一向専修ノ念仏ニ信ヲイタシテ他ノコヽロナク、日夜朝暮、行住坐臥ニオコタルコトナク称念スヘキ也、専修念仏ヲイタストモカラ、当世ニモ往生ヲトクルキコエソノカスオホシ」[85]と勧めている。元久元年『選択集』を付与された隆寛は、これよりあまり遡らない入門当初に、法然から自分も昔は念仏のほかに『阿弥陀経』を毎日三巻（唐音・呉音・訓）読んだが、「今ハ一巻モヨミ候ハス、一向念仏ヲ申シ候ナリ」[86]と聞かされた。そこには、余行を廃捨して一向専修を理念とする法然が浮かび上がっている。また建仁元年（一二〇一）から承元元年（一二〇七）まで法然に師事した親鸞は、法然が「浄土宗のひとは愚者になりて往生す」といい、「ものもおぼえぬあさましき人々」がやってきたのをみては「往生必定すべし」と微笑されたのを見聞しているが[87]、親鸞が伝える法然のこの言葉は、知者ぶってあれこれ沙汰するようなことなく、愚者になりきって一向に念仏すべしとする遺訓「一枚起請文」に直結している。念仏については今みたように、愚かなるわたくしのはからいをやめ、日夜朝暮、行住坐臥に称念し、一向専修の但念仏者になるべきことが既に説かれていた。そこでこのことと「浄土宗のひとは愚者になりて」「往生必定すべし」との詞を思いあわせると、「一枚起請文」に直接結びつく思想がここに成立していることに気づくのである。

法然の思想がいわゆる開宗時をもって固定化したと考え、直ちにそれが『選択集』であったとするような考え方は今や打破されているが、そこで重視されている「思想は発展する」との観点に立ち、右のような考察を踏まえるならば、法然は『選択集』の撰述や三昧発得のあった建久・正治の交から元久を経て建永に至る間、すなわち年齢でいえば六十代の末から七十代のはじめにかけての時期に、信空が「無観称名」と名づけた「観法セスシテ、只口ハカリニミナヲトナウル」念仏三昧に徹し、また「一枚起請文」の思想に到達したとみられるのである。

京都金戒光明寺襲蔵の「一枚起請文」は、建暦二年（一二一二）正月二十三日、源智の懇請に応じて、滅後の遺訓にそなえた法然の絶筆である。その文面通り両手印が押されているこの金戒光明寺本を、かつて望月信亭氏は文禄慶長の頃の写本とみたが、近時小川龍彦氏は精力的な筆蹟調査の上、書法的国語学的考察を加えて『一枚起請文原本の研究』を著し、これが真蹟であることを主張された。

金戒光明寺本と清涼寺蔵熊谷宛法然書状とを比較照合すると、「本願」「念仏」「弥陀」「（決）定」などの文字が小川氏の指摘の通り酷似している。また廬山寺本『選択集』の「南無阿弥陀仏」を金戒光明寺本のそれと照合すると一致する。「念」の字は『選択集』、熊谷宛書状、「一枚起請文」の三者とも字形、運筆の点で共通している。とくに金戒光明寺本の「念仏」の字は熊谷宛書状の「念仏」と完全に一致する。また「源空」の字の特徴点が正行房宛書状、熊谷宛書状でのそれと一致している。このほか「ヌ」「往生」の字も熊谷宛書状のそれと合致する。すなわち「ヌ」は第一画から二画へ丸く反転しながらつづき、第二画は山なりに曲げてある。また「往生」は二字とも最終画を上へ撥ねる特徴がある。「一枚起請文」に「往生」の字は三回出ているが、金戒光明寺本では前二回は入墨されているものの明らかにこの特徴を留め、三回目の「往」はもとのままではっきりとその特徴がある。小川氏は正行房宛書状と照合して一五件、熊谷宛書状と対比して一八件の文字の一致を指摘されている。

金戒光明寺本「一枚起請文」は修補のため所々に双鉤塡墨されているが、小川氏は拡大写真によって双鉤の線条をはじめて正確に把え、古人がそれほどまでにして原態を保存しなければならなかった価値は、それが法然自筆であったからだとみる。同氏によれば、入墨は少なくとも二回は行なわれ、天文以前成立の尊鎮書写本（鎌倉光明寺蔵）は最後の入墨より前に写されたものであろうという。金戒光明寺本は入墨されているものの、原字も少なくなく、真蹟本としての価値はあまり減じていない。

このように金戒光明寺本は真蹟の「一枚起請文」原本とみられるのであるが、従来若干の疑問が投じられている。一つは冒頭に「一枚起請文　源空述」とあるのが、文書の形態から考えて少しおかしいとするものであり、一つは当初から「一枚起請文」という呼称があったのなら、なぜ当初からこの称を用いなかったのか、古くは「御誓言の書」「一枚消息」などといい、流伝史的にみても法然のつけたものと考えられないとするものである。「一枚起請文　源空述」なる撰号は、普通このような文書につけないものである。金戒光明寺本が後世のものとみられた理由の一つはここにある。しかし、法然は六十代の末から七十代のはじめにかけて「一枚起請文」の思想に到達したとみられ、いわゆる「一枚起請文」は、建暦二年になってはじめてつくられたものではなく、すでに教化の指標として念仏者の間で用いられていたと考えられるので、法然自身により、または他人の要請で「源空述」という撰号が付せられたのはありうることである。

「一枚起請文」の呼称が室町時代になって現われることについてはなおよく考えてみなければならないが、「一枚起請文」なる言葉が法然の時代にあって、甚だ不相応であるとはいえないと思う。金戒光明寺本は源智相承の法然自筆の「一枚起請文」とみてよいのではなかろうか。「只一からに念仏すべし」までの本文だけの、またはこれに「源空述」と付したものが流布されていたなかで、金戒光明寺本は年月日、「浄土宗ノ安心起行云々」以下の後文と花押などが書かれたため、〈多くのなかのひとつ〉ではなく、〈このひとつ〉として源智により秘蔵されたのであろう。金戒光明寺本には源智の、

念仏之門人多二邪義存人一、多破二安心一、上人御滅後尚以猥可二異義一、依レ之、雖二病床臥給一、浄土宗之安心起行之趣一紙二申請所也、為レ令レ不レ残二疑滞一、上人以二御自筆御判形一、令二注置一給所、如レ件、建暦二年正月廿九日

源智（花押）

という識語が添えられているが、これは「浄土宗ノ安心起行云々」の後段が書かれた理由を示したものである。因に「一枚起請文」には源智相承のもの（後段の文があるもの）と鎮西相承のもの（後段の文がないもの）とがある。例えば粟生光明寺のものは金戒光明寺と同系列であり、知恩寺蔵後柏原天皇筆「一枚起請文」（大永二年）は鎮西相承系に属する。

註

（1）『無量寿経釈』（『昭和新修 法然上人全集』七〇～七三頁）。
（2）本書第一章第一節第四項参照。
（3）『選択集』（『昭和新修 法然上人全集』三一七～三二一頁）。
（4）註(2)に同じ。
（5）『観無量寿経釈』（『昭和新修 法然上人全集』一二〇～一二二頁）。

（6）同右（同右書、一一一頁）。
（7）『逆修説法』（同右書、二四〇頁）。
（8）『無量寿経釈』（同右書、七九〜八〇頁）。
（9）同右（同右書、九三頁）。
（10）『観無量寿経釈』（同右書、一二五頁）。
（11）『逆修説法』（同右書、二四六頁）。
（12）『無量寿経釈』（同右書、九六頁）。
（13）『阿弥陀経釈』（同右書、一四九頁）。
（14）同右（同右書、一四二頁）。
（15）『法然聖人御説法事』（同右書、二一四頁）。
（16）『逆修説法』（同右書、二五一頁）。
（17）同右（同右書、二五四頁）。
（18）同右（同右書、二四四頁）。
（19）『法然聖人御説法事』（同右書、二一七頁）。
（20）『阿弥陀経釈』（同右書、一四九頁）。
（21）『逆修説法』（同右書、二三七頁）。
（22）『阿弥陀経釈』（同右書、一五六頁）。
（23）『台記』久安二年九月十四日、同三年九月十二・十三日、同三年九月十五日条。
（24）同右、久安二年九月十二日、同四年五月十四日条。
（25）『本朝文集』第六〇「天王寺念仏三昧院供養御願文」（『新訂増補 国史大系』三〇、二九〇〜二九一頁）。
（26）『玉葉』建久二年九月十日条。
（27）同右、建久二年九月十八日条。

(28)『心記』建久三年九月十三日条。
(29)『吉記』承安三年六月十五日条、『山槐記』治承二年十一月十二日条。
(30)『台記』久安四年九月二十日、同六年九月二十日条。
(31)『逆修説法』〈正徳版〉（『昭和新修法然上人全集』三〇三頁）。
(32)『玉葉』文治四年九月十五日条。
(33)菊地勇次郎氏「天王寺の念仏」上・下（『日本歴史』九四・九五号）。
(34)香月乗光氏「法然上人における相承説の問題」（福井康順博士頌寿記念『東洋文化論集』）。
(35)『逆修説法』（『昭和新修法然上人全集』二三六頁）。
(36)同右（同右書、二六四頁）。
(37)『選択集』（同右書、三一三頁）。
(38)香月乗光氏前掲論文。
(39)『阿弥陀経釈』（『昭和新修法然上人全集』一四四〜一四五頁）。
(40)(41)『吉記』承安四年二月十六日条。
(42)田村円澄氏『法然上人伝の研究』一一八頁。
(43)(44)『願文集』「嵯峨念仏房於往生院修善文」（『続群書類従』二八ノ上、五三七〜五三九頁）。
(45)『法然上人行状絵図』巻四八（『法然上人伝全集』三一六頁）。
(46)『百錬抄』第一三、貞応元年二月二十三日条。
(47)重松明久氏『日本浄土教成立過程の研究』四五四頁以下。
(48)『玉葉』建久二年九月二十九日条。
(49)同右、治承五年閏二月二十三日条。
(50)『法然上人行状絵図』巻四八（『法然上人伝全集』三一七頁）。
(51)田村円澄氏前掲書、二三八頁。

(52) 堀池春峰氏「興善寺蔵・法然聖人等消息並に念仏結縁交名状に就いて」(『仏教史学』一〇―三)、『鎌倉遺文』第三巻、一四九三〜一五〇三号。
(53) 「遣北陸道書状」(『昭和新修 法然上人全集』八〇二頁)。
(54) 証空(『法然上人行状絵図』)、源智(同上)、聖光(同上人伝)、親鸞(『教行信証』後序)、長西(『浄土源流章』)、隆寛(『明義進行集』)。
(55) 『法然上人行状絵図』巻二六(『法然上人伝全集』一五九頁以下)。
(56) 同右、巻二八(同右書、一七五頁以下)。
(57) 建久二年三月一日付直実譲状によると「地頭僧蓮生」とある(『鎌倉遺文』第一巻、五一四号)。
(58) 赤松俊秀氏『続鎌倉仏教の研究』二八六頁。
(59) 日蓮「念仏者令追放宣旨御教書列五篇勘文状」(『昭和定本 日蓮聖人遺文』第三巻、二二五八頁)。
(60) 田村円澄氏前掲書、二四〇頁以下。
(61) 『観無量寿経釈』(『昭和新修 法然上人全集』一〇〇、一一一、一二〇頁)。
(62) 『選択集』(同右書、三四二頁)。
(63) 同右(同右書、三四三頁)。
(64) 『明義進行集』巻二、白河上人信空条(仏教古典叢書本、四四頁)。
(65) 『西方指南抄』「十七条法語」(『昭和新修 法然上人全集』四七一〜四七二頁)。
(66) 「三昧発得記」「建久九年記」は建仁元年二月八日の次に記すが、『拾遺語燈録』本は建仁二年とする。
(67) 『選択集』に「道綽禅師者是雖レ師、未レ発二三昧一、故自不レ知二往生得否一」とあって、三昧発得者は「於レ道既有二其証一」り、往生決定者であるとみている(『昭和新修 法然上人全集』三四八頁)。
(68) 「津戸三郎へつかはす御返事」(同右書、五五五頁)。
(69) 註(56)に同じ。
(70) 拙稿「古法然伝の成立史的考察――特に知恩講私記を続って――」(『法然上人伝の成立史的研究』第四巻所収)。

(71)『法然上人伝記』（醍醐本）所収「三昧発得記」（『法然上人伝全集』七八九頁）、『法然上人伝記』（『九巻伝』）（同上書、三七〇頁）。

(72)『御臨終日記』によれば、法然は「此十余年奉ㇾ拝二極楽荘厳化仏菩薩一事是常也」と語ったという（『昭和新修 法然上人全集』八六八頁）。『法然聖人臨終行儀』には「凡ソコノ十余年ヨリ、念仏ノ功ツモリテ、極楽ノアリサマヲミタテマツリ、仏菩薩ノ御スカタヲツネニミマイラセタマヒケリ」（同上書、八七二頁）とある。

(73) 本書第一章第二節参照。

(74)『選択集』（『昭和新修 法然上人全集』三四九頁）。

(75)「大胡太郎実秀へつかはす御返事」（同右書、五一八頁）。

(76)『無量寿経釈』（同右書、七九〜八〇頁）。

(77)『西方指南抄』では日付宛名を欠くが、『和語燈録』巻四には「正月二十八日源空」とあり、「此御文は正治元年己未、御使は蓮上房尊覚也」という編者の識語がある。専修寺蔵『法然聖人御消息』には「大子女房御返事」と書かれている。

(78)『和語燈録』巻四「大胡の太郎実秀が妻室のもとへつかはす御返事」（『昭和新修 法然上人全集』五〇八頁）。

(79)『和語燈録』巻五「諸人伝説の詞」（同右書、四六六頁）。

(80) 赤松俊秀氏「本願毀滅のともがらについて」（『続鎌倉仏教の研究』一七頁）。

(81)「津戸三郎へつかはす御返事」（『昭和新修 法然上人全集』五六九頁）。

(82)『大日本古文書』家わけ十四、三二一号。

(83)『西方指南抄』巻下末「九条殿北政所御返事」、『和語燈録』巻三「九条殿下の北政所へ進ずる御返事」（『昭和新修 法然上人全集』五三四頁）。

(84) 文中に「方便破壊競生ㇾ怨、如ㇾ此生盲闡提輩、毀二滅頓教一永沈淪云々」の『法事讃』をひいて「専修念仏ノトモガラヲ当世ニハモハラ難ヲ加ワヘテアザケリヲナストモカラオホクキコユ」と述べられている（同右書、四一一頁）。

(85)『西方指南抄』巻下末「念仏大意」（同右書、四一四頁）。

(86)『明義進行集』巻二、隆寛条（仏教古典叢書本、一七頁）。

(87)『末燈鈔』（『定本親鸞聖人全集』第三巻、七五頁）。

第二節　法然教団の性格と形態

一　「専修」「念仏宗」とその興隆期

法然の思想・信仰が円熟し、内面的充実をみたのは建久・正治の交から建永にかけての頃であるが、法然教団にとっても「誘二緇素一而有レ数」(1)（建保五年五月「延暦寺大衆解」）といわれるが如き発展を遂げた時期であった。慈円も法然の「念仏宗」が「タダ繁昌ニ世ニハンジヤウシテ、ツヨクヲコ(興)」った時期を「建永ノ年」とみている(2)。当時興隆した法然同法集団は、浄土宗とか、念仏宗という宗名でよばれた。しかし、どちらかといえば「浄土宗」という呼称は教義ないし宗教的立場を示すときに使われ、教団を指す場合には主として「念仏宗」という語が用いられたようである。

元久二年（一二〇五）十月の「興福寺奏状」に「立二念仏之宗一」「以二浄土念仏一名二別宗一」などの文言が見え、八宗九宗をおそって興されたこの新宗が「念仏宗」の名称で弘く通じていたことが知られるが、元久三年二月の摂政藤原良経への興福寺側の申入れに、此度の宣旨には「念仏宗」の宗の字と、「専修名号」を停止する旨を明示せよとあったことからすれば(3)、念仏宗の呼称は法然同法集団側の自称でもあったことがわかる。蔵人頭三条長兼は「念仏宗口宣」について種々考慮するところがあり、興福寺三綱も「念仏宗宣旨事」を早く沙汰するよう強要していた(4)。慈円もまた「念仏宗ヲ立テ専修念仏ト号シテ云々」と述べている。法然の滅後においても「念仏宗法師原」(5)

「念仏宗之張本」(6)「念仏之別宗」(7)などといわれ、社会的には念仏宗の称が通用していた。「或称二之念仏宗一、或号二之浄土宗一」(8)という併称も、後者は主として門弟同法など僧侶の間で、しかも教学上の意味あいを兼ねて用いられ、教団的存在を意味して使われたのは前者であった。

念仏宗の語は、すでに永観の念仏義に関連して使われているが、(9)また保延の頃、浄土教徒で念仏宗を名のる僧も存在した。(10)念仏集団に対して念仏宗と呼称された例としては、四天王寺念仏衆の場合がある。栄西は、鳥羽法皇が四天王寺に念仏三昧院を建立されたことをもって、念仏宗が、「勅置二天王寺一」かれ、当世の尊卑の念仏はその余薫であるとみた。(11)栄西のこの見方には、一宗の開立は勅許を必要とするとの古代的宗派観が(12)残されているが、彼のいう念仏宗が四天王寺西門の念仏（衆）を指すことは明らかである。いうところの「尊卑念仏」に法然の念仏（衆）が含まれていることは確かであろうが、ほかでも述べたように四天王寺念仏は観想的念仏が骨子をなしていたから、(13)厳密には法然の念仏と同一視し得ない。しかし「専修念仏法師」空阿弥陀仏が(14)四天王寺を拠点としていたように、また法然に四天王寺止住の伝承があるように、早くから四天王寺と専修念仏者との関係が深かったから、栄西は「是其余薫也」とみたのであろう。四天王寺においては、いわゆる四天王寺念仏に専修念仏がオーバーラップしていたのである。

法然の同法集団が念仏宗と称せられるのは、「以二弥陀念仏一建レ宗」てていたからであるが、さらにいうなら「専修念仏之宗義」（「興福寺奏状」）に立脚して「専修之行」を自行化他するからであって、「専修」の語はしばしば「念仏宗」と同義語でさえあった。「建二一宗一而称二専修一」(15)（前掲「延暦寺大衆解」）とか「建二専修之一字（宗カ）一」(16)（「後堀河天皇宣旨』)などといわれている。世間も念仏宗の者を他と区別するに、「専修」[17](『興福寺奏状』)、「専修念仏者」[18](『百錬抄』)、「専修念仏法師」[19](『明月記』)、「専修輩」[20](『延暦寺大衆解』)、「専修念仏之輩」[21](『明月記』)、「専修党類」[22](『興福寺奏状』)などの呼称をもってした。われわれが法然の教団を指して「専修念仏宗」とよぶのは、かかる現実の呼称例に即してのことである。

ところで、この「念仏宗」ないし「専修」、いうところの専修念仏宗すなわち浄土宗教団の史的推移を、教団発生以後の約半世紀間、十三世紀前半において通観すると、二つの大きなうねりが見出される。すなわち法然生前における勃興と、流罪および入滅による衰運が兆してから後における復興とである。勃興期は建久・正治から建永にかけて、復興期は建保から嘉禄を経て延応前後に至る時期である。

あたかも前者は法然の宗教が円熟し、その内的充実を反映させた専修念仏宗の宗義が勧説された時期、後者は幸西・空阿弥陀仏・隆寛など「源空之余党」(『牒状類聚』)が念仏興行の張本人として活躍した時期に相当していた。つまり専修念仏宗は、法然の教化による勃興期から遺弟らの興行による復興期へと、展開していったのである。

そして、これらの時期に集中的にみられるのが既成仏教からの弾圧である。弾圧は念仏宗興隆の証左であり、再生の契機でもあった。勃興期にはいわゆる元久、建永の法難があり、復興期には建保、貞応、嘉禄・天福、文暦、延応とたび重なる弾圧があった[23]。十三世紀前半に頻出したこれらの一連の弾圧事件は、初期専修念仏宗の動向と密接に関係しあった顕著な事項である。それだけに、新旧教団の対立が激烈であったこの時期はきわめて重要であり、とりわけ弾圧とその反応をめぐって現われる専修念仏宗側の実態、動向などに関する諸問題は教団史上の重要課題といわざるを得ない。

弾圧に関する史料は十分に残されているとはいい難いが、それでも今述べたような教団史上の諸問題を剔出するに足るものがある。例えば、㈠元久元年（一二〇四）十一月の法然の「七箇条制誡[24]」、㈡同二年十月の「興福寺奏状[25]」、㈢建保五年（一二一七）五月の「延暦寺大衆解[26]」、㈣貞応三年（一二二四）五月の「延暦寺大衆解[27]」、㈤嘉禄三年（一二二七）七月の「後堀河天皇宣旨[28]」、㈥同年八月の「検非違使別当宣[29]」、㈦延応二年（一二四〇）の「延暦寺牒状[30]」、その他日蓮の「念仏者追放宣状事[31]」にみえるものなどがそれである。これらはいずれも史料的価値の高いものであって、概観してすぐに気づかれる点は、ほぼ共通して念仏興行の中心人物、念仏衆の存在形態、専修念仏の受容層、念仏者の思想、行動と旧勢力との対立点などに直接触れているか、またはそれを示唆していることである。

初期専修念仏宗の教団的特質を構成する要素はいろいろあろうが、諸史料が提示する右のような諸点こそ、その基本的要素に連なるものである。したがって年序の明らかな弾圧関係の諸史料から抽出できる念仏衆の存在形態、専修念仏の受容層、専修側の言動などの問題について考察を進めるならば、自ずと十三世紀前半における専修念仏宗の社会的基盤、動向などを明かすことになろう。そこで以下、さきに挙げた弾圧関係史料を基軸に、その他の史料をも併せ見て、初期専修念仏宗の勃興と復興の発展期におけるこれらの諸問題を考究していきたい。

二　念仏宗の形態とその領導者

――建久・建永期――

法然の専修念仏教団は、すでに指摘したように、発生的には聖集団であったし、法然は各地に散在していた念仏聖の収攬者でもあった。法然の門弟には、法然が「我弟子同法」(「葬家追善事」)、「我同法遺弟」(「没後起請文」)とよんでいるように、入室の直弟と一時止住の出家同法者とがあった。「朝来暮往之人」(「没後起請文」)のなかから「号二予(法然)門人一之念仏上人」(「七箇条制誡」)が出たが、彼らは後者に属している。これらの念仏同法者もまた聞法の趣を伝えて自らの帰信者をもったので、法然自身教団をつくる意思はなかったが、現実に念仏者の集団が多数発生し、第三者に「念仏宗」の存在を認めさせたのである。念仏宗が短期間に膨張した一因は、往来・聞法・止住という交流的なあり方をもつ聖的同法者が第二次の教化者となっていたことにある。法然自身が「所二勧化一者、但老後遁世之輩、愚昧出家之類」(「送山門起請文」)であったから、道俗の念仏集団の拡大にこれら同法者の果たした役割はきわめて大きい。

かかる念仏の出家同法者が多数法然と接触をもつようになったのは建久になってからである。建久九年(一一九八)の「没後起請文」には「西来東来、有レ問二法門一、西去東去、不レ知二行方一、朝来暮往之人甚多」とあり、「七箇条制誡」では「至二近来一、此十箇年以後、無智不善輩時々到来」と、建久五、六年以降聞法者が現われたことを控え目に書いている。このような同法者の流入時期からみて、法然・直弟を中核に、周辺に念仏同法者が位置する拡散的な念仏教団(32)が形成されてきたのは、建久の中頃、十二世紀末とみてよいであろう。そして勃興期のピークが元久とみられる。

建久九年の『選択本願念仏集』は念仏宗の台頭を背景に撰述されたものであり、元久元年の「七箇条制誡」は隆昌をもたらした同法の念仏上人に対する警策であった。『選択集』撰述から元久の制誡に至る間に、正治二年（一二〇〇）五月の鎌倉での幕府による念仏禁断、元久元年以前における山門の問責[33]があったが、ともに反面、専修念仏の広汎な弘通を物語るものである。法然を戒師としての宜秋門院の出家（建仁元年）、同じく九条兼実の出家（同二年）、親鸞の入門（同元年）、長西の帰入（同二年）なども、念仏宗興隆を示すこの期間のできごとであった。

　では、元久前後の興隆一途の時期の念仏集団はどのような形態であったろうか。前に述べた基本的な構造はかわらなかった。すなわち、同法者が自らの党を擁するとともに、直弟らが構成する法然集団に直接・間接的に繋がるという形に相違はなく、中核的な法然集団も同法者主導の念仏集団もともに拡大化し、その拡大化の過程で道俗一体化の性格をいよいよ顕著にさせていた。「興福寺奏状」の副進に「就中叡山発レ使、加二推問一之□、源空染書起請之後、彼弟子等告二道俗一云、上人之詞皆有二表裏一、不レ知二中心一、勿レ拘二外聞一云々、其後邪見之利口、都無二改変一」との文言がみえているが、これによれば、法然は前年にいわゆる「送山門起請文」を書き、門人と号する念仏上人を戒飭したが、門弟らは法然がなかなか本心を明かさないので外聞にかかわる必要はないと道俗に告げたというのである。これからも門弟同法らが法然と一般道俗との間にあって一つの結節点をなしていたことと、彼らには道俗多数が直結していたことが窺われるのである。門弟同法が道俗と直結し、社会的なひろがりをもつ集団であったことに、念仏宗と他との根本的な相違の一つがある。

　また、専修念仏反対運動に対する法然の立場と初期念仏宗の構成員を示す貴重な史料が「七箇条制誡・連署」であるが、これからも右のような念仏集団の形態が推測される。ここで「七箇条制誡・連署」について少し触れておきたい。

元久元年（一二〇四）十月、延暦寺大衆が念仏の停止を議し、座主真性に訴えるや、法然は軋轢を避けるため、同年十一月七日、延暦寺に諸宗誹謗の意趣なき旨を誓言した（「送山門起請文」）が、同時に七箇条の制誡をつくって門弟を戒め、彼らに署名させた。これが「七箇条制誡・連署」（「七箇条起請文」ともよばれる）で、いま二尊院に伝えられているのがその原本である。

本文には「普ねく予が門人と号するの念仏上人等に告ぐ」として制誡七箇条——真言止観を破し、余仏菩薩を謗ること、有智者別行者に諍論を致すこと、別解別行の者を軽侮すること、念仏門には戒行なしと号し、婬酒肉食を勧めること、恣に私義を述べ、妄りに諍論を企てること、唱導を好み、邪法を説き、無智の道俗を教化すること、非仏教を説き、偽って師範の説と号することなどの禁止——が挙げられたあと、違反者への厳しい態度が示され、「元久元年十一月七日」の日付と「沙門源空（花押）」の署名があり、ついで一九〇人にのぼる門弟の連署がある。(34)

『法然上人行状絵図』（巻三一）は執筆者を法蓮房信空と伝えているが、その確証はない。確かに弟子連署中に信空の署名があり、本文、日付、源空署名などは同筆と見られるが、本文などが信空自身の手になるとする明徴もない。従来、「沙門源空」は自署でなく、左傍の花押だけが法然の自筆とみられ、(35)今も大方の賛同を得ているが、近時、本文、署名ともに法然の真蹟であるとの見解が提示された。(36)しかし、真蹟の再検討を提起した点で貴重なこの説にもなお疑問が残る。いま「七箇条制誡」「一枚起請文」「熊谷入道宛書状」「正行房宛書状包紙」にみえる源空の字形を相互に比較してみると、「七箇条制誡」を除く他の三者には共通点が多く、「七箇条制誡」のそれのみ他と相違するようである。例えば、「源」の旁の第二画は第一画の左端に接していて、右端に続いていない。また「源」の旁の下へ第二字を書く特徴があり、「空」が「源」より右寄りに位置し、「空」の字体も右に流れる傾向がある。このような三者に共通してみられる特徴が、「七箇条制誡」の源空の署名には窺えない。また「七箇条制誡」本文の文字に他の法然真蹟にみられる特徴を見出そうとしても、類似点は極めて乏しいのである。

門弟の連署は、七日に八〇人、八日に六一人、九日に四九人であるが、七日の源蓮（十九番）の部分の裏に一人（信願房）、八日の実蓮（百番）の裏に一人（大夫属入道、本名定綱）、同じく正観、有西（百二十九、百三十番）の裏に二人（正観房北野、伊予国喜多郡蓮観房）の名が書かれている。署名中、信空、欣西、蓮生の字はそれぞれ高山寺蔵「円頓戒々脈」、興善寺蔵「欣西書状」「蓮生念仏結縁状」、清涼寺蔵「熊谷直実自筆夢記」によって、自署であることが確かめられる。

一九〇人にのぼる僧侶・入道者などの署名中、同名人が多く、数人ごとの署名が一筆でなされるなど、奇異に感ぜられるむきもある。二回以上の重出者は、行西、安西、実念、観阿弥、観尊、向西、幸西、西縁、西念、西仏、参西、自阿弥陀仏、実蓮、昌西、進西、忍西、念西、仏心、蓮恵、蓮慶、信西の二一人に達する。しかしほとんど筆蹟を異にしているので、同一人の重出ではなく、彼らは同名異人とみてよい[37]。数人の署名が同筆で書かれていることについては、その場に居合せなかったからだと解されていた[38]。私見によれば、これは今まで述べてきたような念仏集団の存在形態と関係していると思われる。

既に述べたように専修念仏が燎原の火のごとく短期間にひろまったのは、伝道の視点からすれば、「念仏上人」のような第二次教化者がいわば細胞分裂的に増加し、その与党・信者が増大していった結果である。「七箇条制誡」には直弟の署名もあるが、これはあくまで「号二予門人一之念仏上人等」に「普告」されたものである。「催二西方行人一、集二一室一告命」されたというから、京都近辺の念仏上人に限られていようが、グループごとの代表格の念仏上人が余党の主だった同法者の名を連記したり、あるいは来室できなかった盟友集団の念仏上人の名を記すことがあったであろう。この結果が同筆の署名が幾箇所もみられることになったと思われるのである。署名の面々がグループの代表格であったことは、「此上猶背二制法一輩者、是非二予門人一、魔眷属也、更不レ可レ来二草庵一、自今以後、各随二聞及一、必可レ被レ触二之余人一」とあることからも知られる。

なお署名の員数は、現存の二尊院所蔵の原本では一九〇人であるが、もとは二百余人あったのではないかと思われる。というのは「七箇条制誡」を収載する書物で古いのは康元二年（一二五七）成立の『西方指南抄』であるが、これには信空以下二二人を書き、最後に「已上二百余人連署了」とあるからである。この「二百余人」は二十余人の誤写であり、署名の数は二二人—七五人—八八人—九二人と増嵩し、最終型として成立したのが二尊院本であろうとの説もあるが(39)、原本に一九〇人の署名がある以上、二十余人とあるべきを二百余人と誤ったのだとは考えられない。また一九〇人を大まかに二百余人と表現したとも思われず、親鸞個人の註記とも考えられないので、「已上百八十九人連署畢」とする異本『拾遺古徳伝』の成立以前に、原本から最後の十余人分の署名が何かの事情で欠けたのではなかろうか。二尊院の原本をよくみると最後の向西の直後で料紙が断裁されているから、もとはなお一紙が続き、十余人の署名が載せられていたように推察される。

そこで『西方指南抄』に記されているように、法然の制誡に応じて署名したのは、京都近辺だけで二百余人あり、なかにグループを代表しての署名者があったとすると、法然のいう「門葉」はこの何倍かになろう。さらにこの門葉が道俗の共鳴者を有し、このようなことが京都だけでなかったことを念頭に置くと、念仏宗の勢力が無視できないものであったことがよくわかるのである。

ともあれ、直弟を中心とした法然集団を中核にして、その周囲に念仏上人率いる自立的な同法集団が群立し、最高の統合人格に法然をいただいていたのが、元久前後の原始浄土宗教団であって、念仏宗とはこれらの念仏集団を包摂する名称であったのである。念仏上人らは自己の余党を有するが故に、また聖の系譜をひく者であっただけに、思想的にも行動的にも自立性が強く、法然に対しても比較的自由な立場にあった。後で触れるところがあろうが、ここに法然の教義を変容させ、制誡を出さしめる要因があった。しかし、既成教団が弾圧につぐ弾圧をもってしても、念仏宗の勢力を根こそぎ払拭しえなかったのは、念仏宗がこのような輻輳形態をもちつつ多くの集団にわかれて群在していたからである。当時念仏集団に対して「専修党類」（「興福寺奏状」）と称され、また「建二一宗一而称二専修一、鎮二徒衆一而成レ群、誘二緇素一而有レ数」（建保五年五月「延暦寺大衆解」）と法然在世時代が回顧されているのも、念仏宗が集団性・一揆性を帯びていたことを察知してのことであった。

この勃興期における念仏宗諸集団の領導者はかの「七箇条制誡」の署名中に名を出していようが、なかでも影響力の大きかったのは行空、安楽、住蓮、幸西などであり、この四人のほかに建永二年（一二〇七）罪科に処せられた親鸞、浄聞房、禅光房澄西、好覚房、善綽房西意、性願房なども同行の余党を擁し、あるいは過激な集団に属して、偏執とも受け取れる勧化を行なった重要な人物であったと見られる。住蓮、安楽は建久三年秋、八坂の引導寺で見仏、心阿弥陀仏と六時礼讃をはじめたと伝えられ（『四巻伝』『九巻伝』『四十八巻伝』など）、また室蓮房、心観房、定蓮房、蔵人入道、蓮光房、西仙房、清浄房、念仏房、阿勝房、蓮乗房などと東山霊山三七日如法念仏の一二人の時衆を結成していたことがある。見仏は後白河法皇の葬送の夜、出家した院の近臣であるが(40)、このような人物を党にひきいれる力が彼らにはあった。また安楽には弟子に寛喜の頃「一念宗之長」として活躍していた教脱（達）がいた(41)。幸西には入信、明信、勤信、了智、明教、唯信、正定、覚舜、善性、証恵、正縁、薩生などの党があり(42)、薩生も幸西と同様、遠流に処せられた(43)。『歎異抄』に「無実風聞によりて罪科に処せらるる人数事」として挙げられている七人流罪・四人死罪のうち、行空、幸西、証空、住蓮、安楽、親鸞以外はよくわかっていないが、念仏諸集団の、または同一系統の集団内の指導層であったであろうことは十分推察がつく。

また念仏弾圧で張本として指弾されなくても、同行の余党を有していた念仏者も少なくなかった筈で、その一例として正行房の場合が挙げられる。正行房は法然やその直弟と関係があった同法者で、「七箇条制誡」にいう「念仏上人」の範疇に入る僧である。

昭和三十七年四月、浄土宗興善寺（奈良市中輪院町）の本尊阿弥陀仏立像の胎内から、消息・包紙など大小二十余葉と木製漆塗蔵骨器が発見された。胎内文書は順序など雑然とし、数枚は破れ、破棄した形跡の認められるものもあったが、復元接続して一四種に分類された(44)。

かくしてこれらの消息・包紙は法然、証空、親蓮、欣西、円親らのものであり、いずれも正行房に宛てられたものであることがわかった。またこれらの紙背は念仏結縁者交名状に利用されていた。蔵骨器には遺骨の俗姓等が記されていなかったが、胎内文書との関係から、正行房の両親の遺骨と推測される。このようなことから、正行房が両親の追善供養の来迎形三尺の阿弥陀仏立像をつくるに当り、法然以下交友のあった専修念仏僧から送られた消息・包紙などを利用して、その紙背に念仏結縁交名を記し、両親の遺骨と共に胎内に納入したものと知られる。

正行房については詳しいことがわからない。正行房とは房号であって、その僧名も知れないが、消息の差出人から考えて、法然やその直弟と関係をもつ同法者であったことは確かである。「七箇条制誡」にいう「号二予門人一之念仏上人」の範疇に入る僧であろう。『法然上人行状絵図』巻一一には「門弟正行房」として次のように出ている。

殿下（兼実）の御帰依あさからずして、上人参たまふごとに殿下おりむかはせ給へば、公卿殿上人のおりさはがるゝ事を、上人うるさき事におもひたまひて、九条殿へまいり給はざらむために、房籠りとて別請におもむき給はず、いづかたへもありき給はざりけり、殿下しきりに御歎ありて、たとひ房籠なりとも、身に違例などの侍らむ時は、来給なんやと仰られければ、さやう御時は子細におよび侍らずと申されければ、せめても請申されむとては常に御違例とぞ号せられける、此上は辞申に所なくして参給けるを見て、門弟正行房心中に、あわれ房籠とてよの所へはましまさずして、九条殿へのみまいり給事、しかしながら檀越をへつらひたまふとこそ、人はそしり申さむずれ、しかるべからぬわざかなとおもひてねたる夢に、上人汝はわが九条殿へまいる事をそしりおもふなと仰らるゝに、いかでかさる事候べきと申ば、汝はさおもふ也、九条殿と我とは先生に因縁あり、余人に准ずべからず、宿習かぎりある事をしらずして、謗する心をおこさば、定て罪をうべきなりと仰らるゝと見る、さめてのち上人にこのよしをかたり申されければ、さてぞかし、先生に因縁ある事なりとぞの給ける、

法然が房籠りと称して他の所へは赴かず、九条兼実の邸へのみ参るのに対し、正行房が批判的であったことを伝えている。伝記は、正行房が夢で法然から、兼実とは宿縁があり、余人とは異なるとの告を得、覚めてのちこのことを法然に物語ったと述べているが、このように正行房は法然と京都で面謁すること再々であったようである。

すなわち法然からの消息に「みちのあいたことなくくたりつかせおハしましして候、かへすく\よろこひ申候」「されハなつすきさふらひてのほらせたまふへく候」とあり、また証空の消息に「その善導み堂うはて候なは、とくく\してのほらせ給ひ候へし」「くたらせ給ひてのちハ、たのもしき人もなきやうにて、わひしく候なり」などとあるように、正行房は都と奈良を往還していた。親蓮からも「又いつころにかのほらせたまふへき、正二月にハいそきのほらせたまへかし、なをく\この人(法然のことか)みはなせたまふな」と上京を促されている。証空からも「たのもしき人」と思われているなど法然側近者とかなりの親縁関係があったようである。

さて、今回発見の胎内文書は、㈠法然書状包紙(紙背・念仏結縁交名)、㈡法然書状包紙(同上)、㈢法然書状断簡(同

上）、㈣法然書状断簡（同上）、㈤法然書状断簡（同上）、㈥証空書状（同上）、㈦証空書状断簡（同上）、㈧証空追書（同上）、㈨欣西書状（同上）、㈩親蓮書状（同上）、⑪円親書状包紙（同上）、⑫某書状断簡（同上）、⑬念仏結縁交名断片、⑭蓮生念仏結縁状、であった。いずれも法然や門弟の動静、念仏信仰などを知る絶好の史料である。

法然のものは包紙二紙と断簡書状三通にすぎないが、従来法然の真筆が皆無に近かっただけに、真に貴重である。清涼寺の熊谷直実宛書状は辻善之助博士により法然自筆と指摘されていたが、他に参照しえるものが少なかったので長く注目されなかった。しかし興善寺本尊の胎内から法然のものが発見され、これと筆致が完全に一致したので、清涼寺、興善寺のものはともにまごうことなき法然自筆の書状と断定されたのである。

興善寺の法然書状包紙二紙には、「正行御房　源空（下付）」または「正行房御返事　源空（下付）」と書かれている。下付の語は読みとりにくいが、一つは「報」のくずしかという。因に清涼寺所蔵の熊谷宛書状の「源空」の右下にも下付が書かれているが、これは「状」とか「報」、または「奉」などと読まれている。しかしこれを「拝」とする説もある。(45)正行房宛書状包紙の下付も「拝」かもしれない。

書状三通は、各通に「御ふみくはしくうけたまはり候ぬ」とあるように、正行房に対する返書であるが、残念ながらいずれも後半を欠き、年時も不明である。しかし一通は正行房が小袖を贈ったことに対する礼にあわせ近況を知らせたもの、一通は身の安全を知らせ、熊谷入道蓮生のことに触れたもの、いま一通は病体を案ずる正行房に近況を知らせ、夏すぎての上京を促し、かたがた贈物に感謝の意を表したものである。法然と正行房の交情がよく窺われるが、残存する書面からは信仰上の質疑に対する答信が見られない。信仰にふれているのはむしろ証空書状の方であって、法然の書状は日常的な返簡である。

法然と正行房の交わりがいつはじまったか不明であるが、これらの書状には元久の頃のものが含まれていると推測される。一通に「くまかえの入道のこと、くはしく申つかはして候、まことにありかたく、あさましくおほへ候」とあるが、法然をしてありがたく、あさましく覚えしめたのは、熊谷直実が上品上生往生を立願した前後のことではなかろうか。直実は元久元年（一二〇四）五月十三日、上品上生の願を発したが、その前後に奇瑞、霊夢を蒙った。証空は仏道に魔事が多いから用心するように戒め、法然もまた、熊谷往生の霊夢が諸方から注進され、直実に驕慢の心が生じないかと心配した。直実の発願が世に知れ、彼が上品往生するさまを夢にみて、法然と直実に注進する者が多かったのである。しかし直実の上品上生の確信はかわらなかった。(46) このような熊谷直実の様子が正行房にも伝わり、彼は法然に直実のことを確かめたところ、その返事が「くまかへの入道のこと、くはしく申つかはして候云々」として届いたのであろう。「くまかへの入道のこと」とは直実の往生を指すとも考えられるが、彼の往生は九月十四日（承元二年）であるから、法然書状に「八月にはひん（便）の候はむすれハ云々」とある「八月」がそぐわなくなる。正行房と熊谷入道蓮生とはゆかりがあった。直実は「れんせい蓮生念仏百万へん　けちえんしまいらす」との念仏結縁状を正行房に進めている。正行房も直実のことは他人事ではなかったのである。やはり直実の上品上生往生立願がまきおこした波紋を、法然は便がある八月に正行房へ詳報しようとしたのであろう。とすれば熊谷入道のことに触れたこの書状は元久元年夏頃のもので、法然七十二歳の筆蹟であるといえよう。

また持病の「おこり」にふれた自筆書状があるが、証空や欣西の書状にも法然の病のことが書かれ、正行房の心配するところであった。正治元年七月に瘧病が大流行し、「天下瘧病不レ可ニ勝計ニ」（『明月記』）といわれた。法然の瘧病もこのとき罹ったものが根治しなかったのであろう。病悩のことからみても、これらの書状は正治・元久の頃のものと思われる。

なお胎内文書中の法然以外の書状や、また法然書状紙背の念仏結縁交名の員数は一五四八人に及んでいる。この貴重な史料を最初に紹介された堀池春峰氏によれば、正行房の念仏結縁者中に、大和都祁村来迎寺善導像（建仁二年作と推定される）にみえる結縁者と同一人物が何人かあり、正行房は来迎寺と関係の深かった僧であろうとのことであるが、(47)この念仏結縁交名により正行房が南都周辺の指導者的念仏者であったことが明白である。交名に出る道俗男女すべてが専修念仏者ではなかろうが、かなり広い地域と社会層にわたる心縁的外周部をもった相当な専修念仏集団が正行房を中心につくられていたとみて差支えなかろう。

また正元二年（一二六〇）一月の院御所落書に「南都ニ専修アリ」(48)とあったように、南都もまた専修の輩が多かった所であるが、法然在世中も南都は念仏興行の一大拠点であった。正行房の念仏結縁交名は南都における念仏集団に関する貴重な史料である。

三　念仏上人の「偏執之勧進」

専修念仏宗に、第二次教化者として「念仏上人」が介在したことは、法然の教説から逸脱し、異端を発生させる要因となった。「七箇条制誡」は師説を離れて私義を述べ、「自由之妄説」をなす「念仏上人」が多くいたことを示唆している。専修念仏の興隆とともに「背二源空本懐一」(49)（『三長記』）く事態が生じてくるのも、法然に寄りながら、法然を離れてそれぞれが独り立ちするという同法集団のあり方と密接に関係していたのである。

法然が「七箇条制誡」で戒めた念仏上人らの言動は、他宗側からすれば、その念仏上人が率いる道俗の念仏集団、すなわち専修念仏宗そのものの、さらにいうなら法然その人の主張のように受け取られた。既成教団は専修念仏宗の者を「破戒不善輩」(50)と断じ、戒行を守らず猥りに衆僧の学問を誇り、哀音を引いて人心を蕩かす「無慙之徒・不法之侶」(51)とみた。したがって彼らが専修念仏宗を破戒不善を勧める「八宗仏法之怨敵」とみたのも当然であった。当時の念仏上人には謗法、改宗の無理じい、破戒造悪行為の是認、私義の唱導などの所業が目立ち、そのモノマニア的な行動が他宗の顰蹙、指弾を招き、また内部の粛正を必要としていたわけである。民間僧のなかには唱導や念仏を芸能化して渡世の計とするものがあったが、そのような行為をする念仏上人が誡告の対象となっていたことには、かかる民間僧が念仏宗の上人に転じ、そのような念仏上人の唱導などを通して法然の教説が弘通したこと、さらには、それが故に法然の教えも歪曲させられる可能性が十分あったことなどを示唆している。名利檀越を求めて、積極的に法然教説や念仏を唱導・芸能化する念仏聖の多かったことが察せられる。

「七箇条制誡」は法然の門人と号する念仏上人、つまり僧徒が対象となっていたが、そこで指摘されたような行動は、彼らだけに限定されるものではなく、当然その影響下にある一般の帰依者にもみられた。つまり道俗を含む「専修輩」の所為であった。「興福寺奏状」にはその言動がさらに具体的に挙げられている。謗法に関するものとしては、「専修云、身不レ礼二余仏一、口不レ称二余号一」「或云、読二法花経一之者堕二地獄一、或云、受二持法花一浄土業因者、是謗二大乗一人也」などと、弥陀一仏・口称一行を標榜して、法華行者を痛罵していたことが書かれているし、(52) また専修の者が創った「摂取不捨曼陀羅」は、念仏以外の諸善を修する行者を謗難する意図が秘められた構図だと指摘されている。(53) また造悪に関する言動としては、「囲碁双六不レ乖二専修一、女犯肉食不レ妨二往生一、末世持戒市中虎也、可レ恐可レ悪、若人怖レ罪憚レ悪□（者）、不レ憑レ仏之人也」という言を国土に流布しているが、これは釈衆を損うもとだと指弾されている。(54)

いうまでもなく、このような専修念仏者の謗法、破戒造悪は、いずれも既存仏教と鋭く対立するものであり、南都北嶺の忿怒を招く所以のものであった。法然は「七箇条制誡」において、聖道門教団との摩擦を避けるため、念仏上人に対して、愚人の境界では立破、諍論、改宗の強要などを考えずに、ひたすら自行に励むべきであり、戒行もこれを重んずべきであると戒めたが、前にも述べた如く「上人之詞皆有二表裏一、不レ知二中心一、勿レ拘二外聞一云々」と道俗に告げる弟子もあって、謗法、破戒などの行為は一向に改まらなかった。

専修念仏宗の謗法、破戒などの行為は社会に大きな問題を惹き起し、遂には念仏禁制の動きへと発展するのであるが、いま一つ、当時の社会道徳に向背する不善の行為があった。それは専修念仏宗が神祇を崇めなかったことである。「興福寺奏状」でも、専修念仏者が神明に背き、権化実類を論ぜず、宗廟大社を憚らず、もし神明に臨めば、「必堕二魔界一」っと述べていたことが挙げられているが、(55) この言動はその後もかわらず、貞応三年（一二二四）の「延暦寺大衆解」にも、念仏に事を寄せて神明を敬わず、肉食して霊神の瑞籬に交わり、「十悪五逆、尚預二

弥陀之引接㆒、神明神道、争妨㆓極楽之往生㆒乎」と主張していたことが記されている。(56)

既成仏教側は、このような専修念仏行者の神祇不拝、霊神侮蔑に対し、「失㆓国之礼㆒」するとその不当性を衝いたが、(57) 専修念仏者が「コノ世ノタメニスル仏神ノイノリ」はいざしらず、「後世ノ往生、念仏ノホカニアラス」と確信し、「余仏ヲ礼セス弥陀ヲ礼シ、弥陀ヲ念シテモハラニシテモハラナラシムル」「至誠心」(『念仏大意』)を持つ限り、国安・民不乱のもとたる宗廟・諸社の祭祀(建久二年三月二十八日後鳥羽天皇宣旨)を為さず、「犯㆓神国之法㆒」(『延暦寺奏状』)することになろうとも、伊勢大神宮、八幡、加茂、日吉、春日などの宗廟大社と訣別せざるを得なかった。元久の頃既に専修念仏者は、弥陀の光明が専修行者にのみ照っている「摂取不捨曼陀羅」を製作していたが、この曼陀羅を通して専修念仏の絶対優位性を標榜する専修念仏宗としては、他宗の誹謗につながる余行の排斥、神明への向背などの所為に向かうのは、当然の帰結であった。

専修念仏を一向勧進する間に、かえって諸宗を誹謗することになり、余行を往生の業ではないと偏に唱えるに及び、破戒不善の反社会的行動を積極的に推し進めるのが専修念仏宗と思われ、その過激な教化に「過分」の「偏執」があるとの批難の的になったのは、法然およびその弟子安楽房遵西、成覚房幸西、住蓮、法本房行空らであり、(58) 特に偏執傍輩に過ぎたのが行空と遵西であった。行空は「立㆓一念往生之義㆒、故勧㆓十戒毀化(犯カ)之業㆒、恣謗㆓余仏㆒願(勧)㆓進其念仏行㆒」し、遵西は「称㆓専修㆒毀㆓破余教㆒任㆓雅執㆒過㆓妨衆善㆒」したことが処罰の理由であった。(59)

この二人は初期の専修念仏宗にとってどのような意味あいをもつ人物であろうか。

まず行空の方から考えてみよう。行空と幸西は前後して一念往生の義を立てたが、その影響力は大きく、無念の新義すら現われ、一念義は京中にも北陸にも流布していた。行空の思想内容ははっきりしないが、幸西の一念義は次のような特徴をもっていた。すなわち、心念を強調し、本願に絶対憑依すべきこと、信決定後の多念を否定していた。[60]この所説は、理において必ずしも法然の教説と対立するものではなかったが、これを曲解するものが多く現われた。ことに本願の絶対的憑依を悪しく心得て、「憑二弥陀本願一者、勿レ憚二五逆一、任レ心造レ之、不レ可レ着二袈裟一、着二直垂一、不レ可レ断二婬肉一、恣可レ食二鹿鳥一」などという「無智誑惑之輩」が出ていた。[61]

行空の一念義も幸西のそれと同じであったと思われ、十戒毀犯の業を勧め、恣に余仏余行を謗る点では一番目立つものがあったらしく、法然は「殊不当」として行空を破門した。[62]しかし彼は「七箇条制誡」では四十人目に署名している人物である。「七箇条制誡」で法然が警告を与えた「於二念仏門一号レ無二戒行一、専勧二婬酒食肉一、適守二律儀一者、名二雑行人一、憑二弥陀本願一者（中略）勿レ恐二造悪一」れ、などと説く念仏上人や、「興福寺奏状」が指摘する「囲棊双六不レ乖二専修一、女犯肉食不レ妨二往生一」などを主張する「専修僧尼」は、まさしく行空らの一念の徒であった。

行空追放後も、さきに少し触れたように「奸弘二一念之偽法一無レ謝二無行之過一、剰立二無念之新義一、猶失三一称之小行二」う傾向すら現われたので、法然は承元三年（一二〇九）六月、北陸道に一念義を弘める人物を誑法者ときめつけ、一念義を停止し、人々にかの七ヵ条の教誡を想起するように注意した。「一念義停止起請文」とか「北越書」とよばれているものがこれである。この誑法者は、自分は法然の深法を得た一人であり、この法は「彼上人己心中之奥義」であるなどと称しているが、[63]このような人物が、前に述べた門弟と号する念仏上人であることはいうまでもない。一念義をたずさえ、利養を求めて「渡世之計」となし、妄語を構えて諸人を迷乱さす念仏聖的な民間の念仏法師が存在したであろうことは、十分に察せられる。かかる「誑惑之輩」は、法然自身がいうように「未レ読二半巻書一、不レ受二一句法一、空号二弟子一、甚無二其謂一」きものであった。[64] かかる人物が介在していることに、法然の教説の真義が伝わらないままに、一見、「専修」が興隆するという現象を呈する理由がある。

次に、興福寺から「偏執、傍輩に過ぐ」として指名されていた今一人は、安楽房遵西である。遵西は同じく興福寺からマークされた住蓮とともに、善導の六時礼讃に節づけをし、これを普及して多大の感化力をもったことで知られる。遵西が罪に触れた点は「称二専修一毀二破余教一遏二妨衆善一」した点にあったが、遵西・住蓮らが急進的な一念義系念仏衆であった明徴はないから、罪名勘申の際の名義的な理由はともかくとして、彼らが興福寺から指名された理由は、法然の教説でいういわゆる助業たる礼讃の興行を通して発揮される抜群の教化力――旧仏教側が恐れるところの――にあったと見ざるを得ない。

遵西は外記入道師秀の子で、高階泰経の侍であった。[65]「七箇条制誡」では三十人目に署名している。『選択集』撰述のときには執筆の役を第二章まで勤めたが、驕慢の故をもって第三章からは真観房感西にかわらされたという。[66] 彼がいつから礼讃を興行したのかはっきりしないが、『法然上人行状絵図』巻一一に「法皇崩御の後、かの御菩提の御ために、建久三年秋のころ、大和前司親盛入道法名見仏、八坂の引導寺にして、心阿弥陀仏調声し、住蓮、安楽、見仏等のたぐひ助音して、六時礼讃を修し、七日念仏す」とあり、『野守鏡』に「かの念仏は後鳥羽院の御代の末つかたに、住蓮安楽などいひしその長としてひろめ侍けり」と記されているように、後鳥羽天皇の建久のはじめ頃と思われる。『愚管抄』には「安楽房トテ泰経ガモトニアリケル侍ノ入道シテ専修ノ行人トテ、又住蓮トツガイテ、六時礼讃ハ善導和上ノ行ナリトテ、コレヲタテテ、尼ドモニ帰依渇仰セラルル者出キニケリ、ソレラガアマリサヘ云ハヤリテ、コノ行者ニ成ヌレバ、女犯ヲコノムモ魚鳥ヲ食モ、阿ミダ仏ハスコシモトガメ玉ハズ、一向専修ニイリテ念仏バカリヲ信ジツレバ、一定最後ニムカヘ玉フゾト云テ、京田舎サナガラコノヤウニナリニケル程ニ云々」と、前段で遵西、住蓮が善導の六時礼讃を始行したこと、後段でかの「興福寺奏状」などに書かれているのと同じ念仏行者の言動のあったことが書かれているが、前段の結果、後段の記述のようになったとは明記されていない。六時礼讃の興行で尼などにも信者ができ、新たに帰依渇仰を得た念仏上人らの喧伝によって、専修の行者になれば女犯・魚食も障りとならず、臨終には来迎にあずかれるといった考えが次第に支配的になったというのであるから、遵西・住蓮の説明と後段の説明との間に、一念義系念仏上人を介在させて考えるべきであろう。しかし、礼讃にたすけられて専修行者が拡大し、その帰依者の拡まりの中で例の考え方が弘まって、他宗に脅威を感ぜしめたのであるから、その礼讃興行のプロモーターたる二人がマークされ、そのうち遵西が過分の偏執ありとして召し出され、処罰の対象となったのである。事情かくの如しとするなら、法然としてはなおのこと、遵西を放つ理由は見出せない。かくて法然は「立二一念往生義一」てた法々房行空は破門したが、「諸人勧進」(68)の遵西を追放することはなかったのである。住蓮、遵西が死罪に処せられたのは、その後間もなく起きた後鳥羽院の女房との風紀問題によってであった。

遵西らの礼讃は「さだまれるふし拍子なく、おのおの哀歓悲喜の音曲をなすさま、めづらしくたうとかりければ云々」(『法然上人行状絵図』巻三三)とあるように、哀歓悲喜の曲調を六時礼讃につけたものであった。

虎関師錬が「元暦文治之間、源空法師建㆓専念之宗㆒、遺派末流、或資㆓于曲調㆒、抑揚頓挫、流暢哀婉、感㆓人性㆒喜㆓人心㆒」[69]と述べているように、流暢哀婉、人の心に響くものがあった。専修念仏は、法然の考えるようにただ名号を唱える但念仏として、帰信者すべてにストレートに受け容れられたのではなく、現実の専修念仏宗では、その始原の時期から声明化された念仏・礼讃が好まれ、これによって広範な帰向を得ていたのである。

ともあれ、右のような問題をもちながらも、念仏宗は建久から元久にかけて社会的成長がみられたが、この期間は社会不安のあい続く時期であった。建久六年(一一九五)四月京都で平家の残党薩摩宗資父子が捕えられ、その六月幕府から平家余党の索捕が命じられたが[70]、こえて元久元年(一二〇四)三月には平氏一族が伊賀・伊勢両国に挙兵するなど[71]、源平内乱の余波はかなり後まで残り、また幕府側の内部でも頼朝の死後平穏ではなく、正治元年(一一九九)二月、中原政経、後藤基清らが乱をなさんとし[72]、同二年七月には佐々木経高が兵を京都に集めるなど[73]、洛中の騒擾も息まず、社寺にあっても、建仁二年(一二〇二)十月、祇園社と清水寺が境界を争い、延暦、興福の二寺の衆徒が蜂起、各々これを援けて騒動し[74]、延暦寺では建仁三年、学徒と堂衆が闘争し、座主実全が職を辞し、城郭を構えた堂衆が官軍に攻められるなど、これらの抗争も都市民の生活を騒がせ、加えて盗賊、放火などの横行が治安を乱していた。

建久二年(一一九一)三月二十二日の新制十七条にも、頼朝および京畿諸国の官司に令して海陸盗賊ならびに放火などの縦横の奸濫をなす輩を逮捕せしめる条がみられるが[75]、幕府もまた翌三年六月美濃国御家人らに、守護大内惟義の指揮下に、「洛中群盗等」を鎮めるよう命じ、(76) また建久六年八月、幕府は諸国荘園の地頭に令して、「強竊二盗并博奕等不善輩一」を隠匿することなからしめている。(77) また建仁二年五月頃の盗賊の横行は目に余るものがあった。(78) 建久二年三月二十八日の新制三十六条のなかに「可レ令三在家々主申二寄宿輩一事」があるが、(79) 寄宿輩を警戒したのは「辺境浮食之輩、外立二奸謀之民一、偸入二華夏一、恣企二草竊一」てたがためであって、周辺から京中へ流入した浮食の徒に竊盗となる者が多かった。法然の化導に帰した河内国の天野四郎なる「強盗の張本」もかかる京中横行の盗賊の一人である。さらに、地震・疫疾なども人々の生活を不安に陥れるものであった。建久三年から四年にかけて疱瘡が蔓延し、「都鄙殊盛、尊卑遍煩」(80) ったが、正治元年七月にも瘧病が大流行し、「天下瘧病不レ可二勝計一」といわれた。(81) 因に法然の瘧病もこのときに罹ったのがもとになっていたのかもしれない。また建久五年閏八月には京都に大地震があった。(82) 地方にあっては荘園郷保の地頭が農民を圧迫していた。元久元年十月、幕府は諸国の荘園郷保地頭の違濫を戒めている。

このように貧窮困乏者を輩出させる社会的条件は揃っていた。法然の教説の一部分を誇張曲解した一念派的念仏上人の勧化と、こうした社会背景の下に簇生した下層民の共鳴とによって、既成概念からすると反社会的にみられる思想と行動をもつ一念義系「専修輩」が急速に膨張していったのである。また能声の念仏者の唱名礼讃が人々の宗教的心情をゆすぶったのであった。

註

（1）『鎌倉遺文』第四巻、二三一五号。

(2)『愚管抄』巻第六（『日本古典文学大系』八六、二九四頁）。
(3)『三長記』元久三年二月二十一日条。
(4)同右、建永元年八月五日条。
(5)『明月記』建保元年七月十八日条。
(6)同右、建保五年三月二十九日条。
(7)「四条天皇宣旨（天福二年六月晦日）」（『鎌倉遺文』第七巻、四六七六号）。
(8)「延暦寺大衆解（貞応三年五月十七日）」（『停止一向専修記』）（『鎌倉遺文』第五巻、三二三四号）。
(9)『拾遺往生伝』下、永観条（『続浄土宗全書』六、八六頁）。
(10)河内天野山金剛寺に次の後記をもつ『仏説無量清浄平等覚経』巻下が蔵されている。

保延五年九月二日巳時奉書□」念仏宗僧運覚」　願以書写功　必為往生因」　□法界衆生　生西方浄刹」

(11)『興禅護国論』中第三（『大正蔵経』八〇、八頁）。
(12)例えば「延暦寺大衆解」（『鎌倉遺文』第五巻、三二三四号）によれば「尋二其（一宗）濫觴一皆待二勅定一」とある。
(13)菊地勇次郎氏「天王寺の念仏」上・下（『日本歴史』九四・九五号）。
(14)『明月記』嘉禄元年五月四日条。
(15)註(1)に同じ。
(16)『鎌倉遺文』第六巻、三六三八号。
(17)「興福寺奏状」（『鎌倉遺文』第三巻、一五八六号）。
(18)『百錬抄』第一三、嘉禄三年七月七日条。
(19)註(14)に同じ。
(20)『鎌倉遺文』第五巻、三二三四号。
(21)『明月記』承元元年一月二十四日条。
(22)註(17)に同じ。

(23) 田村円澄氏「専修念仏の受容と弾圧」（『日本仏教思想史研究　浄土教篇』）。

(24) 『鎌倉遺文』第三巻、一四九〇号、『昭和新修法然上人全集』七八七〜七九三頁。

(25) 註(17)に同じ。

(26) 註(1)に同じ。

(27) 註(20)に同じ。

(28) 註(16)に同じ。

(29) 『鎌倉遺文』第六巻、三六五五号。

(30) 同右、第八巻、五五七三号。

(31) 『昭和定本日蓮聖人遺文』第三巻、二二五八〜二二七二頁。

(32) 念仏宗といっても、指導者的出家同法者を中心とした小規模な集団が随所にあっただけで、これらを下部集団としてそれを包括する統一的な教団が存在していたのではない。自立的なそれぞれの集団が法然を最終的な統合人格として諸所に存在する態を指して、拡散的な念仏教団という。

(33) 「送山門起請文」（元久元年十一月七日）に「厳誡既重畳之間、誓状又及二再三一」とある（『昭和新修法然上人全集』七九五頁）。

(34) 「七箇条制誡・連署」（同右書、七八七〜七九三頁）。

(35) 鷲尾順敬氏「法然の七箇条起請の原本検討」（『日本仏教文化史研究』所収）。

(36) 小川龍彦氏『一枚起請文の原本の研究』下（明石市無量光寺「一枚起請文原本の研究」刊行会）。

(37) 香月乗光氏「各種法然上人伝所載の七箇条起請文について」（『法然浄土教の思想と歴史』所収）。

(38) 辻善之助氏『日本仏教史』中世篇之一、三一七頁。

(39) 大橋俊雄氏「七箇起請文偽撰説を疑う」（『印度学仏教学研究』七―一）。

(40) 『明月記』建久三年三月十七日条。

(41) 同右、寛喜二年四月十四日条。

(42) 『法水分流記』（戊午叢書一、一〇〜一二頁）。

(43) 註(30)に同じ。

(44) 堀池春峰氏「興善寺蔵法然聖人等消息並に念仏結縁交名状に就て」(『仏教史学』一〇―三)。

(45) 斎木一馬氏「清涼寺所蔵の源空自筆状について」(『櫛田博士頌寿記念 高僧伝の研究』所収)

(46) 赤松俊秀氏「熊谷直実の上品上生往生立願について」(『続鎌倉仏教の研究』所収)。

(47) 註(44)に同じ。

(48) 『鎌倉遺文』第一巻、八四六二号。

(49) 『三長記』元久三年二月二十一日条。

(50) 「後鳥羽上皇院宣(建保七年閏二月四日)」(『鎌倉遺文』第四巻、二四五一号)。

(51) 註(7)に同じ。

(52) 「興福寺奏状」第三「軽二釈尊一失」「第四妨二万善一失」(『鎌倉遺文』第三巻、一五八六号)。

(53) 同右、第二「図二新像一失」(同右書)。

(54) 同右、第八「損二釈衆一失」(同右書)。

(55) 同右、第五「背二霊神一失」(同右書)。

(56)(57) 『鎌倉遺文』第五巻、三二三四号。

(58) 『三長記』元久三年二月二十一日条。

(59) 同右、元久三年二月三十日条。

(60) 本書第五章第一節。

(61) 「一念義停止起請文」(『昭和新修 法然上人全集』八〇一頁)。

(62) 註(59)に同じ。

(63)(64) 「一念義停止起請文」(『昭和新修 法然上人全集』八〇二頁)。

(65) 註(2)、『法然上人行状絵図』巻一一(『法然上人伝全集』五〇頁)。

(66) 『法然上人行状絵図』巻一一(同右書)。

(67)(68)『三長記』元久三年二月十四日条。
(69)『元亨釈書』（『新訂増補国史大系』三一、四三四頁）。
(70)『吾妻鏡』建久六年四月一日、同六月十四日条。
(71)『明月記』元久元年三月二十一日条、『吾妻鏡』同年同月九日・二十九日条。
(72)『百錬抄』正治元年二月十四日条、『明月記』正治元年一月二十二日条、『愚管抄』巻第六。
(73)『吾妻鏡』正治二年七月二十七日、八月二日条。
(74)『一代要記』第七巻、『華頂要略』一二一（『大日本史料』四―七、五六二頁）。
(75)『三代制符』（『大日本史料』四―三、四三二頁）。
(76)『吾妻鏡』建久三年六月二十日条。
(77)同右、建久六年八月二十八日条。
(78)『明月記』建仁二年五月四日条。
(79)『三代制符』（『大日本史料』四―三、四五〇頁）。
(80)『吾妻鏡』建久三年十二月二十三日条。
(81)『明月記』正治元年七月十三日条。
(82)『玉葉』建久五年閏八月二十七日条。

第三章　法然滅後における浄土宗教団の様相

第一節　勢観房源智の勧進と念仏衆
――玉桂寺阿弥陀仏像胎内文書をめぐって――

一　勧進聖としての源智

勢観房源智は、平重盛の孫、師盛の子である。源平の争乱で世にかくれ、建久六年（一一九五）十三歳で法然の門に入り、慈円について出家し、ほどなく法然の許に帰参し、常随給仕すること一八ヵ年に及び、本尊・道具・房舎・聖教などを相承し、法然の臨終には世にいう「一枚起請文」を授けられ、暦仁元年（一二三八）十二月五十六歳で没したという。(1) 法然の示寂は源智の三十歳のときであった。源智は真観房感西の指導をも受け、正治二年（一二〇〇）閏二月の感西の臨終には、源智は特に請うて感西から「如来本誓等云々」の要文を書き与えられた。(2) 源智は法然の没後、賀茂の社壇近くに居を占め、一期の行状はただ隠遁を好み、法談などの折も所化の数が多くなるとこれをとどめたという。(3) 対他的な活動から遠ざかり、消極的な態度であったので南都北嶺の迫害からも安全であったとみられている。(4) 果たしてそうであろうか。なるほど『法水分流記』などによれば、紫野門徒とよぶ彼の法流は微々たるものであったようである。

しかし、源智は以下にも述べるように、かなりの組織力をもち、自身も勧進聖としての性格を有し、多数の勧進聖を擁していたようである。年齢は他の法然直弟に比べると若い方であるが、それだけに行動力を有していたのである。源智の勧進聖的才能は、法然の死後、その恩徳を報謝するために発願した阿弥陀仏像の造立の際に発揮された。これは学界未知の史料によって裏づけることができる。すなわち最近発見された源智造立の阿弥陀仏像の胎内に納められていた願文と数多くの文書によっていえることであって、以下これによって論じていこうと思う。

源智にはまた、法然の二十三回忌にあたる文暦元年（一二三四）に廟堂を修理して、堂舎をも営んだという伝承が知恩院にある。(5)それによれば、知恩院はこのときはじめて知恩院大谷寺と号したという。右の所伝は源智の祖師報恩の熱誠として一応は首肯できるが、知恩院大谷寺と号したことも、また廟堂を修理して遺骨を安置し、堂舎をも営んだことすら、今までの隠遁好みといった源智像からは到底理解できないところである。

ところが、もし源智に勧進聖としての面があったとするならば、廟堂の復興も容易に容れることができる。阿弥陀仏像造立のときにみられるような源智の勧進力をもってすれば、廟堂の復興もたやすいことであり、そのような所伝にも一面の真実性がこもっていることが察知できるのである。源智に勧進聖のイメージを与えることは従来の史料からでは不可能であるが、このような源智観を打破すべき史料によって、勧進聖としての源智像を浮かび上らせてみたいと思う。その史料とは、滋賀県甲賀郡信楽町玉桂寺（真言宗）の阿弥陀仏像胎内文書である。

二　源智の阿弥陀仏像造立願文

法然が没した建暦二年（一二一二）の暮、勢観房源智は師法然の恩徳を謝せんがために、多数の道俗に勧進して三尺の阿弥陀仏立像を造立した。

源智のこの事績は、今までまったく知られていなかった。この事績がわかったのは次のような事情からである。昭和五十四年八月、滋賀県教育委員会が、県下甲賀郡信楽町勅旨の玉桂寺にある県指定文化財の阿弥陀仏像を修理しようとしたところ、仏像胎内から多くの文書が発見された(6)。そのなかに源智自筆の造立願文があって、この像が源智の発願になる仏像であることがわかり、ここに源智の未知の事績が知られるに至ったのである。

仏像の胎内には、源智願文のほかに、道俗結縁者の交名を表裏両面に細字でびっしりと書き連ねた写経料紙やその他の紙種の継紙（写経料紙は延二〇紙、延一〇メートル三五センチ、その他の継紙は延三七紙、延一一メートル二二センチにのぼる厖大なものである）、同じく道俗の交名が書かれた袋綴の冊子二冊（延四〇紙）、同じく一紙ものの交名三紙（うち一紙は断簡）、別に名号紙札、結縁供養紙札、百万遍念仏の数取り状などが納入されていた。源智の造立願文の日付が建暦二年十二月二十四日となっているので、これらの納入物はすべてこれ以前にしたためられたものである。交名のなかには「越中国百万遍勤修人名」「一万返の念仏人士」「百万人々数之事」「念仏勧進」「百万人衆」などと書かれたものもある。記載された道俗男女の数は、源智願文によれば「数万人」にのぼり、その実数は約四万六〇〇〇人以上に及んでいるから、質量ともに抜群の鎌倉初期勧進史料であり、まことに貴重である。またこの胎内文書の分析によって、念仏普及の実情、勧進の方法とその実態などが解明できるので、法然教団史料としても大いに注目されるところである。県教育委員会の発表によれば、数多くの交名の継紙がまるめられていたが、その芯になっていたのが次の源智願文であった。願文の全文を掲げよう。

弟子源智敬白二三宝諸尊一言、恩山尤高教道之恩、徳海尤深厳訓之徳、凡俗諦之師範礼儀之教、荷二両肩一尚重、況於二真諦之教授仏陀之法一乎、爰我師上人、先捨二三僧祇之修行一入二一仏乗之道教一、後改二聖道之教行一偏専二浄土之業因一、此教即凡夫出離之道、末代有縁之門也、由レ玆四衆懸二望於安養之月一、五悪之闇忽晴、未断惑之凡夫、忽出二三有之栖一入二四徳之城一、偏我師上人恩徳也、粉骨曠劫難レ謝、抜眼多生豈報乎。是以造二立三尺之弥陀像一、欲レ報二先師恩徳一、此像中納二数万人姓名一、是又報二幽霊之恩一也、所以何者、先師只以二化物一為レ心、以二利生一為レ先、仍書二数万人姓名一納二三尺之仏像一、此即利二益衆生一源、凡聖一位意、迷悟一如義也、住二迷悟一如意一、以下利二益衆生一計上、報二謝先師上人恩徳一也、不二何真報謝一乎、像中所二奉納一道俗貴賤有縁無縁之類、併随二愚侶方便力一、必蒙二我師之引接一、此結縁之衆、一生三生之中早出二三界之獄城一、速可レ生二九品之仏家一、已以二利物一報二師徳一、実此作善莫大也、以二上分善一、為二三界諸天善神離苦得道一、兼為二秘妙等親類一也、以二中分善一、為二国王国母大政(太上)天皇百官百姓万民一、以二下分善一、為二自身決定往生極楽一、若此中一人先往二生浄土一、忽還来引二入残衆一、若又愚癡之身先往二生極楽一、速入二生死之家一導二化残生一、自他善和合偏似二網目一、以二我願一導二衆生之苦一、以二衆生之力一抜二我苦一、自他共離二五悪趣一、自他同生二九品之道(蓮)一、此願有レ実、此誓尤深、必諸仏菩薩諸天善神知二見弟子所願一即成熟円満、敬白、

建暦二年十二月廿四日　　　　　　沙門源智敬白

この願文によれば、源智は「我師」「先師」法然の恩徳に報謝するため、「三尺之弥陀像」の造立を発願し、像内にこれまた法然の恩に報ずるため「数万人姓名」を納めたのであった。発願の時期は明らかでないが、像の完成が建暦二年十二月であるから、おそらく法然の示寂からあまり間を置かないころと思われる。

阿弥陀仏像の胎内に姓名を納めたのは、この方式が衆生利益の源であり、仏凡一体、迷悟一如の趣をよくあらわすからであった。源智によれば、この衆生利益のはかりごとが、そのまま先師上人への恩徳報謝に結びつくと考えられていた。源智は言う。像中に奉納した道俗貴賤、有縁無縁の類は愚侶（源智）の方便力によって、必ず法然の引接を蒙るし、また結縁の衆は早く三界を出て、速やかに浄土に往生できる、と。また言う。利物をもって師徳に報謝せんとするこの作善には莫大な功徳がある。上分の善は三界諸天善神およびわが親類の離苦得道のために、中分の善は国王・国母・上皇・百官・百姓万民のために、下分の善は自身の往生決定のために充てられる。像中に納めた姓名の人で、もし誰か先に往生すれば、忽ちこの土に還来して残りの衆を引入れよ。もしまたわが身が先に往生すれば、すぐに戻って残りの人々を導こう。わが願をもって衆生の苦しみを導き、衆生の力をもってわが苦しみを抜き、自他ともに五悪趣を離れ、自他同じく九品の蓮台上に化生することを願う。諸仏菩薩諸天善神わが所願を知見し、成熟円満せしめ給え、と。

この願文のなかで、注目すべきことが幾つかある。第一に法然の思想遍歴に触れていること、第二に師恩は多生曠劫にも報い難いと報謝の念がきわめて強いこと、第三に勧進による仏像造立で結縁者に利益を施そうとしたこと、第四に文言から自他過現融通の百万遍の念仏が方便となったらしいことなどである。これは胎内に納められている交名に付せられた「越中国百万遍勤修人名」「百万遍人衆」「百万人々数之事」などの表題や過去者名が多く出ることから裏づけることができる。

第五に注目したいのは、源智が自己の親類のことを強く意識して作善を行なっていることである。願文には、「以二上分善一、為三三界諸天善神離苦得道一、兼為二秘妙等親類一也」と述べられている。秘妙なる人物は、親類中とくに源智には身近な人物であったのであろう。ところでこの人物の名が胎内文書中の交名のなかに出ている。しかもそれは源智自らが多くの人物の名を書き留めた箇所に見出され、秘妙の筆跡も当然のことながら願文と同じである。源智が書いている交名の箇所とは、多くの交名を記載した幾つかの継紙のなかに二紙からなる交名継紙（縦三一・二センチ、横一一八センチ）があり、この継紙の第二紙の表面末尾からその裏面にかけての部分である。ここに、

法然房源空　真観房感西　勢観房源智　比丘尼秘妙　静妙　発心　実性　在蓮　藤原氏　平氏別当殿　平氏金寿御前
チク葉　証願　毗沙　三月尼　大中臣氏　香水寺阿念房　中納言入道浄心　安楽房遵西　住蓮房　善綽房西
意　聖願房　座主大僧正慈円　法印成円　法性寺入道殿下　祐清　幸清　秘妙房母大夫殿　超清　シウ清
大蓮　妙月　源氏　証空　信空

と出ている。秘妙は源智のすぐあとに書かれ、別にその母も書かれている。おそらく源智と秘妙とは兄妹（あるいは姉弟）なのであろう。また秘妙の次に書かれた静妙も、名前からみて秘妙の姉妹と思われる。この部分の交名は、源智周辺の人物が書かれていて、源智の親類や法然教団の主要人物を考える上で重要である。このことにつ

いては後で触れるところがあろう。ここには過去者も挙げられている。源空、感西、安楽房遵西、住蓮房、法性寺入道殿下（兼実）などがそれである。これは過去者の追善と現存者の逆修を兼ねた過現一体の名帳と同じであるから、秘妙の場合もすでに過去者となっているのか、生存しているのか判然としない。しかし願文の趣意からすれば既に没していたとも思われる。因に別の道俗交名（継紙二紙、長一一七センチ）には、源智出身の平家一門の人名が多く出ている。[7]

この交名の第一紙表の部分は源智以外の四、五人の手で書かれているが、冒頭の一行は源智の筆跡であり、

頼朝　頼家　尊成　新院　当君　実朝　公継

と書かれている。これは願文にも「以二中分善一、為二国王国母大政（太上）天皇百官百姓万民一」と書かれていることと関係があろう。尊成とは後鳥羽院、新院とは土御門院、当君とは順徳天皇のことである。また過去者になっているとはいえ、将軍の名前を上皇・天皇よりさきに書き上げていることは、武家政権が確立した当時の時代色を示していて、興味深いものがある。徳大寺公継[8]は前年の十月に右大臣になったばかりであった。この冒頭部分の頼朝以下の権勢者の列挙には、これらの人物に対し法然の引接が加えられんことを源智が願っていたことが窺われる。

三　勧進の念仏上人と念仏衆

源智発願の阿弥陀仏像は、念仏勧進の結果、造立された。胎内の交名は勧進に応じた人物である。一体に、仏像造立に限らず、勧進といえば経済的支援がなされ、その関係者の姓名などが記録されるものである。この阿弥

陀仏像の場合、交名に名を出すべての人が金品の提供者であったかどうかわからない。胎内文書の大部分が名前だけであり、他は念仏の遍数を書いた念仏結縁状ともいうべきものである。しかし念仏の結縁の際に金品を寄せることがあったらしい。断簡ではあるが、次のような紙片も納入されている。

をハリのちハ子ム《(念)》仏千反　こむさとにてハ子ム仏千反
ありさね子ム仏千反　ひちう子ム仏千反　かうたい子ム仏千反
五もん　あまもんあみたふ　ねふつ一万
十もん　ねふつ一万へん　ふちわらの女
　くわこしやうらう《(過去精霊)》のため
五もん　みなもとの女　ねふつ一万
五もん　あまみめう　ねふつ一万
五もん　うわやの女　ねふつ一万
五もん　たいらの女　ねふつ一万
三もん　うめ　ねふつ千へん
二もん　あこ　ねふつ千へん
五もん　ねん仏一万へん
　みなもとのうちの女　くわこのため
三十二もん　ねんふつ

一万へん　みなもとのうちの女　ちこのため

五もん　三（マヽ）みなもとの女　ねふつ

　一万へん

五もん　あみたふ　ねふつ一万へん

五もん　みなもとの女　ねんふつ　（以下切断）

これによれば、銭を出して念仏を契約していることがわかる。しかし念仏何遍が銭いくらといったように、一定の率があったわけではないようである。貨幣が社会各層に流通していたわけではなく、下層民では現物で納める場合が多かったかと思われる。念仏勧進に応じて金品を寄せることは普遍化していたであろうが、右のような記録は納入物では他に見出せない。しかし姓名を挙げるだけになっていても、金品を出して念仏結縁したことは十分に察せられる。もし、名前だけしか出ていない者も各人が金品を醵出していたとするなら、その資財は交名の数からいって大変なものである。しかし、源智は姓名を書いた紙片を胎内に納入することによって、阿弥陀仏に結縁し、功徳を得させようとするのであるから、百万遍念仏などに参加するだけで、金品を贈っていないものもあったかと思われる。いずれにしても、その動員力には驚歎すべきものがある。

　念仏勧進の記録たる玉桂寺阿弥陀仏像胎内文書は、法然示寂前後の念仏普及の様子を伝えていて、きわめて貴重である。先に挙げたが、源智と尼秘妙の名が出る前後の箇所は、法然教団にとっては名を逸することのできない人物が多く見えている。源空はいわずもがな、他に感西、証空、信空など高弟の名が出ているのは、源智にとっても、法然教団としても、それらが重要人物であったからである。

法然教団は、前章で述べたように、法然および直弟を中核とし、その周辺部に余党を擁した念仏上人が多く存在するという、拡散的な構造をもつ同法集団であったが、玉桂寺阿弥陀仏像胎内文書はこのことを裏づけてくれる。源智が発願した法然への恩徳報謝の阿弥陀仏像造立の計画は、周辺部に位置する念仏上人へ伝えられ、彼らによってなされた念仏勧進の成果が源智の許へ集められ、念仏上人から届けられた勧進の書類はここで整理され、源智の門下や協力者によって手分けして交名が作成されたのである。

しかし、清書ののち届けられた「越中国百万遍勤修人名」（継紙三紙、縦三一センチ、長一七五センチ）や、勧進に使用したもとのままの状態で寄越した「念仏勧進」（継書一〇紙、縦二六センチ、長一七九センチ）のように、書き改められずそのまま納入されたものもある。前者は第三紙の余白と全紙の紙背が利用され、源智の手許で交名が書き加えられている。

「越中国百万遍勤修人名」には勤修の念仏者一五四一人の名が書かれている。全体を五種類に分け、比丘名分に六〇〇人、入道名分に四六人、俗童名分に四〇九人、比丘尼名分に九四人、女分に三九二人、を挙げている。このうち阿弥陀仏号をもつものは女分を除き、いずれにも多少みられる。比丘のなかでは五三人、入道分では一三人、比丘尼分では四八人が阿弥陀仏号を名乗っている。念仏を百万遍以上勤修するものもみられる。例えば僧では宗俊の二百万遍、春明の四百万遍、俗童では中原真延が自身の百万遍に加え、「為二亡父一、又百万」を、商長為成は亡者の為に三百万遍を称えしめている。また平長綱が三百万遍、さらに長綱は祖父母のために二百万遍を加えている。尼僧では商長氏尼が六百万遍、平氏尼が二百万遍を結縁している。女性では平氏出身者が父と夫のために二百万遍、小野氏の女性は二百万遍、また平氏出の女性は父母舅のために四百万遍を結縁している。最後の人物の場合、四百万遍は両親と舅に百万遍ずつ、残りの百万遍は自身のためにであろう。

一国単位の百万遍勤修人名は越中国だけである。京中だけでなく、他国でも源智発願の仏像造立の勧進は展開され、諸方の念仏者の名が京都へ報告されたが、国単位で、しかも清書されているのは越中国分しかない。これは越中国に念仏者が多く、まとまった成果が挙げられたからであろう。あるいは清書は源智の許でなされたかもしれない。とすればそれだけの時間的余裕があるほど早期に、この国では百万遍勤修が成就したことになって、ひいては越中国が他地域よりも、念仏者の活動が活発であったことの証左となろう。もともと越中・越後など北越地方は、法然の在世中から念仏者が多くいることと、その熱心さで知られていた。いわゆる一念義派の金城湯池であった。このような事情が、交名のなかでも「越中国百万遍勤修人名」として目立つようなことになったのである。それだからといって、源智と一念義派の関係を云々するつもりは私には無い。ここでは、祖師報恩の造像にいち早く対応できる動員力が越中国にあったことを指摘したいのである。

越中国の百万遍勧進は誰によってなされたか明らかでない。比丘名分のはじめに書かれている人物かもしれない。このような勧進の念仏上人がわかる交名もある。写経料紙ではなく、楮紙を継紙した道俗交名（継紙一一紙、長三六四㌢）があるが、この末尾の方は原状が折紙であったのを開いて継いだものとなっていて、その最後に「已上二百七十八人　円遊房　安部真友」と書かれている。この折紙部分は円遊房と安部真友とが勧進したものである。また内容は交名であるが、無題の袋綴冊子（二一紙）がある。この表紙裏に「住進（注）　百万人々数之事　合一千

五百人又三人　又三人」と書かれ、裏表紙には「心蓮、証仏、阿弥陀房」と書かれている。この三人も、この冊子に書かれた人物に念仏を勧進した念仏上人とみられる。

仏像胎内から今一つの冊子（一九紙）が出ているが、こちらの方には取扱いの僧名が書かれていない。内容は仮名交名であるが、二〇人ごとに数よみの合点が入れられ、第一七紙に「千二百三十六人」と人数が書き留められている。また第一九紙の末尾には「エソ　三百七十人」と書かれている。問題はこの「エソ」をどう考えるかであるが、もし「蝦夷」のことであるのならば、念仏の普及を考える上に大きな問題を提起することになる。「みちのくのえびす」とか「おくのえびす」といわれていたのが、平安末期になって「みちのくのえぞ」と称されるようになる。陸奥の蝦夷のことをいっているのならば、この交名帳は東北関係のものということになり、念仏の東北伝播と「えぞ」の念仏受容を物語るものとして、実に貴重である。あるいは北陸のえぞかもしれない。

また、源智の大規模な念仏勧進に、他の勧進聖が加わることもあったようである。例えば、「一万返の念仏人士」（継紙五紙、長一九九センチ）のなかに異質の一紙が混在している。これは同種のものが他に多数あって、これのみがここに誤って継がれたものであろうが、この一紙には、僧名の上に十遍から百遍程度の念仏数が書かれている。そしてそのなかの「千返　仏阿弥陀仏」とあるその下部に「抑丹州阿弥陀堂其具極楽堂勧進聖人、但阿弥陀・観音・地蔵各千仏并六万基塔造立、奉レ書ニ写如法経十三部一也、夫為ニ法界衆生平等利益一也」と書かれている。この仏阿弥陀仏は丹州の阿弥陀堂・極楽堂の勧進聖人で、阿弥陀・観音・地蔵各千体を造り、塔六万基を造立、さらに『如法経』書写一三部の勧進を推進した人物である。彼はいわゆる堂塔建立の勧進聖であって、念仏をのみ教化する念仏聖ではない。しかし源智の勧進事業にはこのような勧進聖も多数参画したであろうことが察せられるのである。おそらく、他の目的で勧進を開始したのを源智の事業に振り替えるものもあったであろう。

また「百万人衆」は、共鳴者がある程度出るに従って、源智の許に連絡され、これが交名に加えられたのであるが、胎内文書のなかには原態を示す「百万遍人衆」(9)一紙が遺っている。日付が建暦二年十二月二十一日となっているが、おそらく本尊開眼供養の直前であるため、そのまま納入されたのであろう。そして、この文書の内側になお一紙が捲きこまれていたが、それは四八人の交名であった。(10)これこそ四十八人念仏衆の交名である。このころ四八人の念仏衆を組んで、四八日の念仏などを唱えることがあり、(11)この交名はまさにその四十八人念仏衆の存在を明示する貴重な遺例である。

このほか胎内からは「あみたふと、となふるたひに、ゆめさめて、にしへかたふく、月をこそ見れ」との和歌を書いた紙片や、名号を書いた短冊などが出ているが、胎内の左脇に「数取り状」が詰めてあったとのことである。(12)これは一から十までの数字を一〇行にわたって書いたものであるが、数字の全部に合点が付されているところからすれば、これが使用ずみのものであることは明らかであり、仏像の完成を前にして最後に百万遍念仏を唱え、このとき使用した数取り状をも納入したのであろう。

以上のような胎内文書からすれば、源智の阿弥陀仏像の造立には、実に沢山の念仏上人と、その勧進に応じた念仏者の支援があったことがわかる。この造立が可能になったのは、法然教団のまわりに念仏上人がたえず存在していたためであり、その法然教団の特色が源智の場合最大限に発揮できたということになるのである。この造立に当っての念仏勧進には、法然のいう専修念仏が集団的な百万遍念仏や個人的な十遍ないし千遍、一万遍の称名の形をとって現われている。聖覚は法然の三回忌に当り追善のために七日間の融通念仏をすすめたというが[13]、源智の祖師報恩の念から出た阿弥陀仏像の造立やその供養には、現存者も過去者もひとしく功徳の融通される融通の大念仏が催されたことであろう。胎内納入の交名はまさしく融通の名帳に通じるものがあったといえよう。

註

(1)『法然上人行状絵図』巻四五（『法然上人伝全集』二八四〜二八六頁）。
(2)『往生要集巻中義記』六（『浄土宗全書』一五、三二二頁）、三田全信氏『成立史的法然上人諸伝の研究』五五二頁。
(3) 註(1)に同じ。
(4) 田村円澄氏『法然』二四六頁。
(5)『総本山知恩院旧記採要録』（『大日本仏教全書』巻八三、寺誌部一、九一頁）。
(6) 滋賀県教育委員会文化財保護課技師宮本忠雄氏の御好意によって、昭和五十四年九月に発見物を閲覧する機会が与えられ、その後さらにこれを調査することができた。同氏の御好意に深く感謝したい。同像はこの胎内文書の翻刻をまって、国の重要文化財指定の申請がなされると聞いている。
(7) 例えば平宗盛、平知盛、平重衡、平資盛、平惟盛、平教盛、平経盛、平通盛、平保盛など。ついでにいえば、源氏では源範頼、源義経の名も見える。
(8) 公継の母は法然に帰依した上西門院の女房備後であり（『尊卑分脈』）、公継自身も法然ないし専修念仏に帰していた（『法然上人行状絵図』巻一二参照）。
(9) 百万遍人衆　蓮仁蓮□次郎三郎智行　蓮忠　観俊
平季村内房伴氏　丹治実村内方源氏得寿　僧正善慈為□神九郎　丹治実直内方小野氏　比丘尼聖円　比丘尼西（カ）阿弥陀仏　比丘尼阿弥陀仏　平氏同
氏　菅原頼経　平経季　丹治直元　平光衡　平有光大納言三位殿　ソツノ三位殿　隆範　信真

已上十六人

如レ此大善人等降二是結縁一可レ有二必安楽国往生一也

建暦二年十二月廿一日

(追記があるので、一六人とはならない)。

(10) 行一 玄基 善然 寂真 念信 住如 浄如 心□ 清浄 蓮花 西妙 智妙 清蓮 観然 阿光 仏教 尊妙 蓮善 典蓮 藤原氏 藤原氏 藤原氏 藤原氏 藤原氏 藤原氏 藤原氏 藤原氏 藤原氏 源氏 中原氏 中原氏 平氏 平氏 平氏 平氏 大江氏 鴨氏 鴨氏 阿□ 平信繁 平季繁 平度繁 藤原能重 藤原広定 藤原長倫 中原有親 藤□

(11) 例えば『仁和寺日次記』建保五年三月十八日条「集二四十八口之徒党一、始二四十八日之称念一」。

(12) 滋賀県教育委員会文化財保護課技師宮本忠雄氏のご教示による。

(13) 『法然上人行状絵図』巻一七(『法然上人伝全集』八四頁)。

第二節 念仏聖の活躍と社会的基盤

一 念仏教団の多党化
——建保・延応期——

次に、いうところの法然没後の復興期においてはどうであったろうか。統合人格たる法然を失った念仏集団群は、各念仏上人の領導によって一段と集団性・党派性を強めていた。貞応三年(一二二四)五月の「延暦寺大衆解」によれば、「当世一向専修為レ体也、結レ党成レ群、闐レ城溢レ郭」という状態であり、また「自レ爾以来、源空雖レ没、末学興レ流、更分二一念多念之門徒一、各招二謗法破法之罪業一」く有様であった。[1]また延応二年（一二四〇）の「延暦寺牒状」には、「頃年以来、愚蒙結党、奸宄会衆、名曰二専修一」と書かれている。[2]法然を失っただけ余計に念仏集団は多党化し、有力な集団が次第に他を併合するようになり、折しも一念・多念の論争が激化し、諸集団を一念・多念の流派に色づける傾向が顕著であった。

法然滅後において既成教団側が刑懲を加えたいと欲した念仏宗の指導者は、建保の頃では幸西と空阿弥陀仏であり、嘉禄頃には隆寛がこれに加わった。[3]建永二年の処断で遠流となった幸西と証空は慈円の預かるところとなり、[4]証空は以後慈円から譲られた西山北尾往生院（三鈷寺）に居を占め、講述・開板につとめ、天台宗・貴族層に接近したが、幸西は依然節を持して、またもや張本と目されたのである。いうまでもなく、幸西は一念派、空阿弥陀仏と隆寛は多念派の領袖である。いわゆる嘉禄の法難の発端は隆寛と関係があるので、隆寛の名が出てくるのは当然であるが、これ以前の建保五年に幸西と空阿弥陀仏が延暦寺から批難されていることは、この二人が「源空之余党」として集団組織力を持っていたことがおそれられていたことを意味する。当人のみでなく「其余党」が対象となっているところに、念仏衆の結党性や集団の一揆性などが問題となっていたことがよく窺われる。幸西の結党についての具体的な史料は見当らないが、空阿弥陀仏については次の記事が参考になる。建保五年三月のことで、延暦寺大衆が「仏法怨魔成覚空阿弥陀仏幷其余党」の処罰を院に請うた二ヵ月前のものである。すなわち、『明月記』建保五年三月二十九日条に、

今日勝事、近年天下有下称二空阿弥陀仏念仏一事上、件僧結二党類一、多集二檀越一、天下之貴賤競而結縁、殊占二故

宗通卿後家所造之堂一、（九条、世称二大宮相国堂一、）為二其道場一、是隆信朝臣娘九条院所生尼公、為二念仏宗之張本一之故也、（世称二二条院姫宮一、）緇素道俗月来集会、而山門衆徒又聞二此事一成二欝憤一、或云、訴訟申二仙洞一、無二御制止一云々、成二群議一欲レ妨二其事一由、風聞之間、去十八日行二幸鳥羽殿一、松明光数多向レ南、被《（彼カ）》念仏衆等、存二山僧之炬火之由一、叫喚馳二走東西一、抱二仏像一懐二黒衣一而逃散云々、可レ謂二勝事一、

とある。藤原定家は、衆徒蜂起の風聞に念仏衆が逃散したのを「勝事」としているのであるが、空阿弥陀仏の結党というのは『仁和寺日次記』によれば、四十八日念仏と称し九条油小路堂に三月一日から、「集二四十八口之徒党二」めたことを指している。これは本尊四八体を構えての念仏会であった。[5] 延暦寺衆徒がこの二ヵ月後に「然則早被レ処二張本於大辟一、加二余党於進過一、停二止所立之宗一、禁二遏非法之行一者、挙レ国守レ末、毎レ人勤レ本、皇遵永延、仏法繁昌、鳳池浪清、日浮二千秋之景一、仙洞風静、松呼二万歳之声二」と奏したのも、三月からの空阿弥陀仏の念仏が一因となっているに相違ない。山門側は四八人の念仏衆を徒党とみ、空阿弥陀仏らが檀越を多く集め、貴賤道俗の結縁者が出るのを嫌っている。念仏衆の結集もさることながら、多数の檀越・結縁者を集めうる空阿弥陀仏らの動員力・組織力がおそれられているのである。これら念仏の党類が道俗多数の同調者と結びついていることに注目せねばならない。

空阿弥陀仏はその後勅勘を蒙って四天王寺にあったが、嘉禄元年（一二二五）四月、入道相国頼実の特請で中山で迎講を修し、[6] 一時一条高倉辺で臨終の噂があったものの、[7] その後も四天王寺にあって「多念派」の領袖として如法念仏を勤めていた。[8] かくて嘉禄三年七月、専修念仏の興行が停止され、隆寛・幸西・空阿弥陀仏の三人は遠

流に処せられ、[9]「猥称ニ彼等之遺弟一、為レ企ニ自専之好悪一、猶留ニ処所一、更犯ニ禁法ニ」す者については「停ニ廃興行之道一、捉ニ搦違犯之身ニ」られる旨の後堀河天皇宣旨が出されたのである。[10]座主円基宛の同天皇綸旨では、「彼等之遺弟」に当る部分が「於余党者」と記されている。[11]延暦寺からは搦出すべき余党四五人の名が具体的に注文されたが、その交名は「検非違使別当宣」の「余党可ニ搦出一事」に出ている。[12]それによれば左の通りである。

敬仏宜秋門院女房東御方内ニアリ、　聖縁同内ニアリ　顕性　聖仏八条油小路、唐橋富少路両所ニ宿所アリ、　千仏　発法破却清水家了、当時六条辺ニ経廻、　唯仏　知願ハ出使庁了、
薩生出使庁了、法住寺教厳法印辺ニ町許キタリ、　聖蓮菲院　定真九条　証仏同　明信薩生兄弟也土佐尼聟、　観如仁和寺、本名不見、元住持者也、　敬光　西願ホソ西願ト申也、
常喜中山辺　敬月破却清水家了、　道智此間山上ニ蔵智ト其沙汰アリ、若道智各別名者可憚也、土左尼夫也、　念阿弥陀仏藤次入道　観明二郎入道、宣陽門院権中納言殿ノ内ニアリ、　所入道
依大殿仰破却西林寺家了、　教達故安楽弟子、本名願明、　紀真六条院供僧也、　迎仏童名月光　定乗　生願六波羅　敬日長楽寺、但馬竪者同海也、付隆寛城外了、　教真　念照
長楽寺、敬日弟子、付隆寛城外了、　蓮阿弥陀仏長楽寺　祇園西大門弟子三人　光照破却光堂家了、城外、　定智　称願大谷　願恵破却清水舅三河蓮寺家了、但願
恵ハ花山院読経衆也、　慶王　慶成破却延年寺家了、但人ニウリタル家云々、　尊蓮雲居寺　照蓮城外　良心　定意　了一　了心

各人が誰の余党か、今すべてを明かすことはできないが、人名の註記を勘案すれば、薩生・明信・道智・教達などは幸西の、敬日・念照・蓮阿弥陀仏らは隆寛の、常喜は空阿弥陀仏の余党と思われる。

なお、嘉禄三年六月、門弟らが「彼(法然)墓所称ニ御廟一、成ニ帰敬ニ」[13]していた法然の墳墓が破却されたが、翌安貞二年（一二二八）八月に書写された『知恩講私記』に「然則詣ニ廟堂一祈ニ往生一、礼ニ真影一恋ニ禅容一者、引レ友成レ群夜以続レ昼、就レ中年々孟春廿五之候、月々下旬第五之天連レ袖接レ肩、不レ異ニ盛市ニ」と述べられているように、法然廟堂は念仏興行の一大拠点であった。山門の訴えは「於ニ彼墳墓一興盛之故」にともいわれている。[14]余党を率い

た念仏指導者たちの群参が念仏興盛と映じ、延暦寺側の弾圧の誘因となっていたであろうことは疑いのないところである。

嘉禄の法難後では、花山院侍従入道教雅の活躍が目立ったらしく、天福二年(一二三四)六月、彼は「恣建二念仏之別宗一、猥謗二衆僧之勤学一、加レ之、内凝二妄執一乖二仏意一、外引二哀音一蕩二人心一」の科で遠流に処せられ、「同行余党等」も洛外に追放されることになった。[15] 教雅は流罪の由を聞いて「忽隠居」したが、彼について「傾城等之所為」が問題となっていた。[16] 教雅は弥阿弥陀仏と号したが[17]、彼の場合にもまた、弥阿弥陀仏衆ともいうべき余党があったのである。

その後、延応の頃、専修念仏が「繁二昌于天下一」したが、これは「近年山門無二沙汰一之所レ致」と考えられた。[18] 延応二年(一二四〇)五月、大衆僉議に基づき延暦寺公文審賢は祇園執行御房に書状を呈し、犬神人に仰せて専修念仏を停止せしめるよう達したが、大衆僉議で指名された専修念仏の張本は唯仏、鏡仏、智願、定真、円真、正阿弥陀仏、名阿弥陀仏、善慧、道弁などであり、当時興行の場所は唐橋油小路、八条大御堂、六波羅総門向堂であった。[19] このうち唯仏、定真は先に挙げた嘉禄三年八月の「検非違使別当宣」にみえるそれと同一人物と思われる。「検非違使別当宣」には唯仏の住所は註記されず、定真は九条と書かれている。空阿弥陀仏の四十八日念仏は藤原宗通後家所造の九条油小路堂で行なわれたことを考えあわすと、市中では八条、九条あたりが根強い念仏興行地であったことが知られる。同じく「検非違使別当宣」によって鴨東では祇園、大谷、清水、六波羅の一帯が念仏者の蟠踞地であることがわかる。西郊では嵯峨清涼寺、松尾の辺りに多く止住していた。[20] かの「検非違使別当宣」は、専修念仏衆が祇園、清水寺、六波羅蜜寺など庶民信者を多く集めた社寺の近くにたむろしたり、また仁和寺、長楽寺、雲居寺、菩提院など顕密寺院に寄住したり、あるいは清水あたりに家を構え六条、八条あたりに経廻し、市中に宿所を設けたりし、さらには権門の邸内にひそんでいたことなどを伝え、建保七年閏二月の官宣旨[21]が「或占二梵宇一、或交二聚洛一」などと表現している様相を具体的に裏づけている点で貴重である。

　このように専修の念仏衆は「卜二京洛一、(中略)或交二山林一[22]」り、または「貴賤之栖」「権門之領[23]」に身を置いて念仏を興行した。かくて専修念仏は、法然の生前すでに畿内だけでなく東海、北陸、関東に及んでいたのが、建保の頃には、念仏者の「濫吹漸盈二于夷夏一[24]」と見られたように、全国化するに至った。弁長は念仏唱導者の簇出を「法然上人御往生ノ後、我モ〳〵ト上人御房ノ御弟子ト名乗テ、都ヨリ始テ日本五畿内七道ニ念仏ノ義ヲ申候人、如二雲霞一幾計満満トシテ念仏ノ義ヲ申候云々[25]」と述べている。法然在世中、北陸・畿内に盛行した「一念ト申ス事」も、寛喜(一二二九〜三二)の頃には「毎レ国充満」する有様であった[26]。京都では念仏の興盛に、山門側が「京都往返之類、在家称名之所[27]」に警戒を緩めていなかった。念仏衆の集団性について参考になるのは一念派の集団である。一念派の集団では、信者の加盟に起請文をとり、誓言をさせている[28]。また北陸の一念派集団では「念仏文集」なるテキストをこしらえて、構成員の信仰陶冶に役立たしめていた[29]。一念派集団がかなり組織性をもっていたことは次のことでもわかる。嘉禄の法難で幸西が壱岐配流となったので、京洛の一念派集団は打撃を受けたが、幸西去ったあとの京都では幸西の弟子教脱(達)が「一念宗之長[30]」となり、多少の動揺はあっても、壊滅するようなことはなかった。一念派集団にみられるこのような組織性は多少とも他の念仏集団にも見られたと思われるのである。一念派のことについては別に論じるところがある。

ところで既に述べたように、専修念仏の集団性・結党性については、「興福寺奏状」で「専修党類」といわれ、その後も「悪凶類」[31]「専修党類」[32]などとよばれていることで明白な如く、法然の在世滅後を問わず、専修念仏教団に貫流した基本的性格なのであるが、「凶類」「党類」と表現されることについて、これを「群盗」と関連づけて解しようとするむきがある。[33]田村円澄氏は嘉禄三年の時点においてこのことを指摘されるのであるが、もし群盗と結びつけるとするなら、専修念仏は勃興のときから「党類」といわれているので、始原期から群盗と軌を一にしていたことになる。しかし十三世紀前半を通してみても、専修党類と群盗とを結びつけてよい明確な史料は見出せない。謀反悪徒に走りやすい下層庶民に専修念仏が受容されたことは確かであるが、だからといって専修念仏衆を盗賊と決めつけるわけにはいかない。「悪凶類」と山門側が呼んだのは「赴二其化一者、先誹二諸教一、(中略)口出二哀音一、永背二理世之風化一、身行二暴虐一、殆成二治国之蠹害一焉、徒為貪二朝露夕陽之身命一、専狂二乱子城辺土之耳目一、非二啻釈門之怨敵一、兼為二国家之竊盗一者歟」[34]という如く、専修側の言動が鎮護国家の仏教を浸損する意味においてであって、現実の盗賊を指してはいない。「党類」というのも、それは空阿弥陀仏の四十八日念仏の場合のように、「結二党於道場一」[35]ぶがためであった。市中、山林、貴賤の栖、顕密の梵宇にある念仏者が道場に拠って忽ち多数結衆する、その団結性・一揆性を問題とし、その結衆の態を「党類」「党」と表現しているとみるべきであろう。延応二年、延暦寺が「諸国末寺荘園神人寄人等」に仰せて専修念仏を禁断すべく、「縦雖二片時一、不レ可レ令レ寄二宿彼凶類一、縦雖二一言一、不レ可レ聴レ受二其邪説一、若又山門所部之内、有二専修興行之輩一者、永処二重科一、勿レ有ニ寛宥ニ」と雲居寺に牒したなかの「凶類」というのも、死を原野に賜わった「住蓮・安楽」、遠流の刑を受けた「成覚・薩生」らの如き、山門の立場からみての「一向専修悪行」を念頭においての呼称であって、群盗の意味での凶類・党類でないことは明らかである。[36]

二　専修念仏の社会的基盤

さて専修念仏衆が右に述べた如く、「貴賤之栖」に潜み、「延暦寺公文審賢書状」に見えるように商賈街をひかえた地域で党を結び幅広い層の道俗帰依者を集めていたことなどは、専修念仏宗の受容層を考える上で看過しえないところである。念仏集団を支えた帰依層はいかなるものであろうか。以下転じてこのことを考えてみたい。

専修念仏の受容層については、次のような諸見解がある。田村円澄氏は、貴族は傍観的支持者ではあったが同行者たりえず、武士階級にひろく受容された浄土教は必ずしも専修念仏ではなく、貴族・武士ともにむしろ弾圧者の側にあり、商工業者も厭離穢土を前提とする専修念仏には帰依せず、既成教団・貴族層から蔑視された農民・都市下層民などの庶民階層こそ中心的な受容者である、とされた。[37]また井上光貞氏は、法然と武士の関係は貴族よりはるかに密接であったと指摘し、[38]重松明久氏は、貴族を含み直接生産から遊離した上層武士か隠遁武士もしくは庶民のなかでも尼入道のように生業から退いたものが帰依層であるという。[39]さらに赤松俊秀氏は、社会の各層が関係しあった時代だからこそ、貴族と武士の動向だけを注意していては不十分であり、田堵名主と商人層の動きを重視すべきであると提言された。[40]確かに専修念仏者のなかには、貴族・武士・農民のほかにも、番匠出身の禅勝房[41]、法然往生の霊夢をみた四条京極の箔師真清[42]、法然廟堂の柱を寄進した材木商堀河入道[43]らの商工人、さらに陰陽師の阿波介[44]、もと強盗の天野四郎[45]、貴人に隷属して牛馬の飼育に当った立飼法師[46]らの都市の下賤者などがいるので、社会下層の人々に受容されていたことを見逃せない。

右の諸氏の見解は広汎な帰依層の主要側面をそれぞれに指摘されたものとして注目される。私見によれば、受容層は多面的であり、諸階層のうちいずれかといったように単一的に求めるべきではない。法然の専修念仏は、「イマノトキニオイテ」「機ト教ト相応セル法門」(『法然聖人御説法事』)であったから、広汎な帰依者を獲得した。私は以前、その社会的階層は尼法師・武士・農民・都市下層民などであったが、法然が直接教化し大きな期待をかけたのは武士層であり、武士は専修念仏の積極的な受容層であったこと、また念仏上人などを介して法然の教説を受容するものには尼法師・貧者・非人など下層庶民があり、さらに芸能的念仏僧を通して貴族層が専修念仏を受容していったことなどについて述べたことがあるが[47]、このときは教化経路による受容者の多様性を考えていた。いまはとくに法然滅後における専修念仏衆ないしその集団の支持基盤といった面から、専修念仏の受容層をみておきたい。

専修念仏に流入した階層を示すものとして、貞応三年五月の「延暦寺大衆解」が注目される。そこには、

当世一向専修為レ体也、結レ党成レ群、闐レ城溢レ郭、槐門棘路、多帰ニ此教一、甕牖縄枢、皆入ニ其道一、耳目見聞、莫レ不レ恠レ之、弓馬之客、筆硯之士、多拗ニ箕裘之業一、半作ニ素食之身一、若尚不レ降ニ勅制一、恐終失ニ良人一歟、諸宗之凌廢、吾朝之衰弊、案ニ事之大概一、職而由レ斯、

とあって、公卿（槐門棘路）の多くと、貧賤者（甕牖縄枢）のすべては専修念仏に帰し、武士（弓馬之客）・文人有識者（筆硯之士）も父祖の業を受けつがず、党を結び群をなして洛中に溢れているが、諸宗・朝家の衰弊はこれに因るのだ、と述べている。文学的表現がなされているが、貴族など知識階級・武士層・都市下層民に専修念仏が支持されていたことが知られる。また「貴賤趣二其教一、男女随二彼言一、衆人如レ狂、万民似レ酔」とも書かれ、専修念仏の帰入に貴賤男女の別はなかったのである。またこれより数年前の建保五年五月の「延暦寺大衆解」にも「雲客月卿、屢信二其偽説一、農夫田人、多伴二彼濫行一」と書かれ、やはり帰信者に貴族があり、支持者に農民層のあったことが告げられている。このように専修念仏は、十三世紀前半、貴族・武士・農民・都市下層民らによって受容されていたのである。

　ところがこのうち貴族について、田村氏は専修念仏の受容層として否定的にみられるのであるが、果たしてそうであろうか。法然と関係のあった貴族は、同氏のいうように戒師としての法然を求めた面が強い。『知恩講私記』にも「天皇以下海内貴賤、為二伝戒師一、崇重異レ他」とある。貴族が受戒の効験に期待を寄せていたにしろ、法然の専修念仏者としての側面をまったく捨象して、法然と関係を持ちえたであろうか。九条兼実が法然に、『選択集』の撰述を慫慂し、新邸月輪殿に招き、また小松殿に住まわせたり、建永の法難で専修の徒の救済運動に奔走した[48]ことなどは、専修念仏の受容と無関係だとは決していえないのである。法然が元久三年七月に吉水から小松殿に移った[49]のは弾圧が次第に強まったからで、兼実の庇護は、嘉禄の法難で多数の念仏衆をかくまっていた源通方の場合[50]と同じであり、法然の立場も「不レ論二貴賤之栖一、不レ撰二権門之領一、悉於二彼輩一可二搦取一也[51]」とされた隆寛・幸西・空阿弥陀仏およびその余党となんらかかわっていない。受戒の効験を求めるだけでこのような庇護者となれるものではなく、専修念仏の受容者であってこそできることである。兼実は法然に帰依した最初の上層貴族であるが、彼のみでなく、その妻室、女の宜秋門院も法然の教化を受け、次男の摂政良経が興福寺衆徒の訴えに対して法然らに好意ある態度を示し、七男良快が嘉禄の法難で証空をかばったことはよく知られ、さらに良経の長男道家が法性寺で静遍の『選択集』の講讃を聴聞するなど[52]、この一門と専修念仏宗との関係は深い。

また大宮内府実宗も法然を戒師として出家を遂げたが[53]、専修念仏との関係はきれず、法然の死後初七日の檀那となり、諷誦文を捧げている[54]。実宗と同じ頃出家した兵部卿平基親は、一念義に関連して信仰上の疑点を問う書簡を法然と取り交している[55]。法然諸伝は法然の化導に帰した公家として高畠少将、民部卿藤原範光、大炊御門経宗、花山院兼雅、右京権大夫隆信、野宮左大臣公継、民部卿長房など、宮廷貴婦人として上西門院、八条女院、殷富門院、宣陽門院、七条女院、修明門院などを挙げている。もちろん伝記に全幅の信頼を寄せるわけにはいかず、法然がこれらの人すべてと関係があったか、なお個々の吟味を必要とする。しかし、いわゆる勃興期において法然と公家、専修僧と宮廷女性との間に接近があったことを背景にして、伝記がこれらの帰信者を挙げていることは認められる。

既に縷説したように、同法教団たる念仏宗では法然にあわせて念仏上人の教化をも見逃すことができない。宮廷婦女への専修念仏の流入は、住蓮・安楽らの念仏上人の勧化によるところが大きい。宮廷婦女に限らず、ひろく女性の間に専修念仏が盛んになったのを、「寄二事於念仏一、密二通貴賤并人妻可レ然之人々女一[56]」した結果とする見方もあったが、法然の生前没後を問わず、念仏上人に女性信者が多く傾いたことは確かに一つの特色であった。

勃興期の例として住蓮らのことを今さら挙げるまでもないので、ここでは元久の法難頃、一念仏上人に帰依した貴族層の尼浄意[57]の場合を紹介しておこう。文章博士藤原親経が浄意尼に代って書いた「逆修功徳願文」によれば、彼女は宿痾のため六十歳の暮に落餝し、「偏励二念仏之精勤一、欲レ為二得果之勝行一」する「一上人」の唱導を蒙り、称名の外に他念なき日々を送っていたが、順次の往生を祈らんがため金色三尺阿弥陀如来像一体、『浄土三部経』各七部二八巻、『般舟三昧経』一部三巻、『十往生経』一巻、『浄土阿弥陀経』一巻をもって追福にあて、別に『阿弥陀経』四八巻を中陰の日数にあてんとして、功なるや元久二年（一二〇五）五月二十五日、かの上人を導師として逆修供養を行なった[58]。願文は「彼末法万年之利益者、弥陀一教之功能也、我若不レ遇二此教之流布一者、豈蒙二偏増之益一哉、我若不レ遇二上人之教諭一者、豈住二専修之心一哉」と浄意尼の専修念仏信仰を表白している。浄意尼にとっての上人とは、専修念仏への批難が高まった時期であるから「一上人」と名を秘したものの、その実は法然であったかもしれない。また当時嵯峨の往生院念仏房が礼讃を催すなど活躍しているので[59]、あるいは念仏房あたりを指していたかもしれない。

ついで時代を復興期に下げると、次のようなことが目につく。建保元年（一二一三）七月、左中将藤原伊時の妻室が尼となったが、その出家は「近代念仏宗法師原之所為」とみられ、当時は「天下婬女競仮二屋形一扈二従狂僧一」するのが流例であったという[60]。また建保五年（一二一七）四月、似絵の第一人者であった藤原隆信の女や九条院（父藤原忠通、母葉室顕隆女）所生の、世に二条院姫宮と称された尼公が念仏宗の張本となって、藤原宗通の後家所造の通称大宮相国堂で空阿弥陀仏を招いて四十八日念仏を催している。[61] また嘉禄の頃、宣陽門院（後白河天皇皇女覲子）の立飼念仏法師一二人は「十人宛ニ壮年女房十人局ニ給、二人又御物寵愛」という有様であったが、いわゆる嘉禄の法難に、山門の衆徒らは彼らを責め出さなければ七社の御輿を振ると声高に申し立てていた。[62] この直前には「尊卑之家」に寄住する念仏法師を追却するよう触出されており、東一条院（順徳天皇中宮、九条兼実孫女、立子）にも嫌疑がかかったが念仏法師は見当らず、久我通方卿方に「成レ群」していた「好色等」も逃散していたという。[63] 先に掲げた延暦寺からの余党交名によれば、敬仏、聖縁は宣秋門院（後鳥羽天皇中宮、九条兼実女、任子）女房東御方内にいた。東御方とは宣秋門院御匣殿徳大寺実定女のことである。[64] また観明は宣陽門院権中納言殿の内にあった。

このように貴顕の邸内にある者を、弾圧者側はすべて好色と決めつけ、藤原定家も宣陽門院女房と念仏法師との間に「甚奇恠」な関係があったように書いているが、これとても伝聞であって真実の程は定かでなく、権門・高貴の婦女がむしろ念仏者を保護している事実にこそ留意すべきであろう。もともと女性には能説者や能声の輩にひかれ易い性向があり、例えば澄憲の長女を母にもつ証寂房は黒衣の能説者として知られ、彼と求仙房とには「近代女尼随逐」とすること雲霞の如くであったというが、[65] 住蓮・安楽はもとより、貴顕の邸内に寄住する念仏者もまた能声の輩として女性から愛好され、庇護されていたのであろう。しかし能声の念仏者は特定女性の専有ではなく、貴紳らの邸宅に出入していた。宣秋門院御匣殿に身を寄せた敬仏も美声の念仏者で、のち民部卿平経高の恒例念仏衆の中心人物としてその邸に赴くことたびたびであった。経高は、『選択集』の序文をつくり、次いで開板したかの兵部卿平基親の従兄であり、その宗教生活には専修念仏宗の色彩が濃かった。この経高の宗教については別に述べるところがある。敬仏は経高から「道之秀長」[66]といわれ、他に成願、唯成、観阿弥陀仏、聞信、助信、性阿弥陀仏、定心、行戒、智縁、教仏、定公らがいて、この念仏衆一二人は称名、和讃、漢讃に巧みな専修念仏の徒であった。[67]かの念仏者余党交名に出てくる願恵も花山院読経衆というから、この種の専修僧であろうし、また宣陽門院の念仏法師一二人も、経高の恒例念仏衆と同態の者であったとみられる。

以上のように、十三世紀前半になると貴族層は専修念仏の受容者であり、念仏衆の支援者としての色彩をますます濃厚にしてくる。「槐門棘路、多帰二此教一」、「雲客月卿、屢信二其偽説一」とは決して誇張した表現ではないのである。もっとも貴族層とくにその女性が支持した念仏僧はまま能声の輩であったから、専修念仏を天台浄土教的な感覚の下に受けとめ易い面のあったことは否めないが、既成教団から亡国の哀音として批難された礼讃・称名が党を結んで行なわれ、その中心の能声念仏者を貴族が庇護している以上、貴族を弾圧者側として律し切るわけにはいかないのである。特に法然の没後広汎な受容層が形成されてくるなかで、貴族層自らが専修念仏の同行者、念仏集団の庇護者を析出していたことに注目せねばならない。しかし、もとより貴族のみを主たる受容層とみるのでは決してない。「甕牖縄枢」といわれる商工者を含む都市下層民、「弓馬之客」たる武士、「筆硯之士」なる有司・文人、それに「農夫田人」なども等しく重視したい。なぜなら専修の指導的念仏上人らの率いる念仏集団は社会的諸層を隔別せず、貴賤・男女・道俗を渾然一体させた同信の結縁集団が随時各処に生起したので、受容層のうちでの軽重従主を論ずることができないからである。しかし、女性層の幅広い支持は、わが国の仏教史上、専修念仏がはじめてもちえたことであった点を特記せねばならない。

三　一向専修の反体制的行為

——謗法・破戒・神祇不拝——

念仏宗のような形態の念仏集団は「其念仏之為レ体也、毎月分レ衆、毎旬定レ番、上都下邑之尊卑、信向帰依之男女、赴二勧進一者、寔繁有レ徒、専致二昼夜不断之勤行一」[68]という四天王寺西門念仏にその濫觴を求めえようが、両者の違いは、彼が四天王寺念仏三昧院に限定されているのに対し、此は、あるいは梵宇を占め、あるいは聚落に交わった指導僧とその徒衆が市中の縁ある諸道場に結党の場を求めているという点にあった。しかしこのような外的な側面もさることながら、なによりもその喧伝する念仏思想や徒衆の言動に顕われている主義主張など、その内的な面で決定的な相違が現われている。そこで最後に、専修の集団としての言動を、やはり建保・延応期の弾圧関係史料の文言から窺ってみたい。

法然の在世・滅後を問わず、専修の党類の不当行為として旧教団がいつも呵責したのは、すでに「七箇条制誡」で厳戒されていた謗法と造悪、それに神祇不拝に関するものであった。

専修念仏者の謗法・破戒造悪は既存仏教と鋭く対立するものであり、かかる行為が続く以上、南都北嶺の忿怒は和らぐことがなかった。

建保五年（一二一七）の「延暦寺大衆解」は専修が「時過二正像一、世及二澆季一、顕密済レ教、無レ験二于薫修一、弥陀一教纔堪二于利物一、或修二定恵之業一、或護二戒律之儀一、皆是雑行、其功難レ成、已当二経道滅尽之期一、可レ謂二余教隠没

之時一、又欲レ生二浄土一者、宜レ造二悪業一也、恐而不レ造、還疑二悲願一云々」と主張し、「不レ知二機縁之浅深一、偏致二悪業之勧進一」し、「頻吐二謗人謗法之言一」いていることを訴え、また転向者の様子を「赴二其化一者、先謗二諸教一、入二彼室一者、蔑二衆人一、多年受持之経巻、捨而無二再取一、一生奉仕之尊像、忌而不二復拝一、口出二哀音一、永背二理世之風化一」と記している。[69]

また貞応三年（一二二四）の「延暦寺大衆解」も「近来専修党仮二名於念仏一、懸二思於謗法一」けていると断じ、専修党が「設雖レ謗二諸経諸仏一、非二浄土之障一、只唱二一声十声一、必遂二往生之望一」げんと教化するため、釈迦・薬師等の尊容を拝さず、法華・般若等の経巻を奪い取って猛火に投ずる始末だと歎き、「今濫悪之輩、充二満国土一」していると告げている。[70]また「真言止観之修行、法相三論之学業、只為二名利之道一、永非二出離之要一云々」と評するため、鎮国の高僧、練行の名徳も泥芥の如く軽んぜられるに至ったという。そして古来音の哀楽をもって国の盛衰を知るというが、「近来念仏之音、背二理世撫民之音一、已成二哀慟之響一」り、亡国の音となっていると述べる。

右の既成仏教側がみた問題点は他でも指摘されていることであるが、専修念仏が孝道にもとるという貞応三年次の山門の以下のような指摘は他に見当らず、甚だ興味深いものがある。すなわち要点を記せば、国郡・都鄙にある蘭寺・雁塔の本尊は機感宿縁に応じて種々であり、檀主らまた法華・般若の講会を開いて、子孫の繁昌を祈ること久しいのに「一向専修興盛之後、非二弥陀一者不レ拝二尊容一、非二念仏一者不レ聴二法音一」という状態になり、これでは祖業墜ち、不孝の罪いかんともしがたく、「先霊含レ恨」むことになろうというにあった。専修念仏が祖先祭祀の儀礼上の断絶をまねき、祖業の継承という「人倫之行」「孝道」と抵触し、祖先崇拝をも否定しかねない因子を秘めていたことがここに指摘されている。一仏一行の専修が「先霊含レ恨」に結びつくことは、神祇不拝と同じく、祖先信仰を中心とした日本人の信仰体系を破壊に導く大きな問題であった。山門はいち早くこのことを察し、弾圧の口実に取り上げたのである。当時、祖先造立の仏像が弥陀以外のものである場合、専修の子孫から捨てて省みられないという問題が現実にあちこちで見られたのであろう。日蓮が「浄土三部之外可レ棄二置衆経一、称名一行之外可レ廃二退余行一、矧於二神祇冥道之恭敬一哉、況於二孝養報恩之善事一哉」（「念仏者追放宣状事」）と述べているのも、このような事態を指しているのであろう。

　また専修の輩の造罪に関する言動として、貞応三年の「延暦寺大衆解」は、「若指二戒律一、若敬二他仏一、或修二観念一、或読二経論一、称名之外、皆是難（雑イ）行也、雖レ致二精誠一、無レ生二浄土一、不レ論二不浄一、不レ論二心乱一、但念二弥陀一、即得二往生一、十悪五逆、尚非二極楽之妨一、無慚無愧、豈簡二安養之業一耶、若怖二悪業一者、疑二仏願一之人也云々」と主張していたことを挙げ、「彼党類、造悪而無二改悔之心一、破戒而無二堅持之望一、背レ経違レ師、依憑在レ誰」と難じ、「凡入二彼宗一之人者、先棄二置万善一、交二其衆一之類者、即不レ怖二大罪一、対二仏像経巻一、不レ生二敬重之思一、入二寺塔僧坊一、無レ憚二汚穢之行一」と専修党類の行動を特記している。

　専修の徒の造悪行為のなかで、旧仏教が重く取り上げたものに、女犯の問題がある。すでにみた如く、専修僧への婦女の帰向を「好色」と受け取る貴族もいたが、専修の輩みずからが「女犯肉食不レ妨二往生一」（「興福寺奏状」）と述べていた。慈円も「コノ行者ニ成ヌレバ、女犯ヲコノムモ魚鳥ヲ食モ、阿弥陀仏ハスコシモトガメ玉ハズ、一向専修ニイリテ念仏バカリヲ信ジツレバ、一定最後ニムカヘ玉フゾト云テ、京田舎サナガラコノヤウニナリケル」（『愚管抄』）と念仏者の行状を書いている。建保七年（一二一九）の「官宣旨」には、専修念仏の輩が見聞満座の所では賢善の形を現わしているが、「寂寞破窓之夕、不レ異二流俗之睡一、是則非二発心之修善一、企二濫行姦謀一」てるものだと、専修党内での男女の交接がほのめかされ(71)、嘉禄三年の「後堀河天皇宣言旨」でも専修の者が「或ト二京洛一率二無慚之徒一、或交二山林一招二不法之侶一、以レ之為下耽二女色一之縁上」していたと記されている(72)。「破戒不善輩」と専修念仏者がいわれるとき、女犯の者も当然含まれているわけである。

降って延応二年（一二四〇）の「延暦寺牒状」でも、専修の徒が、口に衆罪の悪言を吐き、ことを一念十声の非願によせて、あえて三毒五蓋の重悪を憚らず、熱心な布教で愚人を信伏させ、持戒の人を笑って雑行と号し、鎮国護王の教えを謗って魔業と称しているが、その諸善を棄て衆悪を選ぶ罪は山の如くである、と述べている(73)。

右のような専修念仏の謗法・破戒不善の行為は顕密諸宗との対立を不可避にしたが、いま一つ社会道徳に向背する不善の行為があった。それは専修念仏者が神祇を崇めなかったことである。すでに「興福寺奏状」で、念仏者が神明に背き、権化実類を論ぜず、宗廟大社を憚らず、もし神明に臨めば「必堕二魔界一」つと述べていたことが指摘されていたが、この言動はその後もかわらず、かの貞応三年の「延暦寺大衆解」にも、彼らが念仏にことを寄せて神明を敬わず、肉食して霊神の瑞籬に交わり、「十悪五逆、尚預二弥陀之引接一、神明神道、争妨二極楽之往生一乎」と主張していたことが記されている。また少し後になるが、念仏者が唱えてはいけない仏菩薩諸神の名号として、「釈迦・薬師・大日等の諸仏、地蔵・普賢・文殊・日月星、二所三嶋・熊野・羽黒・天照大神・八幡大菩薩」を挙げ、「此等の名を一遍も唱ん人は念仏は十万遍百万遍申したとも、此菩薩日月神等の名を唱る過に依て無間にはおつとも往生すべからず」といっていたことを日蓮が書き留めている。[74]

さて、以上が弾圧関係の諸史料に現われた問題を呼ぶ専修側の思想・行動の一端であるが、このうち特に思想に関して専修念仏の立場から、法然の教説からみて至極当然のものが含まれている。例えば、時代は末法となり、定慧・戒律は難行で成就し難く、今や余教隠没の時で、利物に堪えるのはただ弥陀一教のみだという考え、弥陀以外の他仏を排し、戒律・観念・読誦など称名以外の余行を雑行と否定し、また真言止観の修行、法相三論の学業を、名利の道であっても出離の要道ではないとする主張、不浄・心乱を問わず、一念十声すれば往生できると、弥陀の本願に憑依すべきだとする思想などがそれである。これらは専修念仏宗を存立させる基本的思想であって、専修側からすれば師説の継承にすぎず、教理論争の場で取り上げるべきものであった。しかし旧仏教がこれを云々するのは、この思想に立脚して生ずる専修側の行動が問題となったからである。つまり、右にみた如く、山門によって具体的に挙げられた謗法・謗人・破戒・造悪の行為が、それも「過分」の「訛言」「奸言」とみられる自己主張を伴って行なわれ、さらに強力な教化によって増大・激化の一路にあったことが、既成教団をして念仏停止に赴かせたのである。

また、専修側にも確かに批難されてしかるべき教化があった。彼らの造悪行為を支えたものであるが、悪業をつくれ、恐れてつくらないのは仏願を疑うものだ、という勧化はその一つである。かかる考えは、法然在世中に現われた「憑二弥陀本願一者、勿レ憚二五逆一、任レ心造レ之」との所説に直結する。法然はこの妄語を構えて諸人を迷乱させることを哀しんだ。この所説は一念義のものであり、法然は「一念義停止起請文」を書いた。既に述べたように元久の頃、行空が「一念往生義」を立てていたが、その教説の詳細はわからない。しかし彼が「勧二十戒毀化（犯カ）之業一、恣謗二余仏一」り、「偏執過二傍輩一」ぎると批難されたところからすれば、「勿レ憚二五逆一、任レ心造レ之」といったような説示をしたであろうことが察せられる。著作もあって、思想内容が比較的明らかなのは幸西である。彼は心念を強調し、本願に絶対憑依すべきことを説き、信決定後の多念を否定した[75]。幸西の所説は、理において必ずしも法然の教説と対立するものではなかったが、これを曲解するものが多く現われた。ことに本願の絶対憑依を悪く心得て、「憑二弥陀本願一者、勿レ憚二五逆一、任レ心造レ之」と説き、これが法然の没後も「欲レ生二浄土一者、宜レ造二悪業一、恐而不レ造、還疑二本願一」とか、「若怖二悪業一者、疑二仏願一之人也」といった教化へと続いていくのである。このような専修側の言説が延暦寺側から糾弾されている建保・貞応の頃は幸西の活躍期であり、幸西自身も処罰の対象になっているから、とくに幸西の徒ないし幸西の一念義を淵源として簇出した一念派の党類[76]の言動が既存の仏教をいたく刺激したといってもよい。

勿論、当時、流派的には「一念ヲ立テヽ多念ヲキラヒ、多念ヲタテヽ一念ヲソシル[77]」有様で、多念派の念仏集団も勢力をもち、一念派集団に席捲されていたわけではなく、彼らも造悪・謗法の行為に関して一念派集団とかわるところがなかった面もあろう。しかし右の「悪業を怖れる人は仏願を疑う者だ」といった考えは、きわめて一念派的なものである。幸西、隆寛、空阿弥陀仏が念仏の張本とされたように、弾圧は一念義の集団にも、多念義のそれにも加えられてきたわけであるが、度重なる弾圧の中で両流派の念仏集団に歩みよりがあったのではなかろうか。隆寛、聖覚などが、自派こそ法然の真意を伝持しているのだという両派の偏執を打破するため、法然を持ち出さないで、法然が「偏依」した善導の権威でもって一念・多念の諍論を止揚しようとしたのは[78]、このような法然の「余党」による復興期の集団動向と無関係ではなく、隆寛・聖覚らが一念・多念の諍論の終熄を期したのは、現実への反省と将来への展望に立ってのことであり、念仏宗に加えられた弾圧がそのことを一層促したと思われるのである。

註

（1）『鎌倉遺文』第五巻、三二三四号。この「延暦寺大衆解」は『停止一向専修記』として諸本があり、『鎌倉遺文』所収本の「源空進設末尽興流」の文言を江藤澂英氏本によって「源空雖レ没、末学興レ流」と改めた。この方が意味が通じやすい。
（2）『鎌倉遺文』第八巻、五五七三号。
（3）同右、第四巻、二三一五号、および第六巻、三六三一号。
（4）『歎異抄』。末尾にある流罪等の一条は本文とは無関係であるが、後人の添えたものと考えられている。
（5）『仁和寺日次記』建保五年三月十八日条に、「専修念仏上人空阿弥陀仏、於二九条油小路堂一、自二今月一日一、集二四十八口之徒党一、始二四十八日之称念一、而間山門悪徒等為レ成二□障一蜂起之旨、巷説風聞、因レ茲終夜□二本尊四十八体一逐電云々」とある。
（6）『明月記』嘉禄元年四月二日条。
（7）同右、嘉禄元年五月四日条。
（8）『民経記』嘉禄二年九月十九日条。
（9）『鎌倉遺文』第六巻、三六二九・三六三一・三六三二・三六三五・三六三七・三六三八・三六二九号、『百錬抄』嘉禄三年七月五日条。
（10）『鎌倉遺文』第六巻、三六三八号。
（11）同右、第六巻、三六三一号。
（12）『民経記』嘉禄三年八月三十日条、『鎌倉遺文』第六巻、三六五五号。

（13）『鎌倉遺文』第六巻、三六二八号。
（14）『百錬抄』安貞元年六月二十四日条。
（15）『鎌倉遺文』第七巻、四六七六号。
（16）（17）『明月記』文暦元年七月十日条。
（18）（19）『鎌倉遺文』第八巻、五五七二号。
（20）同右、第四巻、二四五一号、第六巻、三九八六号。
（21）同右、第四巻、二四五八号。
（22）註（10）に同じ。
（23）註（13）に同じ。
（24）『鎌倉遺文』第四巻、二三一五号。
（25）『念仏名義集』下（『浄土宗全書』一〇、三八二頁）。弁長七十歳の作である。
（26）同右、中（同右書、三七六頁）。
（27）註（18）（19）に同じ。
（28）『念仏名義集』中に「深義アリ是ヲ学ベトテノシル時、サラバ習ヒ候ハント云フニ、教訓シテ云フ様ハ、人ニハ教ヘジト云フ起請文ヲモ書キ、又ハ誓言ヲモシタラン時ニウチ解ケテ教ヘ申サフト云ヘバ云々」（『浄土宗全書』一〇、三七五頁）とある。
（29）「遣北陸道書状」に「或任レ心作二謀書一号二念仏文集一、此書中初作二偽経一新備二証拠一、念仏秘経是也」と出ている。
（30）『明月記』寛喜二年四月十四日条。
（31）註（24）に同じ。
（32）『鎌倉遺文』第五巻、三二三四号。
（33）田村円澄氏「専修念仏の受容過程」（『日本仏教思想史研究　浄土教篇』）。
（34）註（24）に同じ。
（35）註（21）に同じ。

(36)『鎌倉遺文』第八巻、五五七三号。
(37)註(33)に同じ。
(38)井上光貞氏『日本浄土教成立史の研究』三二三頁。
(39)重松明久氏「戦後における浄土宗史の研究」(『封建社会における真宗教団の展開』)。
(40)赤松俊秀氏「鎌倉仏教の課題」(『続鎌倉仏教の研究』)。
(41)『法然上人行状絵図』巻四五(『法然上人伝全集』二九二頁)。
(42)同右、巻三八(同右書、二四五頁)、『諸人霊夢記』(『西方指南抄』)。
(43)『法然上人行状絵図』巻三八(『法然上人伝全集』二四八頁)。
(44)同右、巻一九(同右書、九七頁)。
(45)同右、巻二〇(同右書、一〇三頁)。
(46)『明月記』嘉禄三年七月四日条。
(47)拙稿「初期浄土宗教団の社会的特質」(『歴史教育』一五―八)。
(48)『明月記』承元元年二月十日条。
(49)『法然上人伝法絵』(高田本)下(『法然上人伝全集』五一四頁)。
(50)『明月記』嘉禄三年七月四日条。
(51)註(13)に同じ。
(52)『玉蘂』承久二年三月二十三、二十四日条。
(53)『明月記』建永元年十一月二十七日条。
(54)『法然上人行状絵図』巻三九(『法然上人伝全集』二四九頁)、『四巻伝』巻四(同上書、四九六頁)。
(55)『西方指南抄』巻下本、『漢語燈録』一〇、『法然上人行状絵図』巻二九(『法然上人伝全集』一八八頁)。
(56)『皇帝紀抄』七、承元元年二月十八日条(『群書類従』三、三八五頁)。
(57)『然阿上人伝』『伝通記散記』奥書などの宗内史料によれば、浄意尼とは聖覚の妹のことである。『尊卑分脈』によれば、八条院(院号宣下は応保元年、崩薨は建暦元年）女房に浄意尼なる女性がいる。八条院女房とすれば年代的にあうが、願文には「五廻年暮」に出家したとあり、六十歳のことであろうから、聖覚の妹とするには少し疑問が残る。

(58)「逆修功徳願文」（『本朝文集』六四、『新訂増補国史大系』三〇、三五四頁）。
(59)『明月記』元久二年七月十四日条。
(60)同右、建保元年七月十八日条。
(61)同右、建保五年三月二十九日条。
(62)同右、嘉禄三年八月三日条。
(63)同右、嘉禄三年七月四日条。
(64)同右、建暦元年十一月十二日条、「九条道家惣処分状」（『鎌倉遺文』第一〇巻、七二五〇号）。
(65)同右、寛喜三年九月九日条。
(66)『平戸記』寛元二年七月二十九日条。
(67)本書第三章第三節参照。
(68)「天王寺念仏三昧院供養願文」（『本朝文集』六〇、『新訂増補国史大系』三〇、二九一頁）。
(69)『鎌倉遺文』第四巻、二三一五号。
(70)同右、第五巻、三二三四号。
(71)註(21)に同じ。
(72)註(10)に同じ。
(73)『鎌倉遺文』第八巻、五五七三号。
(74)『聖愚問答鈔』上（『昭和定本日蓮聖人遺文』一、三六四頁）。
(75)『玄義分抄』『略料簡』など。安井広度氏『法然聖人門下の教学』、石田充之氏『日本浄土教の研究』。
(76)註(25)に同じ。
(77)隆寛『一念多念分別事』（『続浄土宗全書』九〈旧版四〉、二七頁）。

(78) 同右、聖覚『唯信鈔』(同右書)。

第三節　貴族と能声の念仏衆
――平経高を例として――

一　開創期浄土宗研究と『平戸記』

民部卿平経高(養和元年〜建長七年)はその日録『平戸記』において、異色ある念仏法会の勤修や恒例念仏衆の活躍などを中心に、宗教方面の記事を豊富に書き留めている。これらの記事は、時期的にいってもちょうど法然の示寂からほど遠からず、しかも専修念仏が度々の弾圧を潜ってなおも興隆し、貴族社会へも伸張していく頃のものであるから、注目せられてよいようである。しかしながら、この日記からは、宗教記事の豊富さにもかかわらず、専修念仏とか念仏宗、あるいは浄土宗といった類の語句は見出すことができない。したがって経高の宗教も専修念仏とは関係がないようにも考えられるのである。しかし、彼の修する仏事を仔細にみると専修念仏的要素が見出されるし、さらに日記に出ている彼の信仰生活上の助縁者ともいうべき恒例念仏衆や他の念仏僧を取り上げ、その教団的背景を探ると、種々の理由で彼らが専修念仏の教団と密接な関係を有する念仏僧であることが窺われる。このようなことから経高は、専修念仏的環境の中にあり、彼自身もまた専修念仏の徒と看做されてよいようである。そのようなわけで、われわれは、『平戸記』から窺える経高自身の信仰や彼を繞る念仏僧を勘考することによって、開創期の専修念仏宗展開の一様態を見ることができるのである。

ところがそれにもかかわらず、従来この日記は専修念仏宗研究上あまり注意をひいていないようである。思うにそれは、従来の研究が法然研究に主力が注がれ、法然滅後の念仏宗研究になると、どうしても教学的分派問題を扱うことになって、その時期の社会的展開については考察が遅れるといったような事情にあったからであろうが、また『平戸記』自体も著名な専修念仏者の事をあまり留めていないので、注目されずにきたのであろう。

ともあれ以下私はかかる『平戸記』に拠って、主として経高主催の仏事を通して現われたる彼の信仰と彼の念仏策励を助けた恒例念仏衆を考察し、彼らがいずれも専修念仏の徒であることを論証し、もって法然滅後三〇年頃の専修念仏展開の一相を窺ってみようと思う。

二　平経高の浄土信仰

老いた法然が京洛で専修念仏を弘めていた時、経高はまだ青年であった。法然の四国配流は経高二十七歳、その入滅は三十三歳右少弁の時のことである。明遍の寂した貞応三年（一二二四）、四十四歳で参議に任じられ、法然滅後二八年に当る仁治元年（一二四〇）、六十歳で民部卿となった（『公卿補任』）。現在遺されている彼の日記は、民部卿になった前後の時期のものである。(1)この日記によって、まず老境にある経高の信仰生活を窺ってみよう。

経高は仁治元年十一月二十二日から七日間、当時彼と肩を並べて朝廷の有職故実に精しかった大蔵卿菅原為長の計らいで、仕仏上人を戒師として受戒を行なった。受戒の理由はある夢想によってであって、求道的な因縁あってのことではなかった（仁治元年十一月二十二日条）。しかしこの受戒を契機として彼の信仰生活は著しく変ってきた。例えば受戒前の彼は、それぞれの縁日に阿弥陀講、地蔵講、舎利講、涅槃講、盂蘭盆講などを形式的に行なうだけであったのが、受戒後は迎講、臨終講、順次往生講などの願生的浄土教講会やその他各種の念仏会が新たに登場し、仏事はほとんどかかる種類のもので占められるようになっている。（2）このようにその仏事だけをみても著しい変化がある。したがってこの時の受戒が彼に与えた影響はきわめて大きく、いわば彼の宗教的回心の契機となったといえるようである。仁治二年の日記が闕けているので、受戒直後の変化を今一つ明確にする事はできないが、受戒後浄土教に接近したことは仏事の変化から推しても明らかである。彼が「法文念仏事」や「後世事」を談ずるというようなことは、受戒以前ではほとんど見られぬところであった。

ところでこのように経高を念仏生活に嚮導した戒師の仕仏上人については、諸伝つたえるところがなく、詳しいことはよくわからない。ただ日記からは、東山一切経谷に房を有し、当時知名の戒師であったことが知られる（延応二年四月七日、仁治元年十二月十五日条）。では経高がこの上人と関係を持つようになったのは何時頃からであろうか。受戒の時が経高とこの上人が面識をもった最初ではない。すなわち受戒の年の二月、彼は上人に普賢絵像の開眼供養を（延応二年二月二十三日条）、同じく四月亡息経氏遠忌に当って仏経供養をして貰っている（延応二年四月七日条）。また亡息遠忌の翌日、法然の師、叡空の父といわれる故九条大相国伊通公の仏堂で行なわれた蓮寂上人の法会でも上人と出会っているのである（延応二年四月八日条）。しかし仕仏上人の名が受戒以前において出てくるのはこの三回だけで、いずれも受戒の年である。受戒の年以前の日記としては、嘉禄三年十二月と安貞三年三月の分を遺すのみであるから、あるいは散佚した部分の日録にその名が見えていたかもしれない。しかし、受戒後は毎月その名を留める上人のことが、それ以前ではたとえ二ヵ月分の日記とはいえ、それに一度も名を見せていないのである。ここに両者が関係し合うようになった時期が暗示されている。経高が上人と関係を持つようになったのは、矢張り受戒の年より少し前からであろう。そして受戒後は、上人から法文を聞き、また念仏会に招いて説法を聴聞するなど、その関係は密接になる一方であったとみられる。

経高が浄土教に帰入するようになったのは、このように仕仏上人による受戒を契機としてであり、この後彼は恒例念仏衆を設けて願生のための念仏行事を数多く修するようになった（後述）。また念仏生活のふかまりを示すかの如く、念仏僧の名を日記に多く留めるようにもなった。彼が修した異色ある念仏会は一、二にとどまらない。例えば受戒の翌々年には、日記を通してみられる一番大きな仏事を営んでいる。仁治二年（一二四一）暮（日記を闕くため月日不明）から仁治三年九月二十九日にかけての間に、適当な時期を選んで十日ずつ十回の念仏を修した百日念仏がそれである。初旬念仏の所は日記が遺っていないので発願の縁由等については不明であるが、第三旬念仏をもって亡室に、同じく第四旬をもって亡息に、第五旬念仏以降はその毎旬の念仏をもって六道のそれぞれに廻向している（仁治三年二月五日、同二十三日、同年五月二十五日条等参照）。初旬、二旬はおそらく先考、先妣の廻向に充てたものであろう。最後の一旬念仏は、経高も特に請うてあらゆる政務から離れ、北山堂に籠居してこれを行なった（仁治三年九月十八日条）。籠居に当って彼は「現世事雖二経営一遂有二何益一哉、不レ如只営々後生事、自（因カ）レ茲所レ抛二万障一也」と決意の程を示している（仁治三年九月二十日条）。彼はまた結願日に当る九月二十九日に先立って、二十五日から在々所々の四八ヵ所道場で、四十八時念仏をも勤修せしめた（仁治三年九月二十九日条）。二十九日は長期にわたった百日念仏と併修の四十八時念仏との結願日で、佐渡院姫宮をはじめ多数の念仏聴聞の輩が結縁のため来会し、善美を尽した迎講、新成菩薩像供養などが行なわれた。迎講では仕仏上人が導師をつとめ、恒例念仏衆が菩薩の儀を演じ、その迦陵頻の如き念仏に随喜の涙を抑えざるものはなかったという。この日彼の感動は「果二遂此大願一了」ってその極に達した。

凡今度四十八時自二去廿五日一至二今日一満二四十八時一也、之間、心中殊澄、時々刻々莫レ不レ垂レ涙、浄土欣求之志弥以増進、誠是抛二万事一経営之詮也、（中略）此願（新成菩薩像造営のこと、註（5）参照）已広大、三宝何無二哀愍納受一哉、依レ是歟人々多有二霊夢一、仏陀境界致二信心一之時、必有二感応一也、以レ之知レ之、往生極楽之望、致二甚深之信一者、決定可二成就一大（者カ）也、去年勤修四十八時念仏、其後修二百日念仏一、今当二其結願一、果二遂此大願一了、我願既満、衆望亦足者歟、

などと述べている（同上）。翌日も感激まださめやらず、「予依二機縁一多修二仏道一哉、倩思レ之喜悦之心不レ浅、是又偏大恩教主之恩徳也」とも記している。思うに機縁とはかの受戒を指すのであろう。

この後も、恒例念仏衆や仕仏上人を招いた万々遍念仏、臨終講、順次往生講などがあるいは定例的に、あるいは特別につぎつぎと営まれ、彼の念仏策励は続けられた。[3] 寛元二年（一二四四）二月二十三日暁、彼に夢想があった。経高はこれを前月から石蔵堂に不断念仏衆を置いた利益であると判断し、「可レ遂二往生極楽一之兆」であると見て、

念仏功能不レ可レ説々々、予久慕二往生一、随レ分所レ修之行、遍（偏カ）廻二向西方往生一之儀也、念仏又不二退転一、依二多年之願一始二修不断念仏一、此等之利不レ空、不レ覚涙与レ筆下、

と書き留めている。もって経高の浄土信仰を知るべきである。晩年の経高は、かくの如く、熱烈なる浄土信仰者として見出されるのである。

上記の如く、経高は齢六十を越えてからは、仕仏上人や念仏僧を助縁者として、浄土願生の信仰を持ち、念仏生活を続けた。しかしその念仏は、いわゆる余行余仏を放擲しての念仏ではなかった。その一端は右に述べてきた中からも窺われようし、縁日には依然として寺僧を請うて阿弥陀講、地蔵講などを行ない、釈迦念仏を唱えること（仁治三年九月三十日条）などもあった。したがってこの限りにおいては、彼は他の多くの貴族と同様に、いわゆる天台流の浄土願生者とみられるのである。しかしながら彼の仏事を通覧すると、当時の浄土教界を反映した顕著な傾向が、さらにその中に滲み出ているのに注目せられる。例えば彼自身についていえば、後で触れることもあるが、善導忌を修したり、浄土三部経を摺写したりしている。また三心問題についての問答を耳にし、これを他日他所で話していることもある。(4)さらに、彼の仏事に恒例的に参加する念仏僧にも、日記に現われてくる他の僧にも、自ずと一定の傾向が看取されるようである。すなわち恒例念仏衆以外では専心上人、正信上人、西法法師、道観上人、蓮寂上人、善恵上人、嵯峨念仏房上人、故空阿弥陀仏などのことが、いずれも経高の念仏信仰がとみに深まった仁治三年（一二四二）の頃の日記から摘出できるのである。では、いかなる傾向がこの僧達にみられるかというと次の如くである。

専心上人はさきに述べた百日念仏第九旬結日の啓白を仕仏上人に代ってつとめ（仁治三年九月十六日条）、正信上人は同百日念仏結願日に供養する新成菩薩像の勧進に協力した僧である（仁治三年九月二十九日条）。また西法法師は在俗の時、院の御舟差であった人で、仁治三年十月摂津淀にて九品念仏を修したが、その際経高はかの道場に赴き結縁している（仁治三年十月十三日条）。道観上人は彼が聴聞した当麻曼荼羅解説の説明者であった（寛元三年正月二十六日条）。蓮寂上人については前に触れた通りで、故伊通公堂での仏事に経高も参会した。また善恵上人および嵯峨念仏房上人については、前者が仁治三年九月十八日九条道家に授戒し、後者が年来の契約によって仁治三年二月二十七日雲快の老母に念仏授戒した際の見聞記事がある。この善恵上人とは、いうまでもなく善恵房証空のことである。また故空阿弥陀仏については、明遍ではなく、念仏興隆の根本張本人として山門から訴えられたかの空阿弥陀仏その人であると思われるが、経高は、この空阿弥陀仏が善導忌日三月二十七日説を持っていたと、寛元二年三月十四日条に次の如く伝えている。

今日有二善導和尚御忌日之説一、（実廿七日歟、而故空阿弥陀仏有二此説一云々）仍於二其御形像（奉レ安二居持仏堂一）御前一、自二寅刻一修二一昼夜念仏一（家中輩程番（結カ））予勤二巳時一、於二後々一者猶尋決、廿七日可レ修歟、

善導忌については古来十四日と二十七日の両説があり、法然在世当時も、この両説をめぐっていずれを採るべきかの論議がなされている。[6] 法然門下でも十四日をとるものがあれば、二十七日をとるものもいたから、[7] この記事は注目せられる。忌日説はともかくとして経高が善導忌を修していること自体に、その念仏がどのような性格のものと関連をもっていたかが示唆されていよう。

さて、西山派の祖善恵房証空を含む右の上人達は、彼らが関係をもった経高開催の仏事の性格や当時の情勢を考慮するなら、明らかに専修念仏を基調とする念仏上人達である。正信上人とは正信房耽空、西法法師とは二尊院所蔵「七箇条制誡」の署名中に名をみせる西法、同じく嵯峨念仏房上人とは嵯峨往生院の念仏上人である。また九条故伊通公堂で仏事を修したかの蓮寂も「七箇条制誡」に出る蓮寂であろう。いずれも年代的にはずれていないので不当ではなかろう。この推定が許されるならば、西法の如きは仁治三年八十三歳であったから、「七箇条制誡」に署名したのは四十五歳の時であったわけである。

かくみてくると、経高自身にも専修念仏者としての性格が帯びられており、また彼をめぐる僧にも、専修念仏を信奉する人の多かったことがわかるのである。さらに経高の信仰を考える際注目せられてよいことが俗縁にある。それは法然の『選択本願念仏集』の序文を作り、ついで開板した兵部卿平基親が経高の従兄であったことである。(8)

以上の諸点から、彼の宗教的環境が専修念仏的なものによって構成されていることが窺い知られるのである。このようなことから彼自身の信仰ひいてはその念仏にも当然この影響があったと考えられる。しかしその信仰形態は法然の強調した純粋な専修念仏ではなく、なお前代浄土教の残滓を帯びたものである。経高の社会的地位やその伝統と大いに関係しているわけであろうが、これをもって公家社会における専修念仏の変容とみられなくもないであろう。

ところで経高の意を受けて、最も身近で且つ常時彼の宗教的環境を構成していたものは、仕仏上人を除くと、なんといっても恒例念仏衆である。よって以下転じて恒例念仏衆に検討を加えてみよう。

三　恒例念仏衆の性格

経高の恒例念仏衆は、後述の如く、人数においては一二人であったが、死亡や離反等の理由から、その交衆は前後によって多少の異同があった。経高の恒例念仏衆として仏事に顔を出した者の中で、名前のわかっているものを挙げると、次の如くである。敬仏、成願、唯成、観阿弥陀仏、聞信、助信、性阿弥陀仏、定心、行戒、智縁、教仏、定公などである。この中、成願と唯成は異母兄弟であり、父は蔵人大夫懐範の党であった（寛元二年三月二十八日条）。また行戒は敬仏の弟子である（寛元二年六月二十一日条）。彼らのことが日記にはじめて現われるのは仁治三年三月五日、臨終講開催に当ってである。すなわち、「今日行二恒例臨終講一、今月衆、敬仏、聞信、性阿等也、性阿読レ式、（中略）仕仏上人為二聴聞一来臨」とある。この記事から臨終講が既に毎月行なわれており、念仏衆も月番制になっていることがわかる。「念仏辰刻結願、十二人皆立、如二開白一　六人分散了、食已後　臨終講衆六人相留行二今月臨終講一」（仁治三年五月六日条）とか「彼衆十二人企二一夜念仏一」（仁治三年五月五日条）などとあるところから推すと、恒例念仏衆は一二人からなっており、六人ずつの月番制であったことが知られる。ところでこのような関係が経高との間にいつ頃からできたのであろうか。仁治三年春には講会が既に恒例的になっているので、少なくとも仁治二年まで遡れるわけであるが、前にも触れた通り、この年の日記を闕いているので確かめることができない。しかし仁治元年（一二四〇）十一月の受戒以前には名を見せていないことや、前述の如き経高の宗教生活上における仕仏上人による受戒の意義を考慮するなら、矢張り受戒以後において関係が成り立ったと思われる。なお彼らは必ずしも経高の独占的念仏衆ではなかった。「各衆云、自二去廿四日一於二土御門三位中将亭一修二念仏一」（仁治三年十一月二十六日条）とか「明日雖レ有二一昼夜念仏之志一、敬仏、聞信、為二国通卿一入二定恒例念仏衆一、可レ行二向有巣川一云々」（寛元二年正月九日条）とある。因に国通は善導大師を仰信し、その像を造立して有巣河の報恩寺に安置していた。(9) 敬仏らは国通の恒例念仏衆に入って、報恩寺善導像の前で礼讃念仏らを唱えたことであろう。また、すべて能声の輩を用いて行なわれた例の西法法師の九品念仏会には土御門前内府源定通も赴き、その念仏衆を招いている（仁治三年十月十三日条）。このように彼らは招かれれば他処にでもでかけ、経高と同様に他卿の恒例念仏衆ともなったのである。

　では何故彼ら念仏僧はそのようなことができたのであろうか。それはひとえに彼らが「能声之輩」であったからである。経高が彼らを選んだ理由もここにあった。「自二今日一能声輩、定心、敬仏、成願、聞信、性阿弥陀仏、准成、已上衆者最上、此外、観阿弥陀仏、定仏、已上次衆、都合八人来臨二念仏一」（仁治三年九月二十五日条）、「念仏衆出レ声、定心、敬仏為二音頭一其声如二迦陵頻一」（仁治三年九月二十九日条）などとある。彼らの中には、最上衆とか次衆といわれている如く、おのずと等差があったようであるが、いずれも唱導、称名、礼讃、和漢讃などに堪能であった。寛元三年（一二四五）三月四日、経高は新制作の和漢讃を練習させ、供花会においてこれを誦させている。

　今日聊依二宿願一、以二色々花一如二款冬一未レ開、然而少々尋得、可レ奉レ供二阿弥陀仏一、自二去廿八日一発心予結二偈讃一、兼与二念仏衆一了、為二練習一也、早旦其衆四人、定心、敬仏、聞信、観阿弥陀仏不レ及レ広先レ是堂荘厳了、（中略）此間僧衆誦二旧花讃一、（中略）次誦二新

花讃 先漢讃二反、次和讃二反、皆是予新制作也、

能声の念仏僧は、他数の貴賤男女が結縁する公開的な念仏講会においては立役者というべく、彼らの評判のよいことは経高ら主催者の自慢でもあった。だから評判の念仏僧は、あちこちの念仏会で活躍していたのである。経高恒例念仏衆の中では敬仏が優れており、経高をして「敬仏者道之秀長也」（寛元二年七月二十九日条）といわしめている程である。敬仏が経高の仏事に参加する回数は他の講衆よりも多く、彼と弟子の行戒だけが邸宅に出入りすることも少なくなかった。それもこういった彼らの能声に起因していたのである。[10] 下賤出家のものの詠唱が、上卿の道心を勧発したことについては、藤原宗忠と四天王寺西門の念仏尼との場合を引出すまでもないが、同様の趣が経高の場合にもみられる。敬仏は経高から「凡敬仏念仏非二今世事一、生々世々縁歟、其声如二迦陵頻一、聞者莫レ不レ流レ涙、可レ貴々々」（寛元二年六月二十八日条）といわれている。

法然の門人と号する念仏上人の中には、このような輩が多数存在していたようである。「七箇条制誡」において法然は「可丁停丙止以二癡鈍身一、殊好二唱導一、不レ知二正法一、説二種々邪法一、教乙化無智道俗甲事」を六条目に掲げ「黒闇之類、欲レ顕二已才一、以二浄土教一為二芸能一、貪二名利一望二檀越一云々」と註している。法然滅後一念宗（一念義）の長といわれた幸西の弟子教脱（達）は、その教説よりも礼讃の方に期待をかけられ、失望をかった程である。[11] したがって法然存世当時から浄土教をもって芸能とし、檀越をもっていた念仏上人も多く、この傾向は法然の滅後も依然として続いており、世人もまた念仏上人にかかる面で期待するものが多かったことは十分考えられるところである。事実、経高の念仏衆などはこの例に入るのではないかと考えられる。ともあれ経高は彼らの能声に期待

をよせ、恒例念仏衆としたのである。

さて、彼らが「能声之輩」であったことは右の如くであるとして、単に芸能的な念仏上人だけであり、なんら宗派的背景を持たないものであったのであろうか。さきにみた経高の宗教的環境から推しても、当然、当時流行のいわゆる専修念仏の徒であったろうことが考えられる。このことは彼ら恒例念仏衆と関係のあった念仏僧をみるとき、より明確となる。仁治三年五月五日の条に、

今日、念仏衆故見仏入滅之後、当二百ケ日一也、仍彼衆十二人企二一夜念仏一、可レ訪二件菩提一云々、件僧衆之食、予請レ之、同為レ訪二其没後一也、兼又摺二写浄土三部経一、今日以二仕仏上人一啓二白之一、彼上人又為二清浄結縁一云々、

とあるが、これによると、恒例念仏衆一二人が見仏の百ヵ日に当るので一夜念仏を企て、経高も念仏衆に施食してその没後を訪い、浄土三部経を摺写したのである。さらに仕仏上人も彼らと関係を持っていたようである。見仏の名が例の受戒結願日である仁治元年十一月二十八日の条に次の如く出ている。すなわち、

今朝受戒結願了、与二小布施一、後被□見仏等□久勤レ之、其後帰了、

とある。ちょうどこのところの記事が約六字ほどかけているので、見仏の他にも念仏僧がいたことと思われるが、ともかく、受戒の後で仕仏上人に随伴の見仏が念仏を勤めているのである。

この両記事によって恒例念仏衆と仕仏上人および見仏の三者間に密接なつながりのあったことが十分窺われるのである。この見仏は、諸事情を勘考すると、建久三年秋、後白河院御菩提のために住蓮、安楽、心阿弥陀仏な

ども一緒に初めて六時礼讃を修した親盛入道見仏と同一人であろうと思われる。礼讃を行なった見仏が唱導・礼讃等をもって世に知られた恒例念仏衆とつながりをもっていたのは、大いにあり得ることである。親盛入道見仏は「七箇条制誡・連署」でも八人目に署名している有力な法然門下である。とするならば経高念仏衆も専修念仏宗と関係がなくはない。否その門流でなくてはならないと言えよう。(12)

かく観じきたると、彼ら恒例念仏衆も、法然門流として位置付けられるようである。すなわち恒例念仏衆中の定仏は、定生房盛聖の寂後、法蓮房信空の指示によって元仁元年(一二二四)大谷の房舎を譲り受けた定仏その人であろう。大谷房は、定仏が移住してから三年目に嘉禄の法難がおこり、荒廃に帰した。この後大谷房は文暦年中に勢観房源智の手によって再興がはかられたらしいが、これは疑わしいともされ、定仏はそう長く住持することなくこの房より離れ去ったようである。三田全信氏は、定仏はおそらく法難を恐れて何処かへ逐電したと考えられると言っておられるが、私の考えが許されるならば、嘉禄の法難後十二、三年目にこうして経高の恒例念仏衆として姿を現わしているのである。法然の遺跡は門弟注視のものであり、嘉禄の法難後、その混乱を利して遺跡をめぐる諸門弟の角逐が起って、定仏は遺跡から離れることを余儀なくされたのであろう。かくして彼は念仏僧の群に身を投じ、能声の故をもって約一〇年後こうして経高を檀越とするに至ったのであろう。また敬仏は、『民経記』嘉禄三年八月三十日条に見える念仏者交名中の敬仏と思われる。それには「敬仏宜秋門院女房東御方内アリ」とある。嘉禄三年からは一〇年以上経過しているので、この難を経た彼は、経高らと関係をもってまた京洛で活躍をはじめたのであろう。さらに、成願、観阿弥陀仏も「七箇条制誡」に署名している成願、観阿弥陀仏と同一人であろ(13)(14)(15)

う。もっとも「七箇条制誡」でもわかる如く同名異人が多いので決定的なことは言えないが、一応右の如く考えられるのである。性阿弥陀仏は明らかに法然の遺跡近辺にいた専修念仏僧である。寛元二年（一二四四）四月二十三日の条に、

今日行㆓今月分臨終講㆒、定心読㆑式、今月式読性阿也、而自㆓近曾㆒依㆓不慮事出（来脱カ）㆒、此衆已及㆓大事㆒、空上人遺跡、依㆓此事㆒為㆓松殿僧正㆒被㆓追散㆒、凡言語道断、不㆑克㆓記録㆒敬仏聞信為㆓念仏衆㆒、

とある。文中の大事に及ぶとあるその事は何を指すのか未だ考えが及ばないが、法然の遺跡を囲繞していた念仏僧に弾圧があったようで、このために四月分臨終講の読式者に当りながら性阿弥陀仏は来れなかったのである。記事にある近曾とは何時を指すのか、詳しい事はわからないが、二ヵ月前の二月臨終講にも参加しなかった（寛元二年二月二十八日条）ので、その頃を指すのであろう。延応の弾圧後も専修念仏僧の身辺は依然多難であったことが窺われる。[16]

さて、上述の如く、恒例念仏衆は専修念仏の徒と目されていたものと認められるのであるが、もう少し彼らの教団的背景がわからないものであろうか。この点についてさらに考えてみたい。

四　恒例念仏衆の教団的背景

法然滅後、専修念仏教団は、周知の通り、数個の門流に分立した。経高の没後二年目にできた『私聚百因縁集』巻七に「門下幸西成覚一念義ノ元祖、聖光鎮西義ノ元祖、隆寛長楽寺ノ多念義ノ元祖、証空善恵房西山義ノ元祖、長西九品寺之諸行本願義之元祖有㆑之、門徒数千万、上足ハ此ノ五也㆒」とあるが如くである。多念義は隆寛の配流を契機として関東で興隆し、諸行本願義も、道教によ

って鎌倉に弘通、また幸西派の一念宗も聖道門教団の弾圧対象となり、法然滅後半世紀の頃の京都では、ひとり証空の門流が最も教勢をふるっていた。鎮西派の教線が京都に及んでくるのは文永以降のことである。(17)経高念仏衆が活躍したのは、鎮西派の教線が未だ及ばない時期であった。経高およびその念仏衆にもかかる門流教線の趨勢が当然反映しているとしなくてはなるまい。彼らの行なう仏事の内容に注意すると、経高などが証空の西山門流の影響下にあり、念仏衆もまたその派のものではないかと思われる節々に逢着する。その主要なるものは、第一に当麻曼荼羅、第二に『観経』華座観、第三に円頓戒祖師曼荼羅をめぐって発生している諸事項である。

第一の点は、さきに少し触れたが、寛元三年(一二四五)正月二十六日の条に見えている、経高が西山派嵯峨流の祖たる道観上人の当麻曼荼羅解説を聴聞していることについてである。この当麻曼荼羅は特に西山において重用するところである。証空には当麻曼荼羅に関する著書が多いし、(18)また寛喜元年(一二二九)三月彼は当麻寺に参詣し、自己の『観経疏』の解釈が当麻曼荼羅図相とよく符合しているのを見出して、喜びのあまり田地を寄進している。(19)弟子の証恵にも当麻曼荼羅に関する著書がある。このように証空門流で重視されている当麻曼荼羅が解説されていることは、その解説僧の教団的背景や聴聞者の宗教環境をよく示唆していよう。

第二の点は、寛元三年(一二四五)十月下旬三日三夜にわたって催された『観経』華座観の仏事についてである。華座観とは『観経』十六想観中の第七観をいう。世尊の力によって阿弥陀、観音、勢至の三尊を拝した韋提希が、仏涅槃後の人々はいかにして三尊をみる事ができるかと尋ねたのに対し、かくの如き観想の念を越すべしと説示されたものが、この観である。『観無量寿経』には、

釈迦毗楞伽宝、以為二其台一、此蓮華台、八万金剛、甄叔迦宝、梵摩尼宝、妙真珠網、以為二交飾一、於二其台上一、自然而有二四柱宝幢一、一一宝幢、如二百千万億須弥山一、幢上宝幔、如二夜摩天宮一、有二五百億微妙宝珠一、以為二映飾一、一一宝珠、有二八万四千光一、一一光、作二八万四千異種金色一、一一金色、偏二其宝土一、処処変化、各作二異相一、或為二金剛台一、或作二真珠網一、或為二雑華雲一、於二十方面一、随意変現、施二作仏事一、

とあるが、日記をみると経高は所説の儀をほぼ造営している。すなわち寛元三年十月二十二日の条に、

年来日々憶二念観経一、第七観華座想、末世衆生難(雖カ)不レ及二観想一、此観決定往生之因也、世尊告二此儀於事(韋)提布(希)一、志之所之、聊成二其想一、而日来為レ奉レ向二此華座一造二立之一、至二幢上宝幔一及二一々光一、其光変化処々各作二異相一、於二十方面一随レ意又変現、於レ作二仏事之儀一粗奉レ作二顕之一、

と記している。阿弥陀、観音、勢至の三尊を説くのは華座観と像想観のみで、来迎の姿を表わした立像三尊を説くのはこの華座観のみである。立摂の三尊が空中に立たれたことは韋提希が決定往生の機たることを証明されたことを意味する。日記に「此観決定往生之因也」とある所以である。華座観は如上の意味合いで重視されている。

周知の如く法然の教義は、『観経』中心に往生称名を高潮した善導教学を継承している。法然自身にも『観無量寿経釈』があり、法然門下でも『観経』研究が盛んである。中でも『観経』研究に没頭しているのは証空である。伝記について証空をみるに、彼は善導『観経疏』の講述に専心しているが、事実、『観経疏』の註書も多い。(20)彼の著書とされ、西山派の教本的役割を持っている『観経疏大意』には「念仏宗者会二諸経一入二観経一開二諸善一摂二念仏二」との文があり、さらに「華座観三尊事」なる一章が別立されている。もとより教学的な検討を行なうい

とまはないが、もって証空の門では『観経』さらに華座観が重視されていることの一端が理解されるのである。経高が華座観の儀を造営することを誰かに勧められたのであったのならば、その者が、また自身の発意であったのならば、彼がいかなる門流と関係が深いかは自ずから明らかであろう。経高は華座造営を八月頃から考えていたらしく（寛元三年八月三日条）、十月の経営に当っては仕仏上人と打合せつつ七日前から準備している（寛元三年十月十六日条）。当日は念仏衆も勿論大活躍で、彼らの「念仏甚深之要文」に感泣発心する者が多かったと書いている（寛元三年十月二十五日条）。

さらに、第三の円頓戒祖師曼荼羅のことについてであるが、寛元二年二月二十九日の条に、経高が仕仏上人に円頓戒祖師曼荼羅の裏書ならびに表紙銘を書かしめたことが出ている。仕仏上人が円頓戒祖師曼荼羅を取り扱っている事実に、私は、二つの意味が籠められていると思う。一つは仕仏上人自身の教団的背景である。経高は単に年来の間柄という理由だけで裏書ならびに表紙の銘を依頼したのではなかった筈である。仕仏上人は、その房が「仕仏上人壇所」（仁治元年十二月十五日条）と言われていることからもわかる如く、多くの道俗に戒を授けている。円頓戒相承としてのこのような上人であったからこそ、経高は裏書等を依頼したのである。二つには、かかる仕仏上人と関係のある念仏衆なら、彼らは法然諸門流の中でも天台的性格を多く帯びている西山教団と関係があろうとの推定が成り立つことである。西山教団には青蓮院系と思われる人々が関与しており、この教団はこのような僧侶を一つの母体にして形成されたのではないかと考えられているが(21)、仕仏上人も浄土教への接近を示したかかる系統の人であったかも知れない。なお円頓戒については法然諸門流でも、別して西山派がこれを重視してい

る。証空自身にも多くの円頓戒関係の著書がある。(22)

以上の諸点を勘合すると、経高および念仏衆が関与した仏事はきわめて西山派的なものであり、念仏衆達にも西山教団と関連を持ったものがいたとの推測を可能にする。この推測は、幸いにも大念寺文書によって裏付けられるようである。大念寺阿弥陀仏像胎内文書は初期西山教団を知る重要な文書であるが、その受戒者交名牒より、特に原初の受戒交名を切断したと想像される紙片から、恒例念仏衆中の教仏、くわんあミだぶツ（観阿弥陀仏）の二人を指摘することができる。(23) またその他からも、かの見仏の名を挙げることもできる。(24) このように現に西山教団支持者としての確証をもつものを経高の恒例念仏衆の中に見出すことができるのである。ただ、恒例念仏衆は能声の輩という条件でひろく念仏者の中から選んだものであろうから、右のことだけでもって恒例念仏衆すべてがそうであったろうと一律に論ずることは危険である。しかし当時の浄土宗の趨勢からするなら、彼ら念仏衆中にたとえ西山教団と直接のかかわりのないものがあるにしろ、西山派の主導的な教勢下に彼らがあったことは確かである。

五　能声之輩

――その念仏教団における意義――

さて以上考察してきたところに基づいて左のことが言えるであろう。

経高は、念仏宗に接近した天台系僧侶仕仏上人によって浄土願生の信仰を深め、専修念仏宗の徒をその恒例念仏衆として念仏生活を策励した。しかしその信仰は、日記に「念仏依二無布施之無心一也」（寛元三年十月二十五日条）とか「以二念仏一為二大善事一諸経之文也」（同二十六日条）という文句がみえていることによっても一端が窺われる如く、教義的理解に立って受容されていた。しかし彼の信仰の発露である仏事を窺うと、それは、当然のことながらきわめて貴族的なものであった。前項で述べた『観経』に基づく華座の造営といい、また極楽浄土造営などといい、いずれも富裕のものにしてはじめてなしうるものが少なくなかった。また仏事の結縁者にも貴紳が多かった。百日念仏結願日に順徳上皇姫宮が来聴、またこの日造営の正信房耽空勧進の新成菩薩像に式乾門院、安嘉門院、准后、藤原伊平卿等が結縁、華座観想念仏に後鳥羽院侍女、西御方等が来会している如くである。仕仏上人の説法や敬仏ら恒例念仏衆の礼讃、念仏等に発心帰浄するものも多く、藤原兼頼、祭主隆道卿らは経高の仏事を機縁として後生を願う生活に入ったのであった（寛元三年二月二十五日、同年十月二十三日条）。

経高が、「能声之輩」――芸能僧的な恒例念仏衆を設け、天台化した念仏教団と結びついたのは、その社会的地位や生活意識、さらに貴族階級のもっている宗教的伝統によってであるが、証空門流もまた当時京都において公認された念仏教団として貴族層への接近を開始していたのである。恒例念仏衆と経高の間に堅い同行意識が交流していたかは疑問であるが、念仏運動を上流社会において展開し、直接間接に貴紳をして念仏教団と結ばしめたその媒介的役割は認められねばならない。念仏教団の貴族層への接近には、貴族と直接師檀の契を結んだ有名念仏僧と同様に、恒例念仏衆といった態で貴紳の邸宅に出入した無名の念仏僧のことも見落してはならないであろう。われわれは、このような念仏衆の中に法然在世当時からの門弟を見出すのである。度々の弾圧を避けるため、法然門下でも能声の者は公卿の恒例念仏衆などになったことと思われる。しかしてそのうち大部分のものは恒例念仏衆として貴族と関係を持っているうちに、貴族的天台的念仏教団へ流れ込む結果となったのであろう。証空門流の発展もかかる面から理解されはしないであろうか。経高の念仏衆のうち性阿弥陀仏は交衆を止め擯出されているが（寛元二年九月二十八日条）、それは第三項で述べたように弾圧があったからであって、多分彼が最後まで隆寛や空阿弥陀仏などの系統に属して徒党を組んでいたからであろう。当時念仏教団として公認せられていた唯一の教団は天台化した証空一門であったから、[26]多くはこの門流に投じたものと考えられる。

初期専修念仏教団の研究には、出来るだけ多くの法然門弟の動向を明かすことが必要であるが、平経高の信仰生活を考察するなかで、若干の専修念仏僧――いわゆる宗門史上では非著名のものであるが――の法然滅後の動きを少しではあるが探り得たことと思う。

註

（1）内閣文庫蔵本が『史料大成』に収められているが、嘉禄三（安貞元）年、安貞三（寛喜元）年、延応二年、仁治元年、同三年、寛元二～四年のそれぞれ断絶した数ヵ月分を遺すのみである。

（2）受戒前と受戒後の講会の変化を示すため、受戒を中心にしてその講会を日記から摘出すると以下の如くなる。
延応二（仁治元）年＝阿弥陀講・地蔵講（正月十日）、阿弥陀講（正月十五日）、涅槃講（二月十五日）、地蔵講（二月二十四日）、阿弥陀講（二月二十七日）、舎利講（二月二十九日）、阿弥陀講・地蔵講（四月二十四日）、盂蘭盆講（七月十五日）、地蔵講（七月二十四日）、阿弥陀講（閏十月十二日）、地蔵講（同月十三日）、受戒（十一月二十二日～二十八日）。
仁治二年＝日記闕。
仁治三年＝百日念仏第三旬（一月二十六日～二月五日）、同念仏第四旬（二月十四日～二十四日）、阿弥陀講・涅槃講（二月十五日）、地蔵講（二月二十四日）、臨終講（三月五日）、阿弥陀講・地蔵講（三月十五日）、一夜念仏（五月五日）、臨終講（五月六日）、百日念仏第五旬（五月十五日～二十五日）、同第六旬（六月七日～十七日）、同第七旬（六月十七日～二十七日）、臨終講（八月七日）、阿弥陀講（八月十五日）、百日念仏第八旬（八月二十日～九月一日）、阿弥陀講（八月二十六日）、地蔵講（八月二十七日）、臨終講（九月四日）、百日念仏第九旬（九月八日～十六日）、同第十旬（九月二十日～二十九日）、阿弥陀講・地蔵講（九月二十四日）、四十八時念仏（九月二十五日～二十九日）、念仏会（九月三十日）（以下略）。

（3）　註(2)に引き続いてその後の主要な念仏法会を挙げると以下の如くである。

仁治三年＝臨終講（十月二十四日）、万々遍念仏会（十月二十二日～十一月一日）、臨終講（十一月二十六日）。

寛元二年＝臨終講（二月四日）、往生講（二月十三日）、臨終講（二月二十八日）、同（四月二十三日）、順次往生講（七月二十一日）、六万遍念仏（八月十四日）、臨終講（九月二十八日）、同（十月二十七日）。

寛元三年＝極楽観想（二月二十五日）、順次講（三月四日、同二十八日）、臨終講（六月二十三日）、三日三夜念仏（十月二十二日以下）、臨終講（十月二十五日）。

（4）『故一品記』（東洋文庫蔵）に、

今日（仁治三年十月二十七日）民部卿（経高）閑談、少々注レ之、自二去八日一七个日、於レ淀結二構九品念仏一、是彼辺富有之輩為二願主一、件九品堂宇尽レ善尽レ美、以レ錦張二障子一之類也、朝家貴賤成レ群、土御門前内府臨二彼道場一召二念仏者一、弥為二近日之口遊一云々、法印親尊年来信二念仏一云々、而此五个年以前歟、参二詣天王寺一、折節善念房上人参詣之間問答、其後我年来之所為更不レ可レ立二物要一之由思□為レ歎参二籠八幡一祈二請此事一之処夢中給二神歌一云々、

極楽へまいらんと思こころにて南無阿弥陀仏といふぞ三心

此後一向凝二信心一念仏、善念房之所存棄レ之云々、三心之様重畳之子細、有難義等云々、此歌催二感涙一仍所二注付一也、

とある（経高が西法法師の九品念仏に出向いたことは『平戸記』仁治三年十月十三日条に出ている）。就中、親尊法印の専修念仏転向の話は注目される。善念房とは善恵房証空のことではなかろうか。証空はちょうど四年程前の暦仁元年秋天王寺において念仏を行なっている（『西山上人縁起』『四天王寺誌』一）。とすると親尊はこのとき証空と法文を談じ、その後神歌を感得してから、善念房の所存すなわち西山流の考え方を棄てたというのであろう。極楽へ云々の三心の歌は香月乗光氏の意見によると、いわゆる鎮西派の考え方そ

のものと言ってよいとのことである。善念房については、なお後考を俟たねばならないが、親尊の専修念仏転向といい、三心の歌といい、浄土宗史上興味ある問題を投じている。

(5) この新成菩薩像とは経高自身の往生した姿を表わしたもので「作二摸予形一僧形、其色黄、用二黒染衣一、乗二金蓮華一、後方小僧等三四輩取付、件蓮華中彫刻也、(中略)仍彼小僧形等者、顕二引接之意趣一也」とある(仁治三年九月二十九日条)。
(6) 信瑞『広疑瑞決集』(三師講説発刊所本、一七〜一九頁)、『昭和新修法然上人全集』七八〇頁。
(7) 註(6)参照。富岡家所蔵の『般舟讃』刊記によれば、一念義派の明信、入真らによって『般舟讃』校合が寛喜二年三月二十七日の善導大師五百五十年忌に当って発起されている(藤堂祐範氏『浄土教版の研究』四三〜五〇頁参照)。
(8) 『尊卑分脈』(『国史大系』本、第四篇、六頁)。
(9) 赤松俊秀氏「新発見の知恩院善導大師立像について」(『京都寺史考』)。
(10) 『中右記』大治二年五月四日条。
(11) 『明月記』寛喜二年四月十四日条。
(12) 『法然上人行状絵図』巻一〇(『法然上人伝全集』四四頁)、『拾遺古徳伝』巻五等。
(13) 『本朝祖師伝記絵詞』四(同右書、四九九頁)。
(14) 田村円澄氏『法然上人伝の研究』二一一頁、ただし本書一三八頁に述べたように再考の余地がある。
(15) 三田全信氏『浄土宗史の諸研究』二四二頁。
(16) 日蓮「念仏者追放宣状事」(『昭和定本日蓮聖人遺文』三、二二六九頁以下)、『鎌倉遺文』第八巻、五五七二〜五五七四号。
(17) 田村円澄氏前掲書、一九五〜二〇二頁。
(18) 『当麻曼荼羅註記』一〇巻、『当麻曼荼羅供式』一巻、『当麻曼荼羅八講論義抄』一巻等。
(19) 当麻寺蔵「古柱証空寄進文」。
(20) 『観経疏観門義』二一巻、『観経疏大意』一巻、『観経疏他筆鈔』一四巻、『観門義草案』等。
(21) 久木幸男氏「初期西山教団の性格について」(『印度学仏教学研究』六―一)。
(22) 『菩薩戒指掌鈔』一三巻、『受菩薩戒儀要解』一巻、『円戒暁示鈔』二巻、『戒珠鈔』二巻、『髻珠鈔』一巻、『新学菩薩行要鈔』一巻、

『戒論視聴略抄』二巻等。
(23) 広小路亨氏「山崎大念寺阿弥陀像の胎内経典等に就て」(『日本仏教史学』一)。
(24) 三鈷寺文書応永七年寺領目録、大念寺文書過去帳。
(25) 「聊奉レ造二顕浄土樹下三尊池上丈六像一（樹下一仏縮二八分一、二菩薩者自レ此小像、准知レ之、池上像者一寸六分也、是樹下像者八尺、池上像者丈六之故也）樹下成二金縄堺道之儀一、池水者成二金沙布池之儀一、衆鳥等又造二立之一、聊作二小池盤一皆立レ之、為レ親二極楽之変想（相カ）一也」（寛元三年二月二十五日条）。
(26) 田村円澄氏前掲書、二〇一頁。

第四章　念仏聖像成立の教団的背景

第一節　『知恩講私記』の法然像

一　専修念仏の興隆と法然伝

およそ宗祖の示寂を迎えた教団は、急ぎ宗祖伝の編纂を試みるものであるが、教勢の伸張しつつある教団にあっては、なおさらのことである。専修念仏宗の場合も例外ではなく、法然の滅後間もなく伝記が作られた。宗祖伝の編纂は、もちろん宗祖追慕に発するものではあるが、他面それは門流の自己主張でもあった。というのは専修念仏宗のように多くの念仏集団、いくつかの門流に分かれている教団では、他の門流・集団に対して自派の正統性や優越性を示すために、そのことの主張を潜ませた法然伝の編纂が必要であり、それは早いほどよかったのである。その正統性や優越性というのは、自派の指導者が法然の後継者であるという主張にかかっている。したがって一つの法然伝にはそれを作った集団なり門流の専修念仏宗内における地位が反映しているわけである。

田村円澄氏によれば、法然の伝記は、法然その人を描くというよりも、法然とその後継者との関係を弁明するところに、その重点が置かれていたという(1)。自派の正当性を宗祖の伝記の中で主張する傾向がきわめて濃厚なのは、弁長や鎮西派を正統な法流とした『法然上人伝記』(『九巻伝』)、『法然上人行状絵図』(『四十八巻伝』)であって、古く成立した諸伝記ではそのような傾向はかくもきわ立っていないが、それでも『源空聖人私日記』(『私日記』)や『法然上人伝記』(醍醐本)はその成立背景を異にしていることが明らかである。すなわち『私日記』は信空を領導者と仰ぐ人々によって作られたらしく、信空が法然の後継者として、また醍醐本は源智系のものが編纂したらしく、源智が法嗣者として、それぞれ描かれているのである。

このように法然伝も教団的背景と密着して成立している。とすれば法然伝の成立背景を考察することは教団の動向を見ることにもなる。法然伝の成立問題もまた教団研究上の課題となりうるのである。ここではかかる見地から法然伝を取り上げてみたい。

法然伝の研究では、最古の伝記をあるいは『私日記』とし(2)、あるいは醍醐本とするが(3)、最古というこれら伝記の筆写本で法然示寂直後まで遡れるものはない。醍醐本は内容の古態にもかかわらず、義演(永禄元年~寛永三年)の書写になるものである。『私日記』は親鸞自筆の写本『西方指南抄』に収められ、法然滅後四五年の康元元年(一二五六)の筆写である。田村円澄氏は内容の検討から、『私日記』成立の上限は法然滅後四年まで遡及しうるとし、醍醐本は「一期物語」の成立が『私日記』以後、「別伝記」のそれは嘉禎三年(一二三七)以前であるとした(4)。『私日記』と醍醐本のうち、いずれが先行するかについていろいろ論じられているが、従来の伝記研究のように、ある伝記をこれがあらゆる法然伝の原型で最古のものだというようにあえて決めつける必要はないと思う。なぜならば先に述べたように専修念仏教団のありようからみて、念仏集団ないし門流ごとの法然伝があってしかるべきであるからである。

『私日記』、醍醐本の前後問題は別として、これらが成立し流布したであろう時期はまさしく、私のいう専修念仏の復興期であって、法然伝の存在は専修念仏の興盛の一指標として注目されるのである。ところで今一つ注意すべきことがある。それはこの時期にこれらとは別の法然伝が存在したことである。安貞二年（一二二八）八月の書写本をもつ『知恩講私記』がそれである。『知恩講私記』は祖師報恩の講式ではあるが、伝記的内容をもっている。

昭和四十年一月、櫛田良洪氏によって東寺宝菩提院から出た法然滅後一六年の安貞二年八月書写の『知恩講私記』が紹介されたが、(5)これによって従来真宗に伝えられてはいたが成立年時のよくわからないものとされていた『知恩講私記』が一躍脚光をあびることになり、ここに法然伝の成立について再検討の機を迎えるに至った。『知恩講私記』は、浄土宗では早く用いられなくなったが、真宗には伝えられ、本願寺では実如以前は月忌に読誦されたという。(6)また河内の光徳寺には室町時代の写本が伝えられ、これが『真宗聖教全書』拾遺部に収められている。また従来、存覚の著作といわれてきたが、(7)いま安貞の古写本が出るに及んで、存覚の著作ではないことはもちろんのこと、その成立がきわめて古いことが明白になった。新出の『知恩講私記』は法然伝関係では最古の写本であり、その成立時期も法然の滅後あまり遠くない時期であるため、この新出写本の『知恩講私記』を抜きにしては、最古の法然伝を論ずることができないようになった。したがって『私日記』と醍醐本の成立の前後問題も、この『知恩講私記』を考慮して取り扱わねばならなくなったことはいうまでもない。今回の『知恩講私記』の新発見は、成立の最古の層に属するいくつかの法然伝に再検討の必要をもたらしてくれたわけである。そこで、門弟信徒らが法然の廟堂で知恩講を修し、その講式に触れることによって知悉したであろう法然の伝記的事項を検討してみよう。

二　『知恩講私記』の成立と作者

『知恩講私記』の成立はいつであろうか。新出古写本が、「安貞二年八月十二日　以二上蓮房本一書写了　沙弥信阿弥陀仏」の奥書を有しているから、その成立は安貞二年よりなお遡れるであろう。赤松俊秀氏は、成立時期に関して、源空の死の直後、大谷に廟堂が建てられた正月二十五日にその影前で知恩講が執行されはじめた時に成立したものであろうとされ、源空伝最古のものであることは疑いない、と述べられている[8]。私は、次のような理由によって『知恩講私記』は、嘉禄の法難以前、法然滅後しばらくたった建保の半ばすぎ以後に成立したものであろうと思う。

まず嘉禄の法難以前のものであることは、この『知恩講私記』自体が物語っている。すなわち第五の「滅後利物徳」を讃ずる段は次のように記されている。

第五讃二滅後利物徳一者、命尽魂去空留二名字一、為レ自為レ他有二何益一哉、然先師上人就二浄土宗義一示二凡夫直往之経路一、顕二選択本願一為二念仏行者之亀鏡一、余恩当二没後一而弥盛、遺徳斉二在世一而無レ変、朝野遠近同望二宝刹之月一、貴賤男女共欣二檀林之風一、所以或乗二紫雲一或座二蓮台一、或聞二異香一或見二光明一、或拝二化仏一或交二聖衆一、長出二娑婆一忽移二浄土一、視聴所レ触満レ目満レ耳、酌レ流尋レ源偏先師恩徳也、然則詣二廟堂一祈二往生一、礼二真影一戀二禅容一者引レ友成レ群、夜以続レ昼、就中年ゝ孟春廿五之候、月ゝ下旬第五之天、連レ袖接レ肩不レ異二盛市一、明知、時機相応之遺誡勝利広大之所レ致也、四遠皆若レ斯、況門弟受レ訓乎、如レ思二父母恩一勿レ忘二先師徳一矣、

（下略）

傍点の箇所に注目したいのであるが、この部分は、法然滅後、専修念仏者が師の廟堂に参詣して、真影を拝し、特に年々の正月二十五日の正当忌や月々の忌日には市の如く蝟集した、というのである。したがってこの廟堂や忌日の様子は、嘉禄の法難で廟堂が破壊される以前のことでなくてはならない。嘉禄の法難の直接の原因は『法然上人行状絵図』（以下『四十八巻伝』と略称）巻四二によれば、並榎の竪者定照と隆寛律師との論諍であったとされているが、真の原因は、念仏者が廟堂に集まること「引レ友成レ群、夜以続レ昼」「連レ袖接レ肩不レ異二盛市一」という状態が知恩講の盛行からひきおこされ、これに山門の徒がいたく刺戟を受けたことにあったと考えられる。法然の滅後、大谷の墓堂が念仏者の中心地であったことはこの『知恩講私記』の記事からもよく窺われるが、それだけに、念仏の徒にとっての「遺誡勝利」が、山門僧にとっては、けしからぬことであったに相違ない。彼らは専修念仏の徒の拠点である廟堂を破却して、ここに蝟集する念仏者を蹴散らそうとしたのである。『百錬抄』の安貞元年（一二二七）六月二十四日の条に、

山門所司已下群二集大谷辺一、破二却法然上人墓所一、是専修念仏事、近日有二山門之訴一、於二彼墳墓一興盛之故云々、

但於二遺骨一者門弟等偸掘出渡二他所一云々、

とあるが、文中の「於二彼墳墓一興盛之故」という山門側の理由は、右の『知恩講私記』の記事の真実性を裏づけている。このようなわけで、『知恩講私記』の下限は嘉禄の法難以前と推定されるのである。信阿弥陀仏の書写本には安貞二年八月十二日の後記があるから、法難直後に書写したものである。

次に『知恩講私記』の上限であるが、これは法然示寂直後とはいえないが、建保も半ばすぎた頃であろうと思われる。なぜなら『知恩講私記』自身が、

就中年ゝ孟春廿五之候、月ゝ下旬第五之天、連レ袖接レ肩不レ異二盛市一、

と述べているからである。「年ゝ」という語は下の「月ゝ」の修辞上の対語であって、示寂直後の状態が「不レ異二盛市一」であったことを意味しているかもしれないが、素直にこの文を読むならば、やはり「連レ袖接レ肩不レ異二盛市一」という状態に「年ゝ」なっていったと解されるから、文字通り法然の示寂直後に成立したとみることはできないであろう。示寂から若干の年数が経過していることが察せられるのである。このことはまた『知恩講私記』第一讃の次のような記事からもいえるであろう。

若有二自立我慢人一、毀二滅諸教得道一、惑二乱一宗正行一、既背二先師誡一、敢不レ可二依用一、顧レ分立レ行、以レ之為レ要、

謹守二遺訓一、勿レ拘二偏見一、

とあるが、この箇所の文意は仮定の事柄ではなしに、祖師滅後の教団が既に遺誡に背き、偏見にとらわれている

ような状態にあることに、深い憂慮が払われているようである。法然の滅後に異義が出たことについては、弁長が安貞二年に『末代念仏授手印』の序で、

三心五念之宝玉伝二稟承於源空上人一、幸哉、弁阿留二血脈於白骨一納二口伝於耳底一、憶以口所レ唱五万六万、誠以心所レ持四修三心、依レ之専二自行一之時、以二口称数遍一而為二正行一、勧二化他一之日以二称名多念一而教二浄業一、雖レ然上人往生後諍二其義於水火一致二其論於蘭菊一、還失二念仏之行一空廃二浄土之業一、悲哉悲哉、為レ何為レ何、

と嘆いているし、また源智も法然滅後二五年に『選択要決』を著して、

（前略）然比日見二聞諸方道俗一、宿習不レ同解行有レ異、伝聞、一門学者中有下竊加二難破一（『選択集』に対して）者上也、

と述べ、「自執邪義」を立て「謾呈二自解一」する者を論難し、「昔聞直抛二雑行一而積二念仏之功一也、今見反擲二正業一而破二進趣之人一也、癡愚門流下二視旧儀一、迷情末葉軽二蔑遺誡一」と慨嘆している。両者が述べているように、法然滅後に異義異解の徒が続出したが、このような傾向は既に『知恩講私記』がつくられる頃に現われていたのであって、それだからこそ、先のような文章が先師の讃徳文中に書かれたのであろう。「惑二乱一宗正行一」し「背二先師誡一」く者が出てくるが如き心配は、法然の滅後日月が経過するにつれ高まった。やはりこのような時期であったので、『知恩講私記』があえて「謹守二遺訓一、勿レ拘二偏見一」と戒めたのであろう。

その他、『知恩講私記』は、別に考察した如く、建保四年（一二一六）以後に成立している醍醐本と深い関係が認められる(9)ので、その成立は建保後半期以降約一〇年の間であると推定されるのである。

『知恩講私記』の作者は誰であろうか。東寺宝菩提院からこれと同時に発見された『別時念仏講私記』には「桑門劉官作」としてあるのに、『知恩講私記』には作者名が挙げられていない。貞応三年（一二二四）隆寛によってつくられた『別時念仏講私記』を、『知恩講私記』を書写した信阿弥陀仏が元仁二年（一二二五）に同じく写しているところからすると、信阿弥陀仏は隆寛の徒であるかもしれない。とすると隆寛には『善導和尚十徳鈔』[10]もあるので、先師の五徳を讃じた『知恩講私記』もあるいは隆寛作かもしれない。

法然にも『善導十徳』なる著があったとして、了慧の『漢語燈録』には収めてあるが、これと隆寛の『善導和尚十徳鈔』とを対照してみると、十徳の名目はほとんど同じであり、後者も前者と同じく本文は全部伝記からの引用文であるが、後者の場合『選択集』からも引用しているのが目立つ。しかも「第五造疏感夢徳」の所で引用してある『選択集』の文章は、『知恩講私記』に引いてある『選択集』と同一箇所のものである。『選択集』第十六章段の「何況、大唐相伝云、善導是阿弥陀化身也、爾者可レ謂、又此文是弥陀直説、既云三欲レ写者一如二経法一、此言誠乎」とある箇所がそれである。勿論これは善導に関してだれでもが引く箇所であろうから、これだけのことで直ちに『知恩講私記』を隆寛の作ということはできない。

しかし『知恩講私記』が「不レ如、恒唱二仏号一順二彼本懐一、今讃二五徳一、欲レ励二四輩一、往生正業只在二此事一、誓畢二一生一暫勿二退転一矣」と述べているところからすれば、一念義の徒とは関係のないものであることは明白である。「当世浄土ノ法ヲ談シ、念仏ノ行ヲタツルモノ、大半ハコレ律師ノ遺流ナリ」（『明義進行集』）といわれた隆寛や、「多念ノ純本、専修ノ棟梁」（同上）といわれた空阿弥陀仏などは、山門から念仏興行の「根本張本人」と目されたが、彼らの指導、活躍と知恩講の興行とが無関係であったとみることはできないであろう。『知恩講私記』の作者は隆寛の可能性が強い。

三　「諸宗通達」「決定往生」の祖徳

『知恩講私記』は「先師」法然の五徳、すなわち諸宗通達、本願興行、専修正行、決定往生、滅後利物の徳を讃嘆し、師恩に報謝し、かねて四輩に往生正業を策励せしめんとした講式である。冒頭の敬白文に、

爰先師上人弘以二此教一勧以二此行一、道俗悉帰如二草靡レ風、信レ之仰レ之感応亦新、此化不レ限二在世一其益弥盛二滅後一、恩高二於山一徳深二於海一、万劫亘レ謝亘レ報、

とあるが、このうち傍点の箇所は後の『法然上人伝』（以下『十巻伝』と略称）や『知恩伝』に「此化不レ限二在世一其益弥盛二滅後一、恩高レ於レ山徳深レ於レ海者乎」と引用されている。『知恩伝』と『十巻伝』は関係が深く、現存『知恩伝』の奥書に「今先師上人入滅之後、僅雖レ歴二七十余廻之星霜一、当世奉レ値二上人一之輩已以希也、（中略）仍尋二聞諸家伝説一所レ令二集記一也」とあって、法然滅後七〇年までに『十巻伝』並びに現存『知恩伝』が拠ったところの原『知恩伝』が成立していたようであるが[11]、原『知恩伝』編纂の際、ひろく尋ねた諸家の伝説のなかに、この『知恩講私記』があったことは右の引用文によっても明白である。

『知恩講私記』は、講式の全段の文を通読すると、一つの祖師の伝記となっている。特に第一讃「諸宗通達徳」と第四讃「決定往生徳」とは、前者が世系、登山、受戒、修学、円戒相承、授戒など、後者が入滅に触れていて、

法然の経歴に言及するところが多く、法然伝研究上特に注目せられるのである。そこでまず第一讃と第四讃の段からみていくことにする。

第一讃「諸宗通達徳」の段は次の通りである。

俗姓漆間氏美作州人也、生年三五春、始攀二四明山一、同年仲冬登壇受戒、習二学法華宗一歳月雖レ不レ幾具達二文理一殆拉二宿老一、十八歳之秋遁レ名栖二黒谷一、爾降一切経律論鑚仰忘レ眠、自他宗章疏巻舒無レ倦、此外和漢両朝伝記古今諸徳秘書、何不レ携レ手何不レ浮レ心乎、訪二六宗洪才一、面ゝ談二義理一、探二諸家奥旨一、一ゝ蒙二許可一、挙レ世称二智恵第一一、宜哉誠哉、就中天台円頓菩薩大乗戒ゝ体戒儀相承在二一身一、天皇以下海内貴賤為二伝戒師一崇重異レ他、凡於二顕密行業一修練尽レ力、非レ名非レ利、唯為二無上道一也、然則本国明師還成二弟子一、黒谷尊師押為二軌範一、興福寺耆徳称二仏陀一展二供養一、東大寺長老為二和上一受二円戒一、智解抜レ群尤足二敬重一、

この部分の讃徳文は法然の前半生に関する一種の伝記でもある。世系、登山、受戒、修学、学匠歴訪、円戒相承などが記されている。今これらを、成立が早いとされる『私日記』、醍醐本の記事と照合すると、いろいろの点で問題を投げかけているようである。

まず、登山、受戒、遁世の年時についてである。登山についての諸伝記の所伝には二系統がある。すなわち天養二年十三歳説と久安三年十五歳説とである。前者は『私日記』、『本朝祖師伝記絵詞』（以下『四巻伝』と略称）、『法然聖人絵』（以下弘願本と略称）、『法然上人伝絵詞』（以下琳阿本と略称）、『黒谷源空上人伝』（以下『十六門記』と略称）などが、後者は醍醐本「別伝記」、『拾遺古徳伝』（以下『古徳伝』と略称）、『九巻伝』、『四十八巻伝』などが伝えるところであ

る。『知恩講私記』は「生年三五春、始攀二四明山一」とあるから、後者の久安三年十五歳説の方に属している。また登壇受戒について『知恩講私記』は「同年（登山の年）仲冬登壇受戒」と記している。登壇受戒の年時については、多くの伝記が久安三年仲冬ということで一致している。『私日記』、醍醐本、弘願本は年時を明確にしていないが、『四巻伝』、琳阿本、『古徳伝』、『九巻伝』、『十六門記』、『四十八巻伝』などはすべて久安三年十五歳の冬のこととしている。

　したがって伝記によって十三歳登山、十五歳登壇受戒説と、十五歳登山、同年登壇受戒説との二つの所伝があるわけであるが、『知恩講私記』は既に知られる通り後者の系統に属する。『私日記』が「天養二年乙丑初登山之時（中略）聖人十三歳也、然後十七歳、天台六十巻読二始之一」とだけ述べて、登壇受戒の年時に触れず、また醍醐本「一期物語」が「幼少登山、十七年亘二六十巻一」と述べて、これまた年時を明記していないのに比し、『知恩講私記』が、十五歳登山・同年冬受戒の所伝をはっきり伝えていることは注目に値する。

　登山、出家具戒の年時についてはやはり久安三年十五歳登山、同年出家が正しいのではないかと思われる。学者によっては、登山と出家の年が同じであるのは常例にはずれたことであり、登山と出家との間にある程度の年を置き、師について勉学をしたのち出家するのが普通であるから、『私日記』などの如く十三歳登山が正しいのではないか、とする見解があるが[12]、私は必ずしもそのように考えなくてもよいのではないかと思う。というのは、法然の場合は、各伝が一致して述べている如く、既に本国において観覚を師としてある程度の学を修めているのであるから、仏教についての知識を全然もたない幼童の場合と同じように、登山と受戒の間にある程度の年数を置く必要はないわけである。「登山ノ翌日ニ出家」(『明義進行集』)した信空上人の例もある。また醍醐本「一期物語」に「幼少登山」とあるから、幼少という以上、十五歳とは考えられないとの主張もあるが(13)、これについては次のように考えられる。醍醐本「一期物語」は、晩年の法然上人が常随給仕の源智に「或時物語云」われたことを集録したものであるから、晩年という時点から回顧すれば十五歳とてもやはり幼少の部類に入れられても決しておかしくはない。『拾遺語燈録』所収の源智の著書と伝える『浄土随聞記』には、「一時師語レ余曰、吾年十五登二天台山一、至二十七一閲二六十巻一、十八辞レ山隠二居黒谷一」とある。

登山の年時に関する完全なる一致はないけれども、少なくとも『知恩講私記』の所伝は、『私日記』系のものではなく、源智所伝、醍醐本系のものであることは明らかである。『私日記』を除いて、次に古い伝記で十三歳登山説を述べるのは、『四巻伝』である。『四巻伝』は登山の年時はもとより、観覚得業の書状を挙げるなど、『私日記』の影響下につくられていることは明らかである。しかしこの伝記は、『私日記』が述べていない出家受戒については、「久安三年丁卯仲冬、出家受戒云々」と書き、この点では『知恩講私記』や醍醐本「別伝記」などを参考にしているのではないかと推察される。また伝記としてははじめての「肥後阿闍梨皇円に従て天台六十巻読二畢之一」という記事を出しているが、これもまた『四巻伝』が単なる『私日記』の亜流ではない一例証である。修学聴聞の学匠に関しても、後で述べる如く、『四巻伝』には『知恩講私記』の影響が認められる。『四巻伝』は、出家受戒の年については『知恩講私記』の所伝に拠って十五歳説を採り、また登山の年時については、伝記の作成上、読者への効果と着想の斬新性という点から、『私日記』にある観覚得業の「進上　大聖文殊之像一体」なる書状を中心とした素材を捨てかねて、『私日記』の所伝通りこの書状に「天養二年乙丑月日」の年時まで添えて、十三歳登山説を述べることになったのであろうと思われる。

次に出家受戒後の修学と遁世についてであるが、各伝とも表現に多少の差があるが、本筋においては一致している。醍醐本「一期物語」は「十七年亘二六十巻一、十八年乞レ暇遁世、是偏絶二名利望一一向為レ学二仏法一也」と述べ、『私日記』は「然後十七歳、天台六十巻読二始之一、久安六年庚午十八歳始師匠乞二請暇一遁世」と記している。『知恩講私記』にも「習二学法華宗一歳月雖レ不レ幾具達二文理一殆拉二宿老一、十八歳之秋遁レ名栖二黒谷一」とあって、遁世は久安六年十八歳の時のこととしている。

次に修学の師匠であるが、法然が本国においては観覚を、比叡山においては源光、皇円、叡空らを師と仰ぎ、遁世後も修学をやめず、蔵俊など諸宗の学匠を訪ねて法門を談じた、とは各伝記が述べるところである。もっとも台宗の師については『私日記』は観覚、持法房（源光）、皇円の三師を挙げて叡空には触れず、醍醐本「別伝記」は智鏡房（観覚）、慈眼房（叡空）の二師を挙げるのみである。これに対し『四巻伝』は観覚、源光、皇円、黒谷上人（叡空）の四人を挙げ、各所伝を集大成した観がある。『知恩講私記』は、台宗の師匠として、観覚と叡空の二人を挙げている。

台宗内外の学匠が法然上人に敬服したことは、『私日記』、醍醐本、『四巻伝』など古い伝記がすべて述べているが、ただ伝記によって、その学匠の取り上げ方に多少の相違がみられる。例えば『私日記』は「聖人所学之宗々師匠四人還成二弟子一畢」と述べているが、その四師が醍醐寺三論宗先達と蔵俊僧都のほか誰を指すのかよくわからない書き方である。これに対し醍醐本「別伝記」は慈眼房（叡空）、花厳宗先達鏡賀、智鏡房（観覚）、蔵俊を挙げ、「已上四人師匠皆進二一字状一」と結んでいる。また醍醐本「一期物語」の方は別に四人とはいわず、醍醐三論宗先達と蔵俊僧都の二人を記すのみである。

ところでこの「四人師匠」については『知恩講私記』は固有名詞こそ挙げていないが、その叙述の仕方からみると、醍醐本「別伝記」の所伝と一致するようである。すなわち、

然則本国明師還成二弟子一、黒谷尊師押為二軌範一、興福寺耆徳称二仏陀一展二供養一、東大寺長老為二和上一受二円戒一、

とある。「本国明師」とは無論智鏡房観覚のことであり、「黒谷尊師」とは慈眼房叡空である。「興福寺耆徳」とは興福寺権別当に補せられた法相学者蔵俊を指す。「東大寺長老」というのは鏡賀法橋のことと思われる。『知恩講私記』は観覚、叡空、蔵俊、鏡賀（慶雅）の四師を挙げ、あるいは「還成二弟子一」、あるいは「智解抜レ群尤足二敬重一」としたと述べているが、醍醐本「別伝記」がまたこの四人を挙げている。すなわち「本国之本師智鏡房本ハ山僧」「黒谷慈眼房為レ師出家授戒」「醍醐有二花厳宗先達一（中略）彼師云二鏡賀法橋一」と述べ、これに蔵俊を加えて「已上四人師匠皆進二一字状一」と特記している。

かくの如く「四師」に関する限り、『知恩講私記』と醍醐本「別伝記」とには通じあうものがある。「別伝記」の成立は嘉禎三年（一二三七）以前と推定されているが、(14)『知恩講私記』との如上の関係からみて、その成立はもっと早い時期を想定してよかろうと思われる。

次にまた『知恩講私記』の第一讃の段に、

就中天台円頓菩薩大乗戒ト体戒儀相承在二一身一、天皇以下海内貴賤為二伝戒師一崇重異レ他、

とあるが、短文ながら戒師としての法然の面目をよく伝えている。了慧は『天台菩薩戒義疏見聞』の中で十地房覚空の言葉として「伝聞、黒谷上人相二承一乗戒於叡空上人一、(中略)上人円戒弘通、広至二道俗貴賤一、乃至院中御説戒、伝授不レ知二其数一、至レ今、此戒伝持不レ絶者、偏是上人別徳也」と述べているが、法然はまさしく円頓戒中興の祖とみられていた(15)。

ところで「天皇以下海内貴賤為二伝戒師一」とあるが、伝承上、天皇の授戒については従来から異論があった。高倉天皇については、『浄土宗全書』所収の『私日記』に「高倉天皇御得戒」とあるのに対し、『西方指南抄』収載の『私日記』には「高倉天皇御宇得レ戒」とあって上西門院説戒にかかる文句となっている。この問題については周知の通り中沢見明氏によって、『浄土宗全書』本が「宇」の一字を脱していたのが、『四巻伝』にも受けつがれて高倉天皇得戒説が出たのであると解明された(16)。また後白河法皇と法然との関係については説戒されたとする『四巻伝』の記事が古いが、先に挙げた『天台菩薩戒義疏見聞』が、円戒を叡空から相承した法然が「後授二明雲座主一、座主奉レ授二後白河法皇一」ったとの覚空の伝聞を書きとめているのが注目される。また後鳥羽上皇への授戒を記すのは『十巻伝』『知恩伝』『四十八巻伝』にすぎない。『知恩講私記』は何を根拠として「天皇以下海内貴賤為二伝戒師一」と述べたのかよくわからないが、おそらくは「高倉天皇御宇得レ戒」の宇の字を脱した『私日記』か、または「源空雖レ非下可レ参二殿上一機量上、自レ上召者二度参二殿上一」とある醍醐本か、あるいは覚空が了慧に話したが如き伝聞などが早くからあり、これらのいずれかに基づいたのであろう。ともあれ、『知恩講私記』は

『四巻伝』に先立って法然が「天皇以下海内貴賤」の伝戒師であったとする点でも注目せられるのである。

さて次に、法然の入滅に関して『知恩講私記』は第四讃「決定往生徳」の段に次の如く述べている。

広考二旧伝一多載二瑞相一、然先師上人種ゝ霊異連ゝ奇瑞人備二口実一、世皆所レ知也、未レ点二墓所一両三人夢、相二当彼地一天童行道蓮花開敷、三四年来耳目蒙昧、而近二大漸期一聞レ音見レ色忽以分明、人問云、今度往生極楽決定歟、答云、彼土我本国定可二還往一、観音勢至等聖衆来現在二眼前一之由度ゝ示レ之、聞二紫雲現一便語云、我往生者為二諸衆生一也、亦臨二其期一三日三夜或一時或半時高声念仏、聞者皆驚、廿四日酉剋以□去称名迫レ体無間無余助音人ゝ雖レ及二窮屈一、暮齢病悩身勇猛不レ絶レ声、未曾有事也、明日往生之由依二夢想告一驚来逢二終焉一者五六許輩也、臨二命終時一唱二四句文一、光明遍照十方世界念仏衆生摂取不捨是也、有二一雲客一七八年前夢、上人臨終可レ誦二此文一、往日之夢与レ今符合、誰不二帰信一乎、著二慈覚大師九条袈裟一、頭北面西如レ眠取レ滅、音声止後猶動二脣舌一十余遍許也、面色殊鮮形容似レ咲、于レ時建暦二年正月二十五日午正中也、(下略)

法然の臨終に関する記録に、『西方指南抄』所収の「法然聖人臨終行儀」「公胤夢告」「諸人霊夢記」、醍醐本所載の「御臨終日記」などがある。『私日記』の臨終記事もこれらに基づいているが、『知恩講私記』の「決定往生徳」を讃嘆する第四段もまたこれらの記事に拠ってつくられている。

右記の第四段讃嘆文を一読すると、冒頭に、法然の臨終奇瑞が虚構ではなく世間周知の事実であって、既存の各種高僧伝の修飾的な記事とは根底から違う旨が強調されているのに注目させられる。臨終にまつわる瑞相が多く述べられているが、これらが「臨終行儀」などを参照していることは明白である。

四　「本願興行」「専修正行」の祖徳

次に残りの第二讃「本願興行徳」と第三讃「専修正行徳」を少しくみておこう。この二つの段は、第二讃が法然上人の教学の立場、第三讃が同じく三昧発得の現証を述べ、ともに救済者としての祖師を讃嘆している。この点でさきの二段とは違った意味で同じく注目せられるのである。

第二讃「本願興行徳」の段は次の如くである。

爰漢家曇鸞道綽善導懐感、本朝空也恵心永観珍海専帰二弥陀一偏勧二念仏一、雖レ然学者泥二聖道浄土之難易一行人迷二自力他力之是非一、先師摧二滑肝一尋二往生要一恵心之秘懐善導為二規模一、是以上人自述曰、善導是弥陀化身也、可レ謂此疏弥陀直説、既云下欲レ写者一如中経法上、此言誠乎、披二閲茲典一粗識二素意一立舎二余行二云帰二念仏一、自行化他唯綷二念仏一、問レ津者示以二西方通津一、尋レ行者誨以二念仏別行一、信レ之者多不レ信者尠云々、今見二世間一此事実然、計知、非二直也人一也、因レ茲或云二弥陀化身一、或云二勢至垂跡一、或云二道綽来現一、或云二善導再誕一、皆是夢中得レ告眼前見レ証、伏以弥陀如来勢至菩薩二而不レ二、道綽禅師善導和尚一而不レ一、蓋是鑒レ機知レ時以レ智救レ人也、当レ知、善導和尚証定疏正是浄土宗之濫觴、源空上人選択集専為二他力門之指南一、各一心合掌讃二興レ宗之徳一、

ここでは、法然上人の専修念仏帰入、その回心の依拠が述べられ、善導の『観経疏』と『選択集』の意義が高揚せられている。

法然上人の専修念仏帰入がいかなる章疏によって決せられたかの問題については、伝記作者のみならず、法然門下の誰しもが関心を持つところであるが、実はこの点が伝記、所伝によって案外に相違しているのである。

例えば『私日記』では次の如く述べている。

総本朝所レ渡之聖教乃至伝記目録、皆被レ加二一見一了、雖レ然煩二出離之道一身心不レ安、抑自二曇鸞道綽善導懐感御作一至二于楞厳先徳往生要集一、雖レ窺二奥旨一、二反拝見之時者往生猶不レ易、第三反之時、乱惣之凡夫不レ如二称名之一行一是則濁世我等依怙、末代衆生之出離、令二開悟一訖、況於二自身得脱一乎、

つまり源信の『往生要集』を三遍読むに及んで「称名之一行」こそ出離の道たることを開悟した、というのである。これに対し、醍醐本「一期物語」は『往生要集』を先達として浄土門に入り、善導の釈によって『往生要集』を三遍披閲するに至って、ついに称名による往生浄土の道を得たとして、

是故往生要集為二先達一而入二浄土門一、闚二此宗奥旨一於二善導一（釈ノ字脱カ）二反見レ之思二往生難一、第三反度得下乱想凡夫依二称名行一可二往生一之道理上、但於二自身出離一已思定畢、

と述べている。『浄土随聞記』にも少しばかりの語句の違いはあるが「予故往生要集以為二先導一入二浄土門一而窺二此宗奥旨一、取二善導和尚釈一再読以為、往生不二容易一矣、三読乃知、乱想凡夫依二称名行一決定可レ得二往生一也、但於二自身出離一已得二決定一」と同様のことが述べられている。

また、琳阿本、『古徳伝』『九巻伝』などは、法然が三遍まで披閲したのは『往生要集』ではなく、善導の『観経疏』であるとしている。例えば『古徳伝』では、

彼疏を三遍披覧したまふに、第二遍にいたるまでは、いまだその宗義を得ず、(中略)第三遍に至てつぶさに本宗の執情を捨て一心詳覈の時、ふかく浄土の宗義を得たり、

とあり、琳阿本では、

又彼の疏を三遍ひらき見るに、第四巻にいたりて一心専念弥陀名号、行住坐臥不問時節久近、念々不捨者是名正定之業、順彼仏願故と云へる文に付て、年来所修の余宗をなけすてゝ、ひとへに一向専修に帰して云々、

と散善義の「一心専念」の文を挙げている。『九巻伝』『四十八巻伝』も同じである。『四巻伝』は、

高倉院の御宇安元元年乙未齢四十三より、諸教所讃、多在弥陀の妙偈、ことにらうたく心肝にそみ給ければ、戒品を地体としてそのころに毎日七万遍の念仏を唱て、おなじく門弟のなかにもをしへはじめ給ける、上来雖説定散両門之益、望本願意在衆生、一向専称弥陀仏名、南無阿弥陀仏々々、

と記して、憑依の文に湛然の『止観輔行伝弘決』の偈文を挙げている。

このように成立の早い伝記でも一致しないのであるが、『知恩講私記』の述べるところは「尋二往生要一恵心之秘懐善導為二規模一」であって、醍醐本「一期物語」の所伝と軌を一にしている。ここにもまた『知恩講私記』の立場と「一期物語」のそれが共通している例証が見出されるのである。

法然が専修念仏に帰入したのは、源信の『往生要集』を善導の釈に導かれて三読した結果であるとする「一期物語」の所伝はその書の性質からいっても真実を伝えていると考えられる。法然は『往生要集大綱』の中で、源信の『往生要集』を依用する者は進んで、道綽、善導二師に帰してその著作を見るべきであるとして、

私云、恵心尽レ理定二往生得否一、以二道綽善導一所レ為二指南一也、又処々多引二用彼師釈一、可レ見レ之、然則用二恵心一之輩、必可レ帰二善導道綽一也、依レ之先披二綽禅師安楽集一覧レ之、分二聖道浄土二門一釈二仏教一也、次善導観経疏可レ見レ之矣、

と述べているが、法然をしてこのように説かしめたものは、善導らの釈を指南として『往生要集』を読み、遂に善導の『観経疏』に到達した法然自身の過去の経験であった。

ともあれ法然は『往生要集』を指南として念仏門に帰入したが、『知恩講私記』の言葉を借りると、最終的には「善導為二規模一」としたのである。そして法然が到達した善導の『観経疏』が、彼の教学形成に絶大なる影響を与えたことはいうまでもない。

かくして『知恩講私記』が述べている如く、法然は「善導是弥陀化身也、可レ謂此疏弥陀直説、既云下欲レ写者一如中経法上、此言誠乎」と自ら述懐したのである。この文は『選択集』の巻末に出ているものである。すなわち玄義の科文を師授した善導夢中の一僧に関説して「僧者恐是弥陀応現、爾者可レ謂、此疏是弥陀伝説、何況大唐相伝云、善導是弥陀化身也、又此文是弥陀直説、既云三欲レ写者一如二経法一、此言誠乎」とあるのを、まったくそのまま引用しているのである。

また『知恩講私記』は右の引用文に引き続いて「披二閲茲典一粗識二素意一立舎二余行一云帰二念仏一、自行化他唯縡二念仏一、問レ津者示以二西方通津一、尋レ行者誨以二念仏別行一、信レ之者多不レ信者尠一」と述べているが、これも同じく『選択集』の末尾にある文章で、「云帰二念仏一」の次に「自レ其已来至二于今日一」の八字が省略されているだけである。

このように第二讃「本願興行徳」では、『選択集』の文章を多く借りているのが目立つが、さらにこの『選択集』を「専為二他力門之指南一」し、善導の『観経疏』を「浄土宗之濫觴」としていることは、『知恩講私記』ひいては法然教徒がこれら二著に対していかなる評価を下しているかを示すものとして注目される。『私日記』は『選択集』述作について触れるところがないし、醍醐本も公胤の『浄土決疑鈔』との関係で『選択集』の書名を出す程度である。したがって法然の著書の文章をそのまま引いた法然伝記としては『知恩講私記』が最初である。専修念仏者に対し、『観経疏』『選択集』が浄土宗憑依の書であることを明示し、また、「立舎二余行一云帰二念仏一」という『選択集』の文を引いて法然の回心のさまを示し、「非二直也人一」法然の言葉通り「信レ之者多不レ信者尠」しという状態になっていることを述べたこの『知恩講私記』は、初期の諸伝記の中でもきわめて異色あるものとして、重要な地位が与えられるであろう。

ここで、『私日記』も『知恩講私記』もひとしく法然を「非二直也人一」として描いているが、その立場が根本的に異なっていることを指摘しておきたい。『私日記』は霊威瑞相が顕現したことをもって法然を弥陀の化身として描くのであるが、『知恩講私記』はその教学の特異性を述べることによって法然が「非二直也人一」たる所以を明かそうとするのである。ここに『知恩講私記』の作者の立場と特色が存在する。例えば『私日記』では「或日聖人、参二上月輪殿一退出之時、自二地上一高踏二蓮華一而歩、頭光赫奕、凡者勢至菩薩化身也」と書かれていて、その「踏二蓮華一而歩、頭光赫奕」という瑞相の故に勢至菩薩の化身と目されているのである。これに対し『知恩講私記』では瑞相も書かれているが、瑞相は法然の権化たる証験であっても、その権化たる所以は、実にその教学に由来しているのであって、この立場から法然が弥陀化身、勢至垂迹、善導再誕などといわれるのである、と教えている。したがって『知恩講私記』では、瑞相は法然の権化たる所以を明かす上で第一義的に用いられているのではなく、第二義的にしか考えられていないのである。『私日記』と『知恩講私記』のこのような相違についてはまた後で触れるが、ここでは両者の立場に微妙ではあるが、大きな相違のあることを指摘しておきたい。この相違は伝記作者の教団的背景をも反映しているであろう。

また『知恩講私記』では法然を「或云二弥陀化身一、或云二勢至垂跡一、或云二道綽来現一、或云二善導再誕一」と述べるが、当時の法然観をよく示している。『私日記』でも「権化再誕」「弥陀如来応跡」「勢至菩薩化身」と書かれている。ただ『私日記』の場合は、伝記作者の主観的断定で権化の再誕であり、勢至菩薩の化身であると記されているが、これに対し『知恩講私記』は少し記述の態度が違っていて「或云」と第三者的客観的描写の立場をとり、「皆是夢中得レ告眼前見レ証」たと、その祖師観の正しさが裏づけ得られたことを強調している。

法然滅後二五年に成った源智述と伝えられる『選択要決』には「是以教理歳歳増レ光、行証年年倍蓰、解行円備、職堪二師位一、所為已非レ凡大権是暁也、又夢裏自告二善導再誕一覚前而示二勢至化現一、如レ此霊相甚多云々」と出ていて、滅後に善導の再誕と考えられ、勢至の化現とみられていたことが明らかである。しかし『私日記』では弥陀の応迹、勢至の化身であるとされているが、道綽の来現とか善導の再誕という見方は示されていない。これは、『私日記』と『知恩講私記』とでは、前者が聖道門的立場、後者が浄土門的立場で書かれているという相違から、前者が道綽・善導の再来という見方を省略したのだとも考えられないことはない。しかし建保四年四月二十六日の公胤の夢告とか「諸人霊夢記」中の直聖房が熊野権現から蒙った夢告などの古い所伝では、「源空本地身大勢至菩薩」「かの聖人は勢至菩薩の化身なり」とあって、善導、道綽らの再来という見方は出ていない。『私日記』の法然観と『知恩講私記』のそれとの相違は、やはり前者から後者への祖師法然観の進展であるとみるべきではなかろうか。先に挙げた『選択要決』の記事も滅後しばらくたってからのものである。とすると、この法然観もまた『知恩講私記』の方が『私日記』より後に成立したと推定される一つの理由に挙げられるであろう。

次にまた「専修正行徳」を讃ずる第三段は、

六時礼讃多年積レ功、別時念仏幾許累レ徳、時々欣求百千廻日々称名七万遍、願力不思議故、初常見二宝樹宝宮殿一、仏力不思議故、後親拝二化仏菩薩一、闇夜雖レ無レ燭光明照如レ昼、見二室内外一似レ向二明鏡一、口称之力現身得レ証、等二導和尚一同二感禅師一、寧非二一向称名功一乎、寔是専修念仏徳也、行順二本願一勤称二仏意一、以レ之為レ験以レ之為レ証、

と書かれていて、この段は、法然が口称三昧により弥陀の他力本願力の現証を得たことを述べ、法然の三昧発得をもって、専修念仏が仏意に適う験証を有していることを説こうとしたものである。ここでも『私日記』と同じように三昧発得中の種々の感見を記しているが、『知恩講私記』は、三昧発得の霊瑞を書き上げるのが目的ではなく、法然が霊瑞を示したのは「現身得レ証」た験《しるし》であって、それは取りも直さず「行順二本願一勤称二仏意一」の証である、ということを強調するために書かれているのである。ここにもまた『私日記』と『知恩講私記』との間に相違のあることが知られる。神秘的奇瑞に同じように触れても、その取り上げ方が違うのである。『私日記』は瑞

相をもって法然が権者たることの証拠とし、『知恩講私記』は法然が現身に得られた奇瑞をもって、口称が本願に順じ仏意にかなっていることの証しとしているのである。

このように神秘的奇瑞の取り上げ方に相違のあることは、『知恩講私記』が『私日記』の亜流でないことを物語っている。『知恩講私記』は、法然を『私日記』のように天台的聖道門的立場で描いたものではなく、「恒唱二仏号一順二彼本懐一」じようとした門弟が、まさしく浄土門的立場で祖師の姿を綴った最初の伝記であるといえる。このようなわけで『知恩講私記』を『私日記』と同系列に置くことは適当ではない。

この「専修正行徳」の讃文には、法然が口称三昧を発得するに至った専修念仏の功について「六時礼讃多年積レ功、別時念仏幾許累レ徳、時々欣求百千廻日々称名七万遍」と述べられている。法然の日々の称名の数について「建久九年記」には、「始正月一日より二月七日にいたるまで三十七箇日のあひだ毎日七万遍念仏不退にこれをつとめたまふ、これによつてこれらの相を現ずとのたまへり」と出ている。また平基親は「吾師上人日別唱二七万声一吾従二師蹤一故唱二五万一耳」と述懐している。『知恩講私記』の記事はこれらの所伝と合致している。『徹選択本願念仏集』上によれば「然則源空随二大唐善導和尚之教一任二本朝慧心先徳之勧一、称名念仏之勤長日六万遍也、依二死期漸近一又加二一万遍一長日七万遍之行者也」とある。『四十八巻伝』はこの所伝を受けてこれを和文化し、『十六門記』も「始テ六万遍ヲ唱已上載二先師詞一上人其後一万遍ヲ加テ毎日七万遍ノ念仏ノ行者ナリ」と述べている。また伝記によれば専修念仏帰入のはじめから日々七万遍の念仏を唱えたとするものもある。例えば『四巻伝』は「事のはじめは高倉院の御宇安元元年乙未齢四十三より、諸教所讃、多在弥陀の妙偈、ことにらうたく心肝にそみ給ければ、戒品を地体としてそのころに毎日七万遍の念仏を唱て、おなじく門弟のなかにもをしへはじめ給ける」と述べ、琳阿本も善導の観経疏に基づいて余宗を放棄されて以来、毎日七万遍の念仏を唱えて、あまねく道俗貴賤をすすめ給うたと書いている。

法然は、念仏相続について、一万遍以上ならば相続といえると述べ(17)、また一万乃至十万遍までのうちで心に適うただけの数を申すようにと教えているが(18)、自らも多念相続者であって、門弟から七万遍の念仏行者とみられていたことは『知恩講私記』や右に引いた各所伝によって明らかである。

なお古写本『知恩講私記』の発見者、櫛田良洪氏はその全文を雑誌『日本歴史』二〇〇号に紹介されたが、当該部分を「日〻称ノ名ヘ十万遍」とされている。もし十万遍なれば他の所伝と大いに相違するが、この部分はちょうど七の字の第二画の上からおろして右へまげた線が欠けていて、あたかも十の字のようにみえるが、縦の線が少し左に寄っていて明らかに七の字である。他の所伝とも合致するのでここは「日〻称名七万遍」と訂正すべきである。

次にまたこの第三段の讃文に、『私日記』の記事から適当に修文按配したと思われる箇所があることを指摘しておきたい。それは、右に触れた法然日頃の念仏行の有様を述べた段に、すぐにつづいた箇所である。便宜のために両者を対照すると次の通りである。

〔私日記〕	〔知恩講私記〕
初夜宝樹現、次夜示二瑠璃地一、後夜者宮殿拝レ之、阿	願力不思議故、初常見二宝樹宮殿一仏力不思議故、

弥陀三尊常来至也、又霊山寺三七日不断念仏之間無ニ燈明一有ニ光明一、五夜勢至菩薩行道、同列立給、

——後親拝ニ化仏菩薩一、闇夜雖レ無レ燭光明照如レ昼、見ニ室内外一似レ向ニ明鏡一、

『私日記』の右の記事は前半と後半に二分され、前半は「建久九年記」や「三昧発得記」に拠っている。後半は霊山寺不断念仏の記事で、『四巻伝』に「霊山寺にて三七日不断念仏間、燈なくして光明あり、第五夜におの〳〵行道まじはりて、勢至菩薩同列にたち給へる事を、ある人如レ夢拝して云々」と載せられているものである。一方『知恩講私記』の文句も「建久九年記」や「三昧発得記」の伝えるところに従って作られていることは明らかである。ところが『私日記』の後半の霊山寺不断念仏の記事に相当する暗夜光明のことが『知恩講私記』にも書かれている。もし『知恩講私記』がここの箇所を「三昧発得記」などによって作ったとするなら、これに相応する「建久九年記」の記事は「右眼にそののち光明あり」であり、また「三昧発得記」の記事は「左眼其後有ニ光明放一又光端赤、又眼有ニ瑠璃一、其眼如ニ瑠璃壺一」というのであって、これらから『知恩講私記』の「闇夜雖レ無レ燭光明照如レ昼、見ニ室内外一似レ向ニ明鏡一」という文が作られることはまずなかろう。終始「三昧発得記」などに拠っていればもっと別の文になっている筈である。そこで、ここはやはり『私日記』の口称三昧に関する後半の記事、つまり霊山寺不断念仏中の「不断念仏之間無ニ燈明一有ニ光明一」の記事に影響されて、『知恩講私記』でも「闇夜光明」の事を挙げたのであろう。しかもこの部分は『私日記』の当該の文そのままを引かずに、同じ『私日記』のはじめの方に出ている信空に関係のある記事中の「雖レ無ニ燈明一室内有レ光如レ昼」の文を模して作ってあるとみられる。

このように『知恩講私記』は、『私日記』がうまくまとめている口称三昧発得の記事を、さらに修文整理し、ついで『私日記』が取り上げている霊山寺の記事の中の「無二燈明一有二光明一」の文にひかれて、同じ『私日記』の別の箇所の文章を少し直してここで用いたものと思われる。さきに祖師法然観の種々相から、『私日記』の方が『知恩講私記』より先に成立したものではなかろうかと推察したが、今また右のようなわけで、『知恩講私記』は『私日記』の記事を踏まえて成文していることが窺われるので、『私日記』が『知恩講私記』より早く成立していたと考えられるのである。

五　『知恩講私記』の法然諸伝中の位置とその教団的背景

以上『知恩講私記』の内容を、特に他伝との関連に留意し、そこにみられる諸問題を取り上げて検討してきたわけであるが、そこから知られたことの大要は次の通りである。

まず『知恩講私記』が古法然伝のなかでいかなる位置を占めるものかについて述べよう。『知恩講私記』は、先行の多くの記録、つまり醍醐本の「一期物語」「別伝記」「三昧発得記」、また『私日記』や「諸人霊夢記」「御臨終日記」などから素材を求め、他に当時の所伝をも用いて、独自の構想の下に作られたものである。なかでも登山、修学の諸宗学匠については、醍醐本所収の「別伝記」に、回心に至る過程、専修念仏帰入の憑依の章疏などについても醍醐本「一期物語」の所説に拠っていて、これらときわめて親近性をもって綴られている。また入滅に関しては「臨終行儀」、「諸人霊夢記」、醍醐本所収の「御臨終日記」の祖型と考えられる原「御臨終日記」などから素材が得られている。このように『知恩講私記』は、先行の諸記録に拠る所が多く、類似の語句を使用して文を作っている場合も見受けられるが、いろいろの点で醍醐本に親近性をもっていることは、法然伝記の系譜からいって注目に値する。

また『知恩講私記』が後の法然伝に及ぼした影響をみると、かの四人の諸宗の学匠については『四巻伝』がその言文を踏襲しており、入滅の際の「依二夢想告一驚来逢二終焉一者五六許輩」という文は、『古徳伝』のみにそのまま和文化して引かれている。また入滅に関する記事では、『古徳伝』と琳阿本が『知恩講私記』によっていることは明らかである。『四十八巻伝』も入滅の記事では、琳阿本や『古徳伝』系統の文章を大体踏襲しながらも、両本では引いていない『知恩講私記』の「面色殊鮮形容似レ咲」の文をそのまま引いている。浄土宗内では『知恩講私記』の流伝が明らかにされていないが、以上のように『知恩講私記』がのちの諸伝記作成の時に参照されたことは確かである。

『古徳伝』は「于レ時正安第三辛丑歳、従二黄鐘中旬九日一至二大呂上旬五日一首尾十七箇日、扶レ痾忍レ眠草レ之、緯既卒爾、短慮転二迷惑一、紕繆胡靡レ斯、俯乞、披覧之宏才要加二取捨之秀逸一耳、衡門隠倫釈覚如、三十二歳」との自跋によって明らかな如く、法然上人滅後九〇年に相当する正安三年に覚如によって作られたものである。この覚如には『古徳伝』より先に作られた『報恩講私記』があり、『知恩講私記』とよく似ている。『報恩講私記』の場合は「真宗興行徳」「本願相応徳」「滅後利益徳」の三徳が挙げられている。(19) 覚如が『報恩講私記』を作る時に『知恩講私記』を参照したことは十分考えられるところであり、また『古徳伝』が『知恩講私記』の影響を受けているのは蓋し当然であろう。

ところで『知恩講私記』の成立は、先述の如く、建保半ばすぎ以降約一〇年の間であろうと思われる。この時期は隆寛、空阿弥陀仏、証空らの活躍により「其益弥盛㆓滅後㆒」(『知恩講私記』)という状態であったが、法然伝の上からいうと、醍醐本、『私日記』が成立したと考えられる時期であった。かく『知恩講私記』はすべての法然伝の成立史からみても、醍醐本、『私日記』などと共に最古の層に属するわけである。

しからばこれら三者の前後関係はどうであろうか。きわめて困難な問題を含んでいるが、今までみてきたところをもっていうなら、『知恩講私記』は醍醐本や『私日記』より後に成立している。醍醐本の「一期物語」や「別伝記」が『知恩講私記』に先んずることは、第一讃「諸宗通達徳」の段で検討した通りであるし、また『知恩講私記』の方が『私日記』よりおくれて成立したであろうことは、第三讃「専修正行徳」の段でみた通りである。このように『知恩講私記』が信空系の『私日記』や源智系の所伝らしい醍醐本より成立が新しく、かつそれぞれの伝える所を適宜按配しつつ全体としてきわめて特色ある内容をもっているということは、それが法然の廟堂で各門流の別を超える、すなわち超党派的に修せられる知恩講の式文だからでもあるが、建保半ば以降約一〇年間という時期の専修念仏内の複雑な教団事情、換言すれば諸門流や各念仏集団が互いに競いあうなかで行なわれる知恩講の式文としては、各門流が伝えるそれぞれの法然像をできるだけ取り込む必要があったからである。

すでに述べたところであるが、この『知恩講私記』を伝記の一種とみるならば、法然が回心の様子を自ら述べた『選択本願念仏集』の文章をそのまま引き、この書を他力門の指南、善導の『観経疏』をば浄土宗の濫觴であると明言し、法然が天台円頓戒の正嫡として著名であった事実を簡潔な表現でこれほど鮮やかに印象づけた伝記は当時これ以外にない。またこの講式は法然を弥陀の化身、善導の再誕であり、権者であることを人々に教えるが、その権者であった所以を奇瑞が顕現したことで説くのではなく、その教学の正しさをもって述べるのであり、また法然にまつわる神秘的な霊瑞を事実として取り上げるが、それは口称が正行であることの証として語るのであって、『私日記』の性格とは大いに異なっている。まさしく法然の真面目である「本願興行」「専修正行」の二点をしっかり押さえた出色の法然伝である。

このような講式の作者としては、これが成立したと推定される時期に指導者として活躍した人物、幸西、空阿弥陀仏、隆寛のうちで、まず擬せられるのは隆寛であろう。隆寛には貞応三年（一二二四）に作った『別時念仏講私記』があり、その元仁二年（一二二五）二月の信阿弥陀仏書写本が東寺宝菩提院から発見されている。[20] 貞応三年といい、元仁二年というも、法然の大谷墓堂が破却された嘉禄の法難の二、三年前のことである。『別時念仏講私記』は隆寛が「伝二慇懃之語一注二別時之式詞一」したものであるが、おそらく『知恩講私記』もまた、法然の墓堂ができ門弟らが忌日に追善の法会を修するようになってしばらく経った頃、遺弟らの請により筆を執ったものであろう。信阿弥陀仏は元仁二年二月に『別時念仏講私記』を書写したあと同年八月に『知恩講私記』を筆写しているのであって、彼は単に講式二点を写したのではなく、やはり隆寛作の講式なるが故に筆写したのであろう。『別時念仏講私記』の方は書写の直前にできたものであったから、まだ隆寛の識語が付された本をもとに写せたのであろう。このようにみると『知恩講私記』の方は、成立後年月が経過して転々書写されて識語がなくなったものに拠って写したものと推考される。したがって傍証はないが、『知恩講私記』は、第二項で推定したように、建保の半ば過ぎ以後において隆寛によって書かれたものとみてよかろう。とくに右に述べてきたような教団事情をあわせ考えるならば、専修念仏教団に弾圧という不幸な気配が濃くなったころ、隆寛は『知恩講私記』によって墓堂での念仏興行に努めたことが窺われるようである。

註

（1）田村円澄氏『法然上人伝の研究』一四頁。
（2）中沢見明氏「法然上人諸伝成立考」（『真宗源流史論』所収）、田村円澄氏前掲書。
（3）望月信亨氏『浄土教之研究』九五四頁、重松明久氏「戦後における浄土宗史の研究史」（『真宗史研究年報』一）、三田全信氏『成立史的法然上人諸伝の研究』三〜一〇〇頁、同氏『浄土宗史の諸研究』一一頁。
（4）田村円澄氏前掲書、二五、二六頁。
（5）櫛田良洪氏「新発見の法然伝記——『知恩講私記』——」（『日本歴史』二〇〇号）。
（6）『本願寺作法之次第』（『真宗史料集成』二、五七〇頁）。
（7）『実悟記』（『真宗全書』四八、三八三頁）。
（8）赤松俊秀氏「新出の『知恩講私記』について」（『日本歴史』二〇二号）。
（9）拙稿「古法然伝の成立史的考察」（『法然上人伝の成立史的研究』四）
（10）平井正戒氏「隆寛律師遺文集」（『隆寛律師の浄土教・付遺文集』所収）一六六〜一六九頁。
（11）宝田正道氏「知恩伝攷」（『浄土学』一五）。
（12）（13）田村円澄氏前掲書、七七頁。
（14）註（4）に同じ。
（15）望月信亨氏「元祖上人と円頓戒の系統」（『浄土教の研究』六四九頁）。

(16) 中沢見明氏「法然諸伝成立考」(『真宗源流史論』三七頁)。
(17) 醍醐本「禅勝房への答」(『昭和新修 法然上人全集』六九八頁)。
(18)『漢語燈録』五「百四十五箇条問答」(同右書、六五〇頁)。
(19)『定本親鸞聖人全集』四(言行篇2)一四三〜一五五頁。
(20) 櫛田良洪氏「新発見の隆寛著書」(『日本歴史』二〇一号)。

第二節 法然伝に現われた聖覚像の成立過程

一 法然伝に現われた聖覚

安居院系唱導の大成者として知られる聖覚(仁安二年〜文暦二年)が法然の教えに帰依し、その教団にあって重要な地位を占めていた、と初期の念仏教団の人々によって考えられていたことは確かなことである。法然は「吾カ後ニ念仏往生ノ義スクニイハムスル人ハ、聖覚ト隆寛ナリ」(『明義進行集』巻三)、「聖覚法印わが心をしれり」(『法然上人行状絵図』巻一七、以下『四十八巻伝』と略称)と語ったといい、親鸞は聖覚真影の讃文中の「然我大師聖人」なる一句を「聖覚和尚は聖人(法然)をわが師聖人とあふぎたのみたまふ御ことばなり」(『尊号真像銘文』)と釈して、聖覚が法然の帰依者であったことを述べている。また親鸞が聖覚の著した『唯信鈔』を愛読し、門弟にこの書を薦め、自ら数度にわたって書写したことはよく知られているところである。

これらによれば、聖覚が専修念仏教団の重鎮として、法然の信任を受けていたことになるが、それにもかかわらず彼が法然に親近していた徴証は、教団側の伝えるもの以外どこにも見当らないのである。それどころか、むしろ専修念仏教団の圏外に立っていた感が強いのである。かの「七箇条制誡」にも聖覚の署名はなく、嘉禄の弾圧では、少納言資隆の子、隆寛ですら流罪となったのに、彼は念仏の張本として指弾されていないのである。また法然滅後競いあった門下の異義諸流のなかに、聖覚を中心とする一派があったとは伝えられていない。わずかに、室町時代になって、聖覚が「説法義」を立て「説経衆」なる念仏一派の祖となったとみられているにすぎない。(1) この方が聖覚の実像により合致した所伝と見受けられる。

では、浄土宗教団側のもつ聖覚像はどのようなものであろうか。聖覚が法然と密接な関係にあったことを示そうとする話は、法然の諸伝記にいくつか見られる。

(一)　建久四年頃、熊谷直実から後生のことを尋ねられた聖覚は、「さやうの事は法然上人にたづね申べし」と導いた（『法然上人伝記』〈以下『九巻伝』と略称〉、『四十八巻伝』）。

(二)　あるとき、聖光と聖覚が法然の説法を聞き、聖光は妄念が発ったときの念仏、聖覚は三心を欠いた場合の往生の可否について質問、それぞれ返答を得た（『黒谷源空上人伝』〈以下『十六門記』と略称〉）。

(三)　元久二年、比叡山の弾圧に対して、法然は聖覚に筆を執らせて、いわゆる「登山状」を書き、これを山門に送った（『四十八巻伝』）。

(四)　元久二年、瘧病に罹った法然を、九条兼実の発案で、聖覚が善導像供養を行ない、治癒した（『一期物語』『本朝

祖師伝記絵詞』〈以下『四巻伝』と略称〉、『知恩伝』『法然上人伝絵詞』〈以下、琳阿本と略称〉、『拾遺古徳伝』〈以下『古徳伝』と略称〉、『九巻伝』『四十八巻伝』『明義進行集』)。

㈤　大和前司親盛入道が法然に御往生後疑いを誰人に決すべきかと質問し、「聖覚わが心をしれり」との答を得た(『四十八巻伝』)。

㈥　法然はつねに、わが亡き後念仏往生の義がすぐに説けるのは聖覚と隆寛だ、と語っていた(『明義進行集』)。

㈦　法然は聖覚に、聖道門、浄土門の二道の縁をよくよく糺すべきことを教えた(『十六門記』)。

㈧　承元二年、勝尾寺滞留中の法然は同寺に法服・一切経を施入し、聖覚に解題供養の説法を行なわせた(『四十八巻伝』、琳阿本、『古徳伝』『九巻伝』)。

㈨　建暦二年、法然の中陰六七日の導師を聖覚がつとめた(『四巻伝』、琳阿本、『古徳伝』『九巻伝』)。

㈩　建保二年、法然三回忌に聖覚は真如堂で七ヵ日間、融通念仏をすすめた(『四十八巻伝』)。

説話の内容はいずれも他に徴すべきものがないので、直ちに事実と断定することはできない。しかしそれらが、例えば㈣㈧㈨㈩は聖覚に唱導者としての性格が、また㈠は法然浄土教への誘引者としての、さらに㈡㈢㈤㈥㈦は法然の親近者ないし後継者としての側面が、それぞれあったことを読者に訴えようとしていることはすぐに了解できる。

では、教団側のもつこれらの聖覚像はまったくのフィクションなのであろうか。史上の聖覚、その実像と交叉するところはないのであろうか。虚像の部分があるとするなら、なぜそのようなものが形づくられたのであろうか。このような問題を考えてみることは、人物譚を通しての初期法然教団の解明ということになろう。そこで以下、法然教団に伝えられる聖覚像成立の背景をさぐってみよう。

二　聖覚の法然治病譚成立の背景

まず、伝承上とはいえ年時を明らかにし、かつ成立の古い諸伝に記されている㈣の物語を取り上げることにする。「一期物語」によれば、こういう話である。

あるとき法然が瘧病となり、種々療治してみたが叶わなかった。時に九条兼実が善導の御影を図し法然の前で供養してみてはと考え、この由を聖覚に伝えたところ、聖覚は自分も瘧病であるが、師匠への報恩のため参勤すると返事した。そこで辰の時刻から説法を始め、未の刻に説法を畢ったところ、法然、聖覚ともども病が落ちた。聖覚は、父澄憲は降雨で名を挙げたが、わが身にはこのこと奇特である、と語った。

『明義進行集』によれば、善導像は託麻法印証賀が画き、兼実の息、良経が讃文を書いたといい、「サルホトニ、九条殿ヨリ、善導ナラヒニ布施等ヲクリツカハシタリ、イソケ〱トテ香花燈明トヽノヘテ、ミ《（巳）》ノハシメニ登礼盤、サル《（申）》ノヲハリニ下座、六《ム》ヲコリトイフヒニアタリテ、サハヤカニヲチ給」と、やや臨場的に描写している。年時については『明義進行集』『九巻伝』『四十八巻伝』が元久二年（一二〇五）八月の頃とするが、他本はある時というだけである。

この物語はどこまで遡れるであろうか。建保四年（一二一六）頃成立したと思われている『源空聖人私日記』には、この話が出ていない。『明義進行集』が信瑞によって撰述されたのは弘長二年（一二六二）頃である。また「一期物語」を含むいわゆる醍醐本『法然上人伝記』は問題の多い書であるが、仁治三年（一二四二）頃に成立したとみる説があり(2)、もしこの説を採るとするならば、伝記上は建保から仁治の間、つまり法然の滅後三〇年間にできた物語ということになる。法然滅後三〇年間といえば、聖覚の四十代後半から示寂後数年という時期に相当する。この時期に聖覚の法然治病譚が形づくられたとして、その蓋然性を今少し別の角度から追究してみよう。

　この物語のモチーフは、聖覚の説法の効験が著しいことを示すにある。『明義進行集』によれば、聖覚は「先師法印（澄憲）カ降雨、聖覚カケウ《今日》ノコト、第一ノ高名ナリ」と自讃したという。先師法印の降雨のことというのは、承安四年（一一七四）五月、閑院第での最勝講に参勤した澄憲が表白・説法したところ、感応あってたちまち大雨となり、炎旱に悩む人々を驚喜させ、最勝講結願に当って「祈雨説法賞」として権大僧都に進叙されたことを指している。このことは『玉葉』にも出ているまぎれなき事実である(3)。

　当時、人々は澄憲の「説法之優美」だけでなく、その「祈請之効験」を求めたのであった。澄憲に関する記事は、公家の日記では『玉葉』が一番多く、著名な講会、供養などの導師・講師を約三〇回も勤仕し(4)、他の記事を加えれば枚挙にいとまもないが、効験を求められての勤仕も多かったと思われる。後白河法皇の逆修のときなど、法皇の御快癒が彼に期待されていたのであって、建久三年（一一九二）二月、法皇の御悩が片時もよくないので登山できず、予定されていた千僧供総講師を他人にかわってもらった例など(5)は、澄憲に病患除癒の効験が期待されていたことをよく示している。

したがって聖覚の説法にも、世人が祈請の効験を寄せていたとしても不思議はない。九条兼実が法然の瘧病の治癒に、仮に仏像等の供養の説法によって効験を得ようとしたとしても、聖覚の父澄憲に幾度も講師をつとめてもらった兼実としては、ごく自然な発想であったわけである。物語によれば、兼実が聖覚に要請したのは善導像の供養であって、供養本尊だけは浄土宗的であるが、目的は治癒にあり、この点では世俗的な行為であった。『四巻伝』は善導像の供養ではなく、浄土の教文を講讃させたとあるが、兼実の気持を「浄土の教文を講じて弥陀本誓を解説せしめば、随喜の心をおこして除病安寧の効験もありぬべし」と述べている。祈請治病の行為は当時普通であって、この話も大いにありうることであるが、法然の宗教からすれば疑念が残る。

聖覚の名は『明月記』に八〇回余も出ているが、そのうち講師などをつとめた回数は主なものだけで三〇回をはるかに越している(6)。そのなかで右の物語と関連して注目されるのは、寛喜二年(一二三〇)四月十四日、聖覚が善導像を供養している事実である。『明月記』に、

十四日、乙亥、(中略)及二申時一心寂房来談、一日嵯峨念仏、請二聖覚法印一、供二養善道（マヽ）像一、公棟・敦通以下入道成レ群縮坐、狭小之座之中、常覚弟子教脱一念宗之長云々、入二其中一、座狭而不二安坐一之間、超二公棟肩一入二道場一、人雖二属目一説法了、件教脱礼讃無二指事一、法印退帰云々、

とある。藤原定家は少し前から病がちで、この日も熱があって外出しなかった。すると夕刻医師の心寂房がやって来て、今日嵯峨念仏の興行があり、聖覚の善導像供養の説法があるというので行ってみたところ、中将入道公棟や定家の甥の敦通らが所狭しと詰めあって坐していた、そこへ一念派の成覚房幸西の弟子教脱が公棟の肩越し

に入堂する有様で、聖覚の説法が終って、満堂の耳目をあびて教脱が礼讃を唱えたが評判のほどでもなかった、と定家に語ったのである。十四日は善導の忌日であるから、この日を期して、一日念仏が興行され、善導像が供養されたのであろう。この嵯峨念仏が四月一日にあったと解するむきもあるが、(7)もし一日にあったならば、四日に定家を訪れた心寂房がこの時話している筈である。善導像供養のことを考えると、やはり善導忌の十四日にかけて行なわれたとみた方がよい。またこの日一日だけの念仏興行であったという意味で、嵯峨一日念仏と解した方がよいであろう。この念仏が行なわれた場所については、文面からは判然としない。

当時、嵯峨では清凉寺の付近に専修念仏衆が多数止住し、(8)その中心人物が往生院の念仏房であった。往生院は清凉寺の西隣にあり、(9)いま清凉寺西にある厭離庵が定家の山荘跡というから、(10)往生院、定家山荘、清凉寺は相互に近接しあっていたようである。定家が『明月記』元久二年(一二〇五)七月十四日条に、西往生院で礼讃結願のことがあり、道俗男女が集会したと書いている、この西往生院というのも、念仏房の住房、往生院のことであろう。

念仏房は建保六年(一二一八)十一月の大火で消失した清凉寺釈迦堂、棲霞寺阿弥陀堂の再建にのり出し、(11)前者を貞応元年(一二二二)二月、(12)後者を貞応三年二月以降にそれぞれ復興している。(13)棲霞寺阿弥陀堂は旧態の五間四面を三間四面に縮小しようとする動きがあった。(14)再建後の阿弥陀堂は以前より規模が小さかったかもしれない。寛喜二年四月十四日の嵯峨一日念仏はここで行なわれたとも考えられるが、それにしても心寂房の話の様子ではもっと狭小な堂舎のようである。そこで考えられるのは、やはり念仏房の往生院ではなかったかということである。ここで次のようなことに注意したい。

この念仏興行から間もなく、念仏房は重態に陥った。定家は心寂房から「念仏房往生院住僧也不レ食、病獲麟云々」と聞かされている。(15) となると念仏興行の時すでに病床にあったとみてよい。ここでまた、絡んでくるのが善導像供養のことである。このとき念仏房の弟子らの関心は師の病の治癒にあった筈であり、そこで考えられたのは治病の効験を期待しての仏像供養のことである。念仏者の彼らの念頭に浮んだのは善導像供養のことであり、善導忌日の十四日を期して、聖覚に供養導師を招請したのではないかということである。したがってこの説法をはさむ念仏の興行も三、四日ないし一七日という長期のものではなく、一日念仏であったことの理由もわかってくるのである。つまり快癒祈請の特定の日であったからである。となるとその場所は念仏房の住房、つまり往生院こそ最もふさわしい所ということになる。

右のような推定に立つと、寛喜二年四月十四日の嵯峨一日念仏は、折から病に罹っていた念仏房の回復を祈って、往生院で善導像を供養し、導師に聖覚を招き、その表白・説法の優美で善導の感応があらわれんことを願ったものであった、とみることができる。

念仏房は大原問答の参集者のなかにもその名を出している人物であり、法然の門下とみられる念仏者であるが、勧進聖の側面があり、もともと「叡山の住侶、天台の学者」(『四十八巻伝』巻四八)であった。その行動の一端をみると、建久二年(一一九一)九月、五〇〇人の僧侶に五〇〇の大願を書かせて、これを舎利に擬して往生院本尊に納め、また自ら写した『法花経』寿量品、諸人に書かせた「宝篋印陀羅尼」をその名とともに奉籠し、あわせて浄土三部経、曇鸞・善導らの論疏を書写したり、(16) また貞応三年の棲霞寺阿弥陀堂供養に如法五種行十種供養を行なったり[17]、文暦二年(一二三五)には棲霞寺多宝塔を建立している。[18]まさに天台系念仏者であり、法然のいう専修念仏の行者ではなかった。このような念仏房やその門弟にしてみれば、仏像供養による病気治療はその宗教になんら抵触するものではなかったのである。念仏房はこのあと奇蹟的に立直り、建長三年(一二五一)九十五歳まで生き延びた。[19]念仏房の生涯で一つの危機であった時期に行なわれた聖覚による善導像供養のことは、関係者に聖覚への信頼を一段と深めさせたことであろう。

論じてここに至れば、法然の瘧病を聖覚が善導像供養説法によって治癒したという、かの物語の原拠なり史的背景が、念仏房と聖覚との関係で存在していたことが知られるのである。罹病の人物が法然にかわったものの、物語の本質的な部分は少しのかわりもない。では本来念仏房と聖覚をめぐる事蹟であったのが、いつ法然、聖覚に関する物語に転じたのかを考えておかねばならない。

さきに、伝記の上でわかるのは法然滅後三〇年ぐらいであると推定した。そもそも、ある事蹟が換骨奪胎されて虚構の物語になるのは、異議を唱うべき関係者が姿を消してからである。聖覚の没年は文暦二年であり、念仏房の往生は建長三年である。聖覚がなくなり、念仏房が老耄となった時期は一二四〇年代であって、まさしくさきに推定した年時と一致する。このころ生前の法然をよく知る有力門弟があいついで没していた。安貞元年(一二二七)に隆寛が、翌二年信空が、また宝治元年(一二四七)に証空、幸西がともに亡くなっている。このような時期に、聖覚の徒つまり安居院系の唱導者が聖覚の地位を高めるために、法然と聖覚との行実のごとき物語につくりかえたと考えられるのである。そして、この頃七十歳以上の者でなければ記憶の確かめようもない元久年間に、物語の年時を設定したのではないかと思われる。

三　嵯峨念仏房・法然・九条兼実と聖覚

さて、右のようにかの物語が念仏房と聖覚に関する事蹟に基づいたものであるとしても、そのことをなお確定させるためには、今少し念仏房と聖覚の関係をはっきりさせておかねばならないし、またこの話が普及しえた理由を考えるためには、聖覚と兼実、法然と聖覚の関係をできるだけ明らかにしておくべきであろう。法然と聖覚との間に、なんの関係もなかったとするなら、このような物語が成立し、かつ普及するわけがないからである。そこで、さらに進んで念仏房と聖覚、法然と聖覚との関係を、聖覚の行実を通して窺っておきたい。

念仏房と聖覚との関係について詳しいことはわからないが、当代きっての名唱導者である聖覚の名を念仏房が知らない筈はなく、聖覚としても清涼寺・棲霞寺の再建を短期間になしとげた念仏房に関心が無い筈はない。念仏房と聖覚の交流がはっきり捉えられるのは嘉禄元年（一二二五）十月である。『明月記』に、

十日、丁酉、天晴、辰時許出レ京向二嵯峨一、先入二東北房一謁二人人一、問二此善事之儀一、先度事、願主念仏房勧進、以二結縁所レ出物一、造二阿弥陀堂一了、又為レ造二食堂一今度始レ之、聖法印説法（無レ障者始終、有二指障一者、其日者可レ請二他人一）慶忠能玄已下読誦、又寺僧書二写之一、一字三礼之行云々、以二五種行一、以二結縁衆会之力一、可レ廻二向食堂一、仍各同心集会云々、

とある。これによれば、念仏房の勧進で先に阿弥陀堂が造立されたが、今度は食堂を建てるために五種行の善事を修し、説法は支障がない限り聖覚がつとめることになっていた。文中の「先度事」というのは、前年の貞応三

年二月にあった阿弥陀堂造営のための五種行善事のことである。五種行（受持・読誦・読経・解説・書写）の結願日に十種供養が行なわれるが、「嵯峨念仏房誂五種行十種供養願文」がそのときのものである。今回の善事が長期にわたったものらしいことは、定家が十一日（信解品）、十二日（薬草喩品）、二十六日（薬王・妙音品）、二十八日（勧発品）に聴聞に出向いていることでわかる。[20] 聴聞の各局では一間ごとに銭二貫、米三斗、油五升を出していた。[21]

このように念仏房勧進の作善に聖覚が説法しているが、貞応三年の五種行修善のときにも彼が招請された公算が大きい。願文のなかに「両法師大和尚位者読誦之長老、解（説カ）脱之宗匠也、随喜斯繹、各赴二其請一、揚二伽陵頻之妙声一、則世雄疑遺二法声於此世一、振二富楼那之弁舌一、亦春鶯還巻二饒舌於今春一」との文言があり、[22] 両法師とは聖覚と能玄あたりではないかと思われる。かれこれ考えると、念仏房の作善に聖覚が出仕したのは貞応三年まで遡れるし、それが最初だという明証もないから、両者の交流はさらに早い時期にあったとみてよい。したがって念仏房のために善導像を聖覚が供養したのはごく自然なことであった。

さて次に法然と聖覚との関係であるが、法然と聖覚とを結びつけたのは青蓮院であろうとの意見がある。[23] 聖覚が青蓮院と関係のあったことは事実であるが、それだけのことで説明し切れるものであろうか。三十四歳の年齢的隔たりをもつこの二人を結びつけた事縁は何であったかを追究してみたい。

聖覚は兼実の日記には青年時代から登場している。文治三年（一一八七）五月、兼実は藤原宗隆から、澄憲の子真雲が夭亡したため、同月二十四日からの最勝講の証義に澄憲が、聴衆の一人に聖覚が予定されていたがともに駄目になった、との報告を受けた。[24] これが『玉葉』にその名が出る最初で、聖覚は二十歳であった。つづいて建久元年（一一九〇）十二月、法成寺御八講天台竪義一の問者、翌年三月、丹後局の浄土寺五十講逆修の四七日導師、同年十二月、法成寺八講夕座の問者を勤めたことが書かれている。(25)しかし兼実が聖覚の英姿を直接見たのは、同年閏十二月であった。後白河法皇の御悩により三七日逆修がつとめられたが、十六日の導師が聖覚であった。初めてその説法を聞いた兼実は「其骨得二天然一」と感じ、(26)結願のときの聖覚の導師ぶりに「説法優美」と讃えた。(27)この逆修には澄憲も出仕した。このようにして兼実四十三歳にして、父澄憲と並んで活躍しはじめた聖覚に接したのである。聖覚は二十五歳であった。

建久三年（一一九二）三月、後白河法皇が六条殿で、大原の本成房湛敬を善知識として、高声念仏十七反、臨終正念に崩御された。(28)丹後の局は直ちに落飾した。(29)葬送の御前僧一三人のなかに勝賢、澄憲、聖覚などの信西入道の遺子、それに公胤の名があった。(30)葬送の夜、近臣で出家する者があった。その一人は親盛大和入道見仏で、(31)やがて法然の弟子となった。

聖覚のことはその後『玉葉』には出ないが、九条家に対して「門下の客」であった定家の日記に窺うことができる。建久七年兼実・宜秋門院は、源通親・丹後局らによって排斥され、建仁・元久の頃、兼実は病床につきがちであった。ことに建仁元年（一二〇一）十二月妻室藤原季行女をなくしてからは力を落し、出家を考えることがあった。妻室の四十九日に相当する建仁二年一月二十七日の真夜中、兼実は出家した。『明月記』には、

廿八日、天晴、入道殿渡御、午時許隆信朝臣使者来云、夜前於法性寺九条殿御出家、幽聞及歟者、入道殿還御之後、申始許参二入法性寺月輪殿一新御堂夜前御仏事等訖、子時許御二此御堂一、法然房参入、被レ遂二御本意一奈良法印奉レ剃給

云々、三位中将殿以前参給、僧達可レ被レ召二仕其料一、盛房国基子小法師共参候云々、

とある。新御堂の法性寺月輪殿で法然を戒師とし、子息良円の手で剃髪した。四男良輔も参じていた。ところで『明月記』の前々日の記事をみると、

廿六日、終日雨降、午時許参二九条殿一、布施、三位中将殿御仏事云々、公雅導師、事訖取二布施一、又本所御仏事、聖覚、申時許雖二参入一、不レ被レ始、良久秉燭事始、亥時許取二布施一退出、

とある。すなわちこの日、九条殿では良輔と兼実の仏事があいつぎ、聖覚は兼実の仏事に姿を見せたが、仏事を始めたのは大分時刻が移ってからであった。仏事にかかるまでの間に、兼実と聖覚の談合があったのであろう。おそらく話題は翌日に控えた出家のことであったと思われる。兼実は戒師を誰にするかということよりも、出家そのものになお逡巡するところがあったに違いない。なぜなら戒師についてなら、すでに女の宜秋門院が建久三年法然について受戒し、さらに建仁元年法然を戒師として出家していたし、兼実自身七回も法然から戒を受けていた。兼実夫人も正治二年（一二〇〇）九月法然から戒を授けられた。兼実一家としては、戒師なら法然にということが定着していた。戒師のことではなく、出家そのものに最後の決断をつけたい、というのが兼実の心中であったと思う。というのは藤原隆信の使者から兼実の出家を聞かされて、定家が「貴賤妻室四十九日遁世事、頗不レ聞二其例一、去年秋此事天下謳歌無レ実、而秖招二世嘲一、今度如レ此、頗不レ可レ然者也」と感想を漏らしているように[32]、妻室四十九日の出家は世間に例の無いことであった。この異例の出家に兼実を踏み切らせたのが聖覚であり、それは「聖覚、申時許雖二参入一、不レ被レ始、良久秉燭事始」と述べられている間のことであったとみられるのである。

もしこの推考に誤りがないとするならば、兼実の心中に占めていた聖覚の重みといったものは、法然に対するのと同様であったといえよう。そしてまた、兼実と聖覚との間にこのような交渉があったと認めるならば、兼実と法然との関係からいって、当然、聖覚と法然との間にも既に親縁関係が成立していたとみなければなるまい。このような状況からして、法然と聖覚を結びつけたのは青蓮院といった場所的なものではなく、聖覚、兼実、法然の三者にみられる相互親縁性といったものに注目すべきだと私は思うのである。

兼実を中心としてみれば、聖覚の方が法然よりも早くその日記に登場する。しかし説法聴聞、法文談義といった実質的道交の面は法然の方が聖覚より早い。聖覚と兼実、法然と兼実といった別々の関係が三者一体になるのはいつだろうか。右の考察によれば、建仁以前ということになる。しかし聖覚は唱導者である。法然の登場に、唱導の立場からもいち早く注目したに相違ない。そのような時期に後白河法皇の崩御がみられる。法皇の崩御は、政治の上での大きな転機であったが、聖覚、法然にとっても一つの画期であったろうことは十分察せられる。すなわち聖覚にとっては、後白河法皇御悩による御逆修への出仕が、兼実との直接の出会いとなったのである。また法然の場合は、親盛入道見仏の如く法皇の近臣が帰依者となったり、法然の法皇へのかかわりを強調する所伝が法然伝に多く出るのである。となると建久頃が法然と聖覚の結びつく条件が整った時期だといえる。第一項で㈠として挙げたような話があったり、「法然上人之御前而、隆信右京大夫入道法名成心、親盛大和入道法名見仏、為二上人之御報恩謝徳一修二御仏事一、御導師聖覚云々」という所伝[33]があるのも、今述べたような事情を置いてみて、はじめて理解できることである。

四　聖覚像の形成と唱導聖

このように両者の接触は建久頃にはじまるから、第一項の㈢に掲げた物語が時期的に妥当するのは当然である。しかし、「登山状」の作者については、これが後世の『四十八巻伝』にはじめて出るものであり、無住の『雑談集』「無常ノ言」に酷似の文があるところから偽作とする説があり[34]、最近では『雑談集』「鐘楼事」が『言泉鐘楼経蔵』を出典としていることから、聖覚の作とみてよいとする見解も出され[35]、まだまだ論議を呼びそうである。いまこの問題に立入る余裕はないが、「登山状」の前段の流麗な文章に聖覚ないし安居院流唱導者の手が入っていることは十分に予想されるところである。

聖覚には承久三年(一二二一)撰述の『唯信鈔』があり、また承久の変で但馬配流となった後鳥羽上皇の皇子六条宮雅成親王の質疑に対する返状(十二月十九日付)などもあって、その念仏思想を窺うことができる。聖覚の浄土教思想については、松野純孝氏が法然、親鸞の思想と対比させて、克明に分析されている[36]。同氏によれば、『唯信鈔』は法然の思想のすぐれたところを抄集した点で確かに一つの頂点を示し、『明義進行集』『四十八巻伝』さらには親鸞が聖覚を法然の思想の正統を伝える人とみたのは、『唯信鈔』における限り妥当であるという。私にもこのことは認められる。だがそれは著作上の、しかも五十五歳以降の聖覚についてである。法然在世中の聖覚は、法然への思想上の共鳴はあっても、行動的には専修念仏教団に身を置かなかったようである。例えば「七箇条制誡」に署名は見当らず、法然の精神を素直に受けついだ法本房行空や安楽房遵西が召し捕えられ、朝廷で念仏禁断が慎重に審議されているとき、聖覚は「身暇」を乞うて渦中から身を避けようとする態度があった。[37] 聖覚は、法然にではなく、その教団に対してある距離を置いていたようである。

したがって、専修念仏教団の真只中で活躍するという聖覚像が形成されるためには、法然滅後いま少しの時間を必要としよう。専修念仏教団は法然在世中もそうであったが、多くの唱導者を周辺部に擁していた。[38] 専修念仏の爆発的な伝播はかかる唱導者の存在を抜きにしては考えられないのである。

結論を急ぐが、従来の考察によって次のことがいえよう。専修念仏教団が多くの唱導者の活躍によって発展する過程で、聖覚の地位を教団内に扶植しようとした唱導念仏者によって生み出されたのが聖覚の法然治病譚である。それは念仏房と聖覚に関する行実を種とし、聖覚に兼実との交流があった事実に支えられ、聖覚の念仏思想に共鳴する土壌の上に開花したものであった。おそらく法然滅後四〇年、聖覚没後一〇年ぐらい迄の間に教化の場で登場し、それが法然伝記に反映していったのであろう。

註

（1）『浄土三国仏祖伝集』下（『続浄土宗全書』一七、三三〇頁）。
（2）三田全信氏『成立史的法然上人諸伝の研究』一〇〇頁。
（3）『玉葉』承安四年五月二十六、二十七、二十八日条。
（4）『玉葉』によって摘記すれば以下の如し。季御読経導師（仁安二・七・二十四）、大般若経結願、夕座証義（承安三・五・二十三）、基房千部仁王経供養惣導師（承安三・八・七）、最勝講講師（承安四・五・二十六）、季御読経講師（承安四・七・二十七）、最勝講講師（承安五・五・二十二）、最勝講講師（安元二・五・二十三）、故建春門院経供養導師（安元二・八・二十四）、基房阿弥陀仏供養導師（安元二・十・十一）、御八講講師（安元三・六・二十二）、頼輔入道仏経供養導師（治承元・十・一）、重家入道持仏堂供養講師（治承元・十・七）、後白河院逆修結願導師（治承三・八・三十）、高倉上皇五七日導師（治承五・二・十八）、高倉上皇旧臣結縁供養経講師（養和二・一・十二）、藤原兼実仏経供養導師（養和二・一・二十二）、仁和寺法親王五部大乗経供養講師（養和二・二・二十九）、最勝講証誠（文治二・五・二十五）、後白河法皇往生要集談義（文治三・四・九）、法性寺座主仏経供養導師（文治四・四・二）、兼実五種行十種供養導師（文治四・八・三十）、薬師仏供養講師（建久二・九・二十七）、後白河法皇逆修講師（建久二・閏十二・三）、故女院供養一品経講師（建久二・閏十二・五）、内府忌嵯峨堂八講証義（建久三・二・二十）、鳥羽上皇御崩日経供養導師（建久五・七・二）、慈円逆修講師（正治二・一・二十六）。

（5）『玉葉』建久三年二月十六日条。

（6）季御読経講師（正治二・閏二・二十四）、六条殿長講堂御八講導師（正治二・三・九）、法性寺殿阿弥陀仏供養講師（元久二・三・二十六）、番論義御前居衆（建永元・五・二十三）、高陽院御読経仏像供養講師（承元元・二・二十七）、藤原兼子五輪石塔供養講師（承元元・五・十九）、故兼実供養会講師（承元二・三・二十五）、吉水大懺法院法会導師（承元二・十・二十四）、仁和寺宮五部大乗経供養導師（承元二・十二・十二）、六条殿御供花結願講師（建暦二・五・十三）、八条院月忌講師（建暦二・七・二十七）、坊城国通仏事講師（建保元・一・二十六）、最勝講問者・読師・唄・講師（建保元・五・三）、岡崎大納言仏事所講師（建保元・五・二十四）、亜相祈仏供養導師（建保元・八・十七）、兼子逆修導師（建保元・九・十、十三）、相公堂供養講師（嘉禄元・六・三十）、嵯峨念仏房仏事導師（嘉禄元・十・十）、坊城国通修善講師（嘉禄二・三・十八）、最勝講証義者（嘉禄二・五・二十七）、彼岸懺法仏供講師（嘉禄二・八・二十九）、西園寺懺法仏供講師（安貞元・三・二）、西園寺懺法仏供講師（安貞元・九・六）、川崎三十講講師（寛喜元・六・三）、善導像供養講師（寛喜二・四・十四）、中宮万巻心経供養講師（寛喜三・二・九）、月輪殿一品経供養導師（天福元・五・十四）、棟子一三年忌説法講師（天福元・八・十五）、川崎感応寺供養講師（天福元・八・十七）、北政所仏事導師（天福元・十・二十六）、金ケ原御堂供養講師（天福元・十二・十一）、北白河院仏像供養講師（文暦元・九・十二）、兼子仏事講師（文暦元・九・十五）、藻壁門院追善結縁経講師（文暦元・九・十六）。

（7）藤本了泰氏編『浄土宗大年表』。

（8）後鳥羽上皇院宣（建保七・閏二・四）、『鎌倉遺文』第四巻、二四五一号。

（9）『四十八巻伝』巻四八（『法然上人伝全集』三一六頁）。

（10）『都名所図会』四、村山修一氏『藤原定家』（人物叢書、三〇三頁以下）。
（11）『仁和寺御日次記』建保六年十一月十日条。
（12）『百錬抄』貞応元年二月二十三日条。
（13）『願文集』「嵯峨念仏房誂五種行十種供養願文」（『続群書類従』二八上、五三九～五四〇頁）。貞元三年とあるのは貞応三年の写誤である。
（14）『四巻伝』巻四（『法然上人伝全集』五〇二頁）。
（15）『明月記』寛喜二年六月十九日条。
（16）『願文集』「嵯峨念仏房於往生院修善文」（『続群書類従』二八上、五三七～五三九頁）。
（17）註(13)に同じ。
（18）『願文集』「多宝塔建立願文」（仮題）（『続群書類従』二八上、五三五頁）。
（19）『四十八巻伝』巻四八（『法然上人伝全集』三一七頁）。
（20）『明月記』嘉禄元年十月十一、十二、二十六日条。同月八日条に経国の言としてある「今日嵯峨聖覚法印説法」も一連のもので、二十一日条の「嵯峨善事自今日四日」は定家の結縁の様子を示すものである。
（21）『明月記』嘉禄元年十月十日条。
（22）註(13)に同じ。
（23）筑土鈴寛氏『中世芸文の研究』一四五頁。
（24）『玉葉』文治三年五月十一日条。
（25）同右、建久元年十二月三日、同二年三月一日、同年十二月一日条。
（26）同右、建久二年閏十二月十六日条。
（27）同右、建久二年閏十二月二十二日条。
（28）同右、建久三年三月十三日条。
（29）『明月記』建久三年三月十三日条。

(30) 同右、建久三年三月十六日条。
(31) 同右、建久三年三月十七日条。
(32) 同右、建仁二年一月二十八日条。
(33) 「聖覚法印表白」(『真宗聖教全書』五、九二頁)。
(34) 小林智昭氏「法然の法語」(『仏教文学研究』三)。
(35) 清水宥聖氏「澄憲と説法道」(櫛田博士頌寿記念『高僧伝の研究』)。
(36) 松野純孝氏『親鸞――その生涯と思想の展開過程――』二二四頁以下。
(37) 『三長記』建永元年六月十五日条。
(38) 「七箇条制誡」(『昭和新修 法然上人全集』七八七頁以下、『鎌倉遺文』第三巻、一四九〇号)。

第三節　明遍の行実と伝記

一　明遍研究の意義

古来、明遍と法然、ひいては浄土宗との関係については浅からざるものがある、とみられている。法然伝は、明遍が大原問答にも参加し、法然秘匿の「三昧発得記」を披見し、法然の滅後はその遺骨を生涯頸にかけて護持していた、と伝えている。「源空は明遍の故にこそ念仏者になりたれ」と法然が述べた、と記す一本もある。

敬西房信瑞は『明義進行集』において「カノ化導ニ随テ、サハヤカニ本宗ノ執心ヲアラタメ」た諸宗人師の代表例として明遍を挙げ、聖光房弁長は『末代念仏授手印』の中で、「無極之道心者」たる顕真・明遍と法然の三人を「日本国同時西方行人先達」に挙げて鑽仰の誠を示した。また『法水分流記』は「雖㆑未㆔必伝㆓上人宗義㆒於㆓浄土教㆒帰学諸輩」として明遍を挙げ、その略伝を註記し、法然との師弟関係を強調した。

このように明遍は、法然門下から特に注目された人物の一人であるが、そのわりに伝記については不明の点が多いのである。法然との関係にしても法然伝に述べられている程度を超えず、それとてもその史実性を裏づけようとすると甚だ困難を感ずるのである。

とはいえ、この「有智の道心者」明遍の思想が蓮華谷義として注目され、その高野山における存在が蓮華谷聖、高野聖の源流と看做される程に、浄土教史上に多大の影響を与えたことは否定できない事実である。

ところが明遍についてのまとまった研究は管見によれば古く名畑応順氏の「明遍僧都の研究」(1)があるだけで、近くは五来重氏が重源上人の論考その他(2)の中で少し触れられた程度である。名畑氏の論文は、略伝、著作、教義、門下などについて考究してあり、特にその教義の解明では後進を裨益するところが大であるが、その他の点については不満がないではない。

そこで新たに明遍とその周辺の諸問題を考え、彼と法然乃至開創期専修念仏宗団との関係をさぐってみるのも決して無意味ではなかろうと思う。

二　敏覚と明遍について

まず明遍の略伝であるが、ここでは彼の光明山蟄居と高野山籠居に重点を置き、特に光明山入寺前後までは師の敏覚との関係に留意して考えてみたい。

明遍は藤原通憲（嘉承元年〜平治元年）を父として康治元年（一一四二）に生まれた。法然におくれること一〇年、前年には高野の覚鑁が没している。兄弟に第一章第二節で取り上げた是憲（遊蓮房円照）、それに澄憲、寛敏、覚憲、勝賢（勝憲）、行憲、憲慶などの出家者があり、甥にこれまた有名な聖覚、貞慶などがいる。

明遍が十八歳の時、父通憲は平治の乱に殺され、彼は越後に流された。兄弟の是憲、成範、修範、静賢、澄憲、寛敏、憲曜、覚憲、勝賢も『尊卑分脈』によればそれぞれ佐渡、下野、隠岐、安房、下野、上野、陸奥、伊予、安芸に流された。

明遍の越後配流がその出家の以前、以後いずれに属するか不明であるが、許されたのちは南都東大寺にあって、敏覚を師として三論を学んだようである。

明遍の師を敏覚とすることは諸書の一致するところである。敏覚は「長門ノ法印」(3)と号し、長門守高階経敏の子である。明遍の父通憲は、一時この敏覚の父の猶子となって、高階氏を称したことがある。『尊卑分脈』には、

経敏（長門守 正四下）——通憲（少納言 正五下 法名 信西 実藤原実兼一男也）

と出ている。(4)明遍と敏覚との間には、それぞれの父を通してこのような俗縁があったのである。明遍と敏覚は単なる師弟関係ではなく、義理上の親縁関係をもっていたわけである。さればこそ敏覚が「堂舎坊宇ミナモテ僧都ニ(明遍)付嘱(5)」したのも、また明遍が晩年敏覚を「過去祖師(6)」といって追慕した(後述)のも、このような関係から至極当然であったといえよう。

明遍は、右のような俗系もあって敏覚を師と仰ぎ、敏覚に目をかけられて学侶として次第に昇進し、学侶層の指導的立場に立つようになった。すなわち承安五年(一一七五)二月の東大寺置文案(顕恵法印被寄百学生文)(7)に、

別当法印大和尚位前権大僧都在御判　顕恵
法印大和尚位前権大僧都在御判　敏覚
権大僧都法眼和尚位御判　雅実
法眼和尚位在判　寛宝
前権律師法橋上人位在判　実憲
権律師法橋上人位在判　明遍
法橋上人位在判　景雅
法橋上人位在判　慶宗
伝燈大法師位在判　樹朗
伝燈大法師位在判　寛珎

伝燈大法師位在判弁暁　（傍点筆者）

と列名されている。

右によると、明遍は承安五年三十四歳で権律師法橋上人位であった。当時学僧として僧官への道は、三会三講制度を経なければならなかったから、明遍は三十四歳以前に三会三講の竪義、聴衆は勿論、講師を経ていたわけで、かなり若くしての三会遂業といわねばならない。少し時代はずれるが、東大寺宗性の場合をみると、彼は四十歳の時権律師に補任されている。[8]明遍の場合には歳も若く、また当時維摩会の講師になれるのはほとんど興福寺出身者に限られていたから[9]、彼の権律師補任には、学侶としての優秀さもさることながら、多分に敏覚の引き廻しがあったとみてよいのではなかろうか。しかしこのような明遍の早い出世は、師をはじめ多くの人からその将来に嘱望される所多大なるものがあったであろうことを示して余りがある。

因に『東大寺別当次第』によれば、右の置文案に出てくる僧侶のうち顕恵は第八十一代、敏覚は第八十二代、弁暁は第八十九代の東大寺別当である。

明遍の、このような前途洋々の歩みが停滞するのはこれから間もなくであって、それはどうやら師の敏覚の失脚と関係があるらしく、さらに師の失脚に関連して明遍の光明山入居もおきてきたように見受けられる。

右に掲げた東大寺置文案のできた翌月、すなわち承安五年三月に敏覚は顕恵の跡を襲って東大寺別当に補せられた[10]。別当の任期は四年であるが、敏覚は寺務二年半にして衆徒の違背を受け、治承元年（一一七七）十二月別当を罷めるに至っている[11]。

敏覚は在任中、覚仁、玄厳、永俊らを三綱にして寺務を行なったが、この間荘園管理に関して特に黒田庄をめぐっての興福寺との対立が大きな問題となっていた。例えば承安五年五月二十三日の「伊賀国黒田荘官等請文」によれば、黒田庄の庄民が興福寺の法華堂と中門堂の寄人と称して悪行を働くので、東大寺は他寺の寄人となることを厳禁している。(12)また安元元年(一一七五)十一月八日の「東大寺三綱解案」によれば、源俊方や在庁官人が興福寺の武力を背景に黒田庄に乱入するようになり、(13)翌十二月の「東大寺衆徒解案」によれば、衆徒もまた俊方の禁獄や国司藤原信平の処罰、簗瀬が黒田庄出作内たることの宣下を請うている。(14)

承安四年(一一七四)後白河院下文によって所役が免除され不入制が認められ、一円寺領となった黒田庄がこのような状態になったことは、まさしく平安末期の東大寺の「真実の危機」(15)であった。かかる重大な時期に敏覚は別当職に就いた。そして今詳しくは触れ得ないが、外にあっては黒田庄問題、内にあっては大衆との問題をかかえて、敏覚は任期を全うせず退いたのである。それは明遍の三十六歳の時であった。

その後敏覚の東大寺別当職辞任を境として、敏覚および明遍の師弟は、従来の東大寺中心の生活から離れて別の生活に入り、ともに急激に浄土教へ近づいていったようである。

敏覚は、別当辞任の年の六月に鹿ケ谷の陰謀に坐して斬殺された藤原師光のために、京の住坊の近くに「ヒカリ堂」を建て晩年をここで送った。『明義進行集』第二によると「敏覚ハ西光(師光)カヤシナイキミ」であって、

カツハ西光出離ノタメ、カツハ自身行法ノタメ、住坊ノ西北ニイタフキノ一堂ヲ建立シテ、西ノカヘニ等身ナル光ホトケヲ図シ、左右ニ木像ノ観音勢至ヲタテヽ、ヒカリ堂ト号ス、コヽニシテツネニ妓楽ヲトトノヘ

テ往生講ヲ修ス、ツヒニ臨終正念ニシテ往生ヲトケオハヌト也、

という。敏覚は治承五年(一一八一)十月に寂しているから、四年間ほどはヒカリ堂を中心に「西方ノ行人」となっていたわけである。

この間明遍はどうしていたであろうか。明遍にとっても師の東大寺退去は一大転機であったに違いない。敏覚が別当を辞めたのは明遍三十六歳の暮であった。ここに翌三十七歳が明遍にとって転機であったと伝える書がある。『法然上人行状絵図』巻一六がそれであって、

長門法印敏覚が嫡弟として、三論の奥旨をきはめ、才名世にゆるされたりしかども、名利をいとふ心ふかくして、本寺のまじはりをこのまず、つゐに三十七のとし交衆をのがれ、公請を辞し、光明山に居をしめて、諸行をすてず、万善をいとはず、ひろく出離の要路をたづね、あまねく顕密の勤行をいたされけり、

と、三十七歳の年に明遍が光明山に入山したことを述べている。

東大寺三論系の別所として発達した光明山寺に入るのは異とするに足らないが、「智恵等倫ナクシテ才名謳謌アリシ」明遍がなぜ三十七の歳に名利をいとい、公請を辞して光明山寺に入ったのであろうか。『法然上人行状絵図』の「名利をいとふ心ふかくして、本寺のまじはりをこのまず、(中略)公請を辞し、光明山に居をしめ」たという記述をそのまま受け取ってよいであろうか。

この点に関し『明義進行集』には少し異なった記述がある。

律師ノ時、五十有余ニシテ、ハヤク道心ヲオコシテ本寺ヲステヽ光明山ニ籠居モシ、又公請ニシタカハムト

思ヒカヘスコヽロモヤアルトテ、シハラク牛車ヲハ法住寺ノ坊ニ先師敏覚ノユツレル物ナリオキテ、ナヲ公請ヲハツトメラレケリ、カクノコトクスルコト五年トイウニ、イマハ一切ニオモイオクコトナシトテ、律師ヲ辞シテナカク高野山ニ籠居、

と、明遍になお昇進を遂げんとする気持があったことを述べている。

光明山に入寺しながらも、なおかつ公請をつとめるため都に出ているというのは、明らかに三講に出仕して昇進しようとの気持があったことを意味する。法住寺の坊に牛車を留めたというのは、法住寺域内の最勝光院御八講や京洛の諸八講に参勤しようというためである。権律師以後の昇進には三会・三講の講師・精義を何度か勤める必要がある。宗性がかかる公請を果たして権少僧都になったのは四十三歳の時で、権律師時代は四ヵ年であった。(16) 明遍は先にみた如く三十四歳の時権律師であった。かりにこの年に権律師位になっていたとしても、『法然上人行状絵図』が伝える光明山入寺の頃は、そろそろ権少僧都へ昇進の頃である。したがって昇進のためには公請をよりつとめるべき時期であって、『法然上人行状絵図』が述べる如く、この時点において「転任遅々のゆえに籠居する歟」とはまだいえないのである。明遍としてはまだまだ公請に応じて僧官の昇進を望んでいたとしてもおかしくはない。ここは『明義進行集』が述べている如く、光明山に籠居もし、機をみて公請にも従っていたとみる方が自然である。光明山籠居を高野遁世の場合と同じように考えなくてもよい。

では僧官の進叙を期すなら本寺に留まった方がよく、あえて光明山寺に入る理由はない。この点『法然上人行状絵図』は「名利をいとふ心ふかくして云々」、『明義進行集』は「ハヤク道心ヲオコシテ云々」と述べているだ

けである。この問題に関連があるのはやはり師敏覚の去就であろう。敏覚が別当職を辞し、ヒカリ堂を中心とする生活に入ってしまうや、明遍もまた東大寺を去ることにしたのではなかろうか。東大寺時代の明遍は三論を学ぶ僧が寄留した東南院にいたであろうが、別当就任時代の師の動静を見聞して、本寺の交わりを好まなくなり東南院の交衆をのがれて、三論宗有縁の光明山寺に去ったと考えられる。

光明山寺に入った時期については『法然上人行状絵図』は三十七歳とし、『明義進行集』は五十有余歳とする。明遍が法住寺内の敏覚から譲られた坊舎に留まって公請に応ずる機会を得ようとしたのは、敏覚の没年、つまり治承五年（一一八一）明遍四十歳以降の事である。光明山入寺はこれより少し前とみられるから、『法然上人行状絵図』に近い年時を考えてよいと思う。

明遍も敏覚の死後は京の住坊を譲り受けて都にいる機会も多かったようであるが、明遍の四十歳は、法然が浄土宗を開いた承安五年（一一七五）から数年後に相当し、専修念仏が京洛に興隆していた頃である。明遍と法然との出会いも既にこの頃にあったのではないかと思われる。よしんば法然との直接的な接触がなかったとしても、敏覚のヒカリ堂のこともあり、折から興ってきた法然の念仏の教えがきわめて濃厚な中にいたことは否定できないであろう。思うに明遍はかかる時期に自らその内部において転換を遂げ、公請も積極的に求めず、やがて「律師ヲ辞シテナカク高野山ニ籠居」するに至ったのである。

『源空聖人私日記』は大原談義に集会した人師の中に明遍の名を挙げ、「光明山僧都明遍　東大寺三論宗長者也」としているが、大原談義は文治二年（一一八六）か遅くとも文治五年に行なわれたから、明遍は四十五歳の時には光明山寺にいたとみなければならない。他の法然伝記の作者も大原談義当時、明遍は光明山寺にいたと考えている。したがって『明義進行集』の如く光明山入寺を五十有余歳とみるよりは、四十歳前後から法然の浄土教に近づき、四十五歳の時には大原談義に参加したとみる方がよい。

これを要するに、明遍は師の敏覚の別当なる顕職の辞任を契機に、四十歳に近づいた頃東大寺の生活を離れて、三論の別所光明山に籠居したが、僧官昇進の望みをまったく棄てたわけではなかった。しかし敏覚の引退とその死は明遍の昇進にも大きな影響を与え、「転任遅々」「イマニ昇進ノオソクテ籠居カ」と世人の噂になる程であった。敏覚の最晩年の宗教生活やその死が明遍を浄土教に一層近づかしめることになり、さらに京都にあって法然やその徒の教説に触れるに及んで急速に法然の教えに傾倒していったのであろう。

三　明遍の高野山籠居

さて次に明遍が光明山からさらに高野山に移ったことは周知の事実であるが、彼の高野山時代が何時から始まるかについても、諸書は一定しない。

『法然上人行状絵図』は建久六年(一一九五)五十四歳とし、『明義進行集』は五十有余歳で光明山籠居、その五年後に高野山に隠遁したとする。また『紀伊続風土記』は応保二年(一一六二)十九歳(応保二年ならば二十一歳に相当する)とする。『紀伊続風土記』のみは他書と甚だ相違している。

近年五来重氏は明遍の高野入山の年時に関し次のような考えを提示された。(17)すなわち、重源の高野新別所と明遍の東別所との関係から、東別所ののちに新別所が開かれたとみなければならず、また『南無阿弥陀仏作善集』の記事に照しても、新別所専修往生院は明遍の蓮華三昧院の支院に当ると考えられるから、『法然上人行状絵図』の建久六年入山説は疑問であり、早ければ『紀伊続風土記』の所説通り応保の頃には入山していたのではないか、とされている。

なるほど五来氏も指摘される如く、「高野山検校覚海書状」によれば、明遍は「此数十年」高野山に住んでいたとみなければならないから、相当早くから高野山にいたように見受けられる。しかしだからといって直ちに『紀伊続風土記』の「応保二年登二高野山一年十九歳卜二居蓮華谷一云々」を信じることはできない。この書が何を根拠にして応保二年説を述べるか明らかでない。第一、応保二年を十九歳としているが実は二十一歳に当り、どうもこの書の史料的根拠が弱いようである。

前にみた如く明遍は承安五年には東大寺にあって学侶として活躍しているのであるから、よし一時的に登山することはあったにしても、応保の頃から登山隠遁していたとはあまり考えられないのである。とすると五来氏が提起された重源の新別所と東別所との成立をめぐる前後関係や覚海書状をどのように考えたらよいかという問題につきあたるのである。

この問題については早急に結論めいたことをいうことはできないけれども、次のようなことが考えられると思う。まず両別所の関係であるが、これはなるほど五来氏が指摘されたように東別所あっての新別所ではあるけれども、東別所は明遍の蓮華三昧院草創をもってその歴史を始めるとは限らないのである。既に仁平元年（一一五一）

に宗賢阿闍梨が東別所の地に三間四面堂を建立し(18)、承安四年(一一七四)には上野阿闍梨宝心が東別所北谷の庵室で入寂しているのである(19)。一方重源と高野山との関係は安元二年(一一七六)頃から跡づけることができ、重源の新別所で二四輩が蓮社を結んでいたのは建久前後からである(20)。したがって早く東別所の地が開かれ、のち重源によって東別所の奥に新別所がつくられ、間もなく明遍が東別所に住みつき、蓮華三昧院を建てたと考えられるのである。

次に建保七年(一二一九)二月の「明遍宛覚海書状」(後出註(40)参照)の「此数十年容ニ御身於当山ニ」なる文をどうみるかということであるが、この書状は明遍七十八歳の時のものである。明遍の高野入山を最も遅くみた場合の建久六年(一一九五)から起算しても既に三〇年近い年月が経過している。しかもこの書状は、吉野・高野の相論に関して明遍の愛山護法心に訴えたものであるから、彼の籠山が永年にわたっていることを強調した修辞かとも思われる節がないでもない。

さらにまた、亡父通憲の十三回忌、つまり明遍三十歳の承安元年(一一七一)に一門の僧侶が八講を修せんとした時、明遍は高野山に籠居していて下山しなかったかの如く記述するもの、例えば『沙石集』などがあるが、これは既に先学によって記事自体に誤りのあることが指摘されている(21)。

このようにみてくると、勿論明遍とても光明山時代、あるいはそれ以前においても高野山へ登ったことがあったであろうが、少なくとも「ナカク高野山ニ籠居」するようになったのは、やはり『明義進行集』や『法然上人行状絵図』が述べるように、五十有余歳の頃であったとみる方がよいのではないかと思う。明遍の高野籠山が後半生において永きにわたっていることは事実であるが、その入山が三十歳前後のような早い時期に行なわれたものではない、といえそうである。

明遍の高野入山の理由については、『法然上人行状絵図』や『明義進行集』などは、遁世のおもいがつのったからであると説明し、さらに世間では明遍の昇進が遅れたので籠居するようになったのであろうと噂さえあった、と書き添えている。この理由づけは、これらの書が明遍を道心堅固の遁世者の一理想型とみている限り、一応もっともな説明である。

しかし、先にみたように敏覚引退後の昇進の遅滞と公請への不参勤と浄土教への一層の接近が、彼をして高野遁世へと向かわしめたであろうことを考えねばならない。さらにまた、明遍の高野遁世は、醍醐寺権僧正勝賢(勝憲)の高野籠居と関係があるのではないかと考えられる。勝賢は明遍と同じく藤原通憲の子である。通憲が自殺した平治元年(一一五九)、二十二歳で三宝院第二十一代実運から伝法を受け平治の乱では安芸に流され、元暦二年(一一八五)に権僧正となり、醍醐寺第二十二代座主を襲い、東大寺東南院の院主ともなり、建久三年(一一九二)東大寺第八十七代別当に就いたが、翌四年辞して高野山に入り、在山わずかに四年、建久七年(一一九六)六月五十九歳で没した。[22] 明遍が高野山に籠居したのは、『法然上人行状絵図』によれば、勝賢に遅れること二年の建久六年である。しかして高野山に入ってからは共に東別所蓮華谷で念仏生活を送ったという。

このようなわけで明遍の高野遁世は勝賢の籠居と関連づけて考えてよいかと思われる。思うに明遍は勝賢にひかれて高野山に入ったのであろう。

因に『三宝院伝法血脈』によれば、守覚法親王、静遍、成宝などがいずれも建久三年以前に勝賢から伝法を受けていて、守覚らの三人は、後述の如く、明遍と共に東大寺僧形八幡神像胎内銘に名を列ねている。明遍の周辺に勝賢の関係者が存在していることは、明遍と勝賢の関係が高野山を接点として密であったことを示唆しているとみてよかろう。

周知の如く明遍は蓮華谷に蓮華三昧院なる庵室を建てた。いわゆる蓮華谷聖の拠点となったのが蓮華三昧院であるが、最初はごく粗末なものであったらしい。『一言芳談』には「高野の空阿弥陀仏の御庵室のしつらひの便宜あしげにて云々」と出ている。また仁治元年（一二四〇）十月の「虚仮阿弥陀仏寄進状」によれば、

以二件得分余剰一、欲レ宛二置同寺蓮華三昧院毎月仏聖燈油並寺僧供料等一、此院者、為二伯父之建立一、更無二一燈之支一、幸待二御善根之次一、欲レ訪二父祖並伯父之後生一、寄二進之一

とあって、[23]一燈の支えもないので、虚仮阿弥陀仏（佐々木信綱）が貧しい蓮華三昧院を支援している程である。

ここで明遍がいた頃の高野山をみておくと、明遍が入山した頃、高野山は後白河上皇が有力な外護者であった。後白河上皇崩御後も外護者は依然として院政政権であった。[24]この院政政権と結びついて高野山で活躍しはじめたのが実に聖たちであった。例えば後白河上皇は文治二年（一一八六）に平家一族の供養を行ない、備後の太田荘を大塔に寄進したが、このとき活躍したのが聖系の鑁阿上人であった。後鳥羽上皇は承久元年（一二一九）、元仁元年（一二二四）に登山された。また後白河上皇の皇子守覚法親王が承安頃から何度も登山されたり、後鳥羽上皇の皇子道助法親王が承久三年光台院を開創されたりして、皇族の来住者も多かった。

さらに山上には文治年間から源平争乱での落武者や没落貴族らで来山出家する者も多くなり、いわゆる聖の念仏集団が山上に形成されていたが、やがてこの念仏衆の中核になったのが重源であり、明遍であった。重源自身は東大寺再建の事があって高野山に常住していたのではないが、新別所では専修往生院を中心に社友が結成されていたし、近くの蓮華谷には蓮華三昧院を中心に念仏行者が集まっていたのである。明遍に帰依した人には、頼助(25)、快仙(26)、静遍(27)、清算(28)などの僧正僧都をはじめ、覚蓮(29)、静蓮(30)などの上人や鎌倉法印貞暁(31)、さらには信西の郎等(32)などがあった。明遍の蓮華谷蓮華三昧院を中心とする同法を「蓮華谷のひじり」と称したらしく、『今物語』には「蓮華谷のひじり三、四十人計り」と出ている(33)。また少納言入道信西の郎等八人が遁世して明遍の下部となり、「八葉ノ聖」といわれて高野聖の濫觴となったと伝えられている(34)。明遍の許には確かに念仏法師の下部がいた。「蓮華谷ニ多年給仕之人ナリ、後ニハ為二鎮西御弟子一」った正念房(35)などはこの下部法師に相当するであろう。浄土宗側の史料では明遍の弟子として敬仏、願性、浄念、寂蓮、昇蓮を挙げている(36)。昇蓮は『蓮門宗派』では「仁和寺住」であったというから、高野山のみならず京洛にも弟子がいたのであろう。敬仏の如きは高野山、京都、奥州、関東を回遊していた聖である(37)。実際高野山に登って明遍から教えを受けたものの中には、敬仏のようなタイプの者が多かったと思われる。

このように明遍は高野山上における念仏聖の指導的地位にあり、重源が大仏殿再興勧進のため高野山に常在しないだけにその地位はきわめて高く、後世高野聖の開祖の如くみられた(38)のも故なしとしないのである。

また高野山の教学の面からみると、明遍の高野山における師の覚海は、南谷に華王院を建て、真言教学の振興と学徒の養成につとめ、仮名法語「覚海法語」を著して密教の民衆化をはかった中世高野山教学史上の泰斗であった。(39) 勿論明遍は高野山の学侶として真言教学の進展に積極的に参加したわけではなかったが、空海教学復興の機運がみなぎっていた時に入山したことは、それだけ明遍に「顕密の法門を談せら」れんことを願った「人ののぞみ」も真摯であったろうし、教学の興隆に伴っての行法の振起に拍車をかけることになり、ひいては高野山の浄土教振興にはまことにタイムリーであったろう。

明遍は「当山三密地故思三地為二公事一弥陀供養法一座勤レ之」(『東宗要』四)とあるように、その行業に密教的な面もあったが、その高野山における地位は、右に触れた如く、念仏集団の形成、浄土教の発展と関連づけて考えるべきであり、むしろ高野山だけに限定せず聖の歴史という広い視野から位置づけられるべきが至当であるが、高野山だけに限ってみるならばさらに次のような点が注意される。すなわち、建保七年「明遍宛覚海書状(40)」から窺われる如く、明遍乃至その聖集団が吉野・高野相論に活躍し、当時彼らが高野山の荘園領主権の維持にかなり貢献していたことである。したがって高野山の経済面における明遍の役割も看過できないのである。

ともあれ、明遍は蓮華三昧院に拠って「高野ニ住シテ卅余年、跡聚落ニイラス、身世事ニミタレス、長斎梵行智者道心者、チカクハコノヒトナリ」(『明義進行集』)といわれた遁世生活を送り、法然におくれること一四年の貞応三年六月十六日、八十三歳の高齢で蓮華三昧院の庵室に没したのである。葬られた場所は今日の明遍通りの奥である。

四　東大寺僧形八幡神像胎内銘をめぐって

以上明遍をとりまく人的環境に注意しつつ、その宗教的経歴を辿ってみたが、ここになお明遍の境遇を知る上に看過できない史料がある。それは建仁元年（一二〇一）開眼の東大寺僧形八幡神像の胎内墨書銘[41]である。以下少しくこの胎内銘によって明遍の周辺をさぐってみたいので、左に煩を厭わずその全文を掲げてみたい。

文殊師利𦬇
梵　比丘尼蓮西
妙法蓮華経
梵
空阿弥陀仏
明遍
過去祖師
敏覚
梵
明恵
定昭賢祐父母

梵比丘尼顕阿弥陀仏
観世音菩薩
皐諦　世喜我
次郎　三郎　土用
源三　小次郎　高倉
牛　千鳥　菊　牛母
良賢　亀王丸
寿王丸
僧行円同父母　高階氏　憲方

法印成宝

同祖父祖母同養母
覚縁祖父祖母藤原女
浄阿弥陀仏慶賢三条
宗全慶寛縁輩大夫殿
僧慶円源氏母
梵　過去乳母
比丘尼蓮妙
梵
仏頂尊勝陀
梵
羅尼
梵　阿弥陀仏
梵　慧敏
実深
梵
梵
梵梵　執筆任阿弥陀仏寛宗
東大寺八幡宮安置之建仁元年十二月廿七日御開眼

比丘尼妙蓮橘重永　源行永平氏
同氏同氏源禅師丸　千福　俊毫
諦受　出羽局　高橋女
寛恵　宗恵　勝恵　定宗
厳海　俊慶　印遍　寛祐
高余
若俊
真阿弥陀仏
聖阿弥陀仏　願以此功徳
定阿弥陀仏　普及於一切
行阿弥陀仏　我等与衆生
善阿弥陀仏　皆共成仏道
真阿弥陀仏
源氏　法界衆生平等利益
源氏
衆生無遍誓願度

今上大上天皇七条女院八条女院　御室守覚
長厳真遍静遍　永遍　章玄　了阿弥陀仏
過去後白河院　快賢　快宴　快俊　良円　性阿弥陀仏
東大寺別当弁暁珍賢快専頼厳浄宴信覚
行厳迎賢迎慶迎印　性阿弥陀仏慶俊
奉造立　施主巧匠梵阿弥陀仏快慶小仏師
快尊慶聖良情慶連宗賢尊慶良快
祐賢宗円慶覚覚厳隆円覚円良尊
信慶勝盛良智有尊有実快祐覚縁
浄慶慶寛実厳　運慶　有序
円長宗遍染工大中臣友永　藤井末良友綱
銅細工兼基
権少僧都顕厳　秀厳
親蓮　建明　敦佐　因幡房
伊与局　貞乗
法印澄憲　貞敏

源定俊

煩悩無遍誓願断　願我臨欲命終時　尽除一切諸障㝵　大倉允
法門無遍誓願知　面見彼仏阿弥陀　即得往生安楽国　藤原俊重
如来無遍誓願求　南無仁王妙貞　孝道中将房永慶　祇女徳秋
無上菩誓願証

まず明遍は右の銘には、空阿弥陀仏明遍と出ている。阿号が遁世号であるところから、明遍は高野入山後に空阿弥陀仏と号したと考えてよい。建仁元年は明遍の高野籠居後数年目に当っている。明遍自筆の『観無量寿経』(42)には、

建久三年三月廿二日為ㇾ資㆓先師菩提㆒書ㇾ之　明遍

とあって、建久三年(一一九二)は高野山隠遁の少し以前に当り、ここではまだ空阿弥陀仏という遁世号を書き添えていないから、空阿弥陀仏と称したのはやはり高野入山後であろうと思われる。

『法然上人行状絵図』は、『選択本願念仏集』を披覧してのち専修念仏の門に入り、その名を空阿弥陀仏と号したと述べているが、『選択集』は建久九年の撰述であって、空阿弥陀仏と号したのは一応その頃と考えられる。しかし『選択集』はすぐに披覧できる性質のものではなかったから、阿号と『選択集』を結びつけることは正しくない。空阿弥陀仏の号はやはり「公請」から訣別した高野登山後と考えた方がよい。

次に明遍以外では、胎内銘の中から、一族として澄憲、慧敏、貞敏を挙げることができる。澄憲はいうまでも

なく明遍の兄であり、慧敏は澄憲の子である。また貞敏は貞慶の弟である。したがって慧敏・貞敏は従弟であり、明遍の甥である。澄憲は建仁三年（一二〇三）に没しているので、この神像の開眼は死の三年前のことになる。今これらの人々の関係を示すと次の如くである。

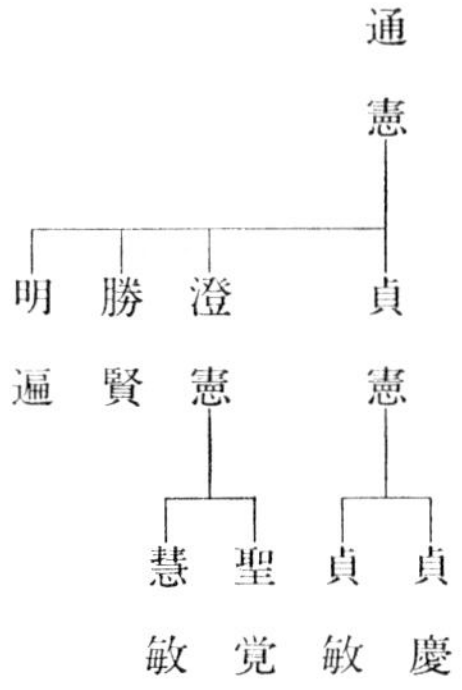

次にまた、明遍の師弟関係者として敏覚・明恵・静遍の名が出ているのに気づかれる。

敏覚はここでは「過去祖師」となっている。当然のことながら敏覚は二〇年前の養和元年（一一八一）十月に没しているからである。右に述べた明遍自筆『観無量寿経』の奥書にある「先師」も勿論敏覚である。敏覚と明遍とが師弟関係に加えるに俗縁関係でも結ばれていたことは前述の通りで、再説を要すまい。

明恵・静遍と明遍とについては、『血脈集記』によるなら、実範―明恵―明遍―静遍の血脈相承の間柄にあったようである。すなわち明遍は実範の弟子の大納言得業明恵から灌頂を受けているのである。静遍は『明義進行集』によればかの勝賢（憲）から小野流を受け、さらに仁和寺の仁隆から広沢流を汲んだ真言の名匠である。のち法然の『選択集』を披覧して念仏門に帰し、「サハヤカニ本宗ノ執心ヲアラタメタ」人師として、浄土宗では注目されている人物である。また『法水分流記』は「又従㆓明遍僧都㆒聞㆓浄土宗義㆒」いたと述べている。これらに従うと静遍は勝賢・明遍兄弟から教えを受けたことになる。

勝賢といえば先に一言した如く、勝賢の弟子中、この静遍の他に守覚、成宝の名が出ている。『三宝院伝法血脈』には、

勝賢─┬守覚　法親王　仁和寺北院御堂
　　　│　比院秘記云、寿永二年十一月一日不両部灌頂即明(印カ)伝受勝賢法師了云々
　　　│（中略）
　　　├静遍　大納言　平大納言頼盛息　禅林寺
　　　│　文治四年十一月十一日授之了
　　　│（中略）
　　　└成宝　重受　勧修寺
　　　　　建久二年十二月十六日於三宝院受之三十色衆八人

とある。

守覚は後白河法皇の第二子で永暦元年（一一六〇）仁和寺北院に出家せられ、寿永二年（一一八三）勝賢から灌頂を受けられ、僧形八幡神像が開眼された翌建仁二年（一二〇二）八月になくなられた方である。(43) 胎内銘では御室守覚と出ている。八条女院の下にその名が書かれているが、守覚は八条院暲子内親王の養子でもあった。

また成宝は藤原惟方の子で母は源師経の女である。顕密兼学の僧で東寺長者、東大寺別当（第百四代）をつとめた。また、胎内銘中慧敏の次に名を列ねている実深は、「爰成賢者年来之師弟、骨肉親知、勝賢殊依㆓随喜求法志㆒、契約已深」（勝賢自記付法状）といわれた明遍の兄勝賢の甥の遍知院僧都成賢の付法の弟子であった。また実深は藤原公国の子で、のちに醍醐寺座主になった人である。このように勝賢またはその甥成賢と付法関係をもつ醍醐寺関係の僧侶がみられるのである。

また仁和寺関係の僧もみられる。守覚法親王のほかに、例えば賢祐・長厳・顕厳・深賢・寛宗などが挙げられる。このうち賢祐は通憲の俗系に連なるようである。

賢祐の系図は左の通りであって、その家系は高階為家と関係があり、その高階為家は経敏、ひいては敏覚、通憲ともつながってくるのである。

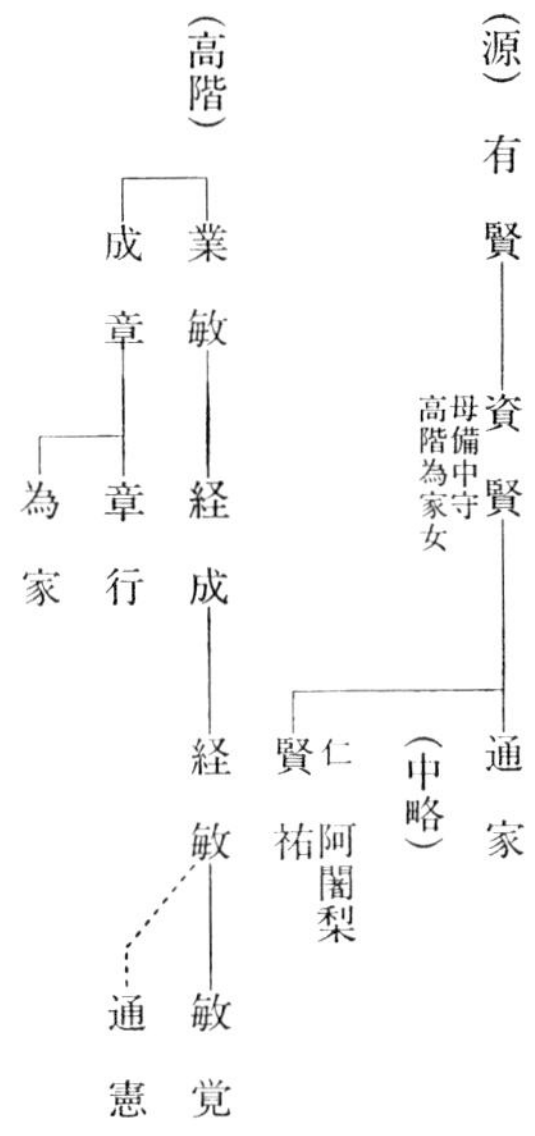

両家系を照合すると賢祐は敏覚や通憲など一世代あとの、つまり明遍などと同世代であって、胎内墨書の「賢祐父母、同祖父祖母、同養母」なる文句の中に高階氏出身の者が入っていることになる。その高階氏が通憲と因縁があったことを考え合すと、胎内前面の墨書中に「高階氏」とあるのは一段と興味深いことである。

このように醍醐寺または仁和寺関係者の名が多く出ていても、当時としては決して奇異のことではない。

当時の東大寺は別当職も華厳三論宗系、真言宗系の者が補任され、ことに東寺、勧修寺、仁和寺、醍醐寺の真言系別当が多かったのである。したがって東大寺に対する真言宗勢力の進出からいって、八幡神像胎内墨書の人物に、その頃の真言宗系の僧侶、しかも貴族出身の者が多いのは当然の事であるが、単に公式的に醍醐寺、仁和寺などの要人が名を列ねているとみるよりも、明遍および明遍の一族と関係の深い僧侶が名を留めているとみた方が意味あいが深いと考えるのであるが、いかがであろうか。

もしこの見方が許されるならば、この八幡神像は、快慶以下の仏師や東大寺別当弁暁——明遍の後輩であるが——など公式的な人物をのぞくと、明遍や明遍の兄勝賢などと関係の深い僧侶がその名を留めていて、この像はこれらの人々の結縁によってできたとさえ極言してもよいほどである。

翻ってこの僧形八幡神像のことを考えると、この像は、東大寺再建に伴う鎮守八幡の復興に当って、重源が神護寺の僧形八幡の影像を模して造らせたものである。重源ははじめ、当時鳥羽離宮内の勝光明院に収められていた神護寺の八幡神影図を神体にしたいと願っていたが、文覚の抗議を受けて許されなかったので、この影像を模した彫像を安阿弥陀仏快慶に造らせたのである。こういう曲折があったので、八幡宮が上棟されたのは建久八年（一一九七）であったが、この神像の開眼をみたのは建仁元年（一二〇一）の年末であった。

重源と快慶は浄土信仰を通じて強く結ばれていたようである。(44) 快慶もまた安阿弥陀仏と号していた。重源と奈良仏師の関係は深い。しからば明遍らはいかなる因由でこの八幡神像の造立に結縁したのであろうか。快慶は神像開眼の前の年、正治二年（一二〇〇）に高野山の孔雀堂の本尊孔雀明王を造っているので、明遍との関係が既にあったとも推測される。しかし明遍が過去祖師敏覚の名をも列ねて結縁した、その事情の奥には重源が介在していないかと思うのである。明遍の信仰のなかで八幡信仰自体を窺うことはできない。表面的にみればこの八幡神像に結縁していることから八幡信仰を持っていたといえないこともない。しかしこの八幡神像はその結縁者の信仰の表出ということよりも、その結縁者に共通の場があり、その共通の場がこの場合重要であることに注意したいのである。すなわち重源、明遍、快慶などの浄土信仰者、さらには明遍、勝賢兄弟との関係者が東大寺、仁和寺、高野山等と別れていてもここにひとしく結縁しているその事実である。このようにみると実にこの国宝僧形八幡神像は明遍研究にとって貴重な史料である。

五　法然伝に現われた明遍

さて、浄土宗側の文献に明遍はどのように出ているであろうか。各種法然伝に見える明遍関係の記事は、『法然上人行状絵図』がその伝記を載せて最も詳細であるが、特に法然と明遍との関係を述べる段においては各伝に多少の異同がある。

いま、㈠大原問答、㈡「三昧発得記」の披覧、㈢『選択集』読後の夢、㈣対面・法談、㈤遺骨捧持、㈥その他、の各項に分けて各伝の異同をみてみたい。

㈠　大原問答の集会者中に明遍があったとするものは『源空聖人私日記』(以下『私日記』と略す)、『本朝祖師伝記絵詞』(『四巻伝』)、『法然聖人絵』(弘願本)、『法然上人伝絵詞』(琳阿本)、『拾遺古徳伝』(以下『古徳伝』と略す)、『黒谷源空上人伝』（『十六門記』）の各伝である。これに対し『法然上人行状絵図』、『法然上人伝記』（醍醐本）、『法然上人伝記』（『九巻伝』）は東大寺上人方の個々の名を挙げていない。[45]

『私日記』をはじめ多くの法然伝は明遍が列座したとする。『大原問答聞書』は、聞書での第五問答は明遍から発せられたとしている。明遍が列したことを裏づける確実な根拠はないけれども、当時明遍は南都浄土教の中心である光明山にいたと思われるから、大原問答参加はあり得ることである。

(二)　法然の「三昧発得記」を明遍が披覧したと伝えるものは、『法然上人行状絵図』、醍醐本、『九巻伝』のみである。[46]醍醐本は、勢観房伝持の法然自筆の「三昧発得記」を明遍が尋ねて一見を加え随喜の涙を流したと伝えている。「被レ送二本処一」とあるから明遍は高野山でこれを見て勢観房の所まで戻した、というのであろう。『九巻伝』の記述では法然の没後ようやく流布したのを明遍が披見して感激した、という。「三昧発得記」と勢観房源智と明遍との事については、『西方指南抄』にも、また『明義進行集』にもなんら触れていない。

「三昧発得記」は『選択集』と同様にその伝持の人物が教団の中で注視されるわけであるが、この点、醍醐本の記述は暗示的であり、醍醐本に従うならば源智と明遍の間に何らかの連関があったことになる。しかし『九巻伝』では源智と明遍のことは出てこないし、他の法然伝は一切取り上げていないので、醍醐三論系の徒が創作したのではなかろうか。醍醐に三論宗の先達（寛雅）があり、求法時代の法然が尋ねたとは弘願本を除く各伝に出ている所であり、[47]醍醐本は醍醐三宝院に伝わっていたものであるから、伝記成立の上からみても醍醐三論宗は無視できないように思う。

(三)　明遍が『選択集』を披覧して、偏執の書であると思って寝た夜の夢に、四天王寺西門で一人の聖が病人に粥をやっている光景が現われ、この聖が法然上人であると知って、『選択集』こそは時機相応の書であると悟って、念仏門に帰入したという話がある。この話は『法然上人行状絵図』、琳阿本、『古徳伝』、『九巻伝』に出ている。(48)話の筋は四本とも同じであるが、『法然上人行状絵図』はこの夢のあと「忽に顕密の諸行をさしをきて専修念仏の門にいり、その名を空阿弥陀仏とぞ号せられ」たと述べ、琳阿本と『九巻伝』は、法然上人の許に参って懺悔し専修念仏に入った、と記している。

この話は明遍の回心を『選択集』との出会いに求め、他宗の人師らしくその帰入の過程を効果的に構成したものである。明遍の浄土教への傾斜は前にも触れた如く、その光明山時代にあると考えてよい。また空阿弥陀仏と号したのも前述の通り高野入山前後であって、その直後に作られている秘本『選択集』を高野山ですぐに見られるわけはないから、『法然上人行状絵図』のこの記事、特に『選択集』を披閲してから阿弥陀仏号をつけたことの真実性はほとんど認められない。

(四)　右の話に続いて『法然上人行状絵図』、弘願本、琳阿本、『古徳伝』、『九巻伝』は高野山の明遍が善光寺参詣の途中法然に面謁して、生死を離れるべき道について尋ねた話を載せている。(49)『法然上人行状絵図』は四天王寺におられた法然上人の許へ尋ねたように記し、琳阿本と『九巻伝』は小松殿の坊に参上したように述べて小異はあるが、この話の中心はその問答にある。すなわち「念仏の時、心の散乱し候をばいかゞし候べき」(弘願本)という散心念仏についての不審問答である。法然の答は「心はちれども、念仏だに申は、仏の本願にて往生すべしとこそ心えて候へ」(弘願本)であった。文句に修飾はあっても各伝同じである。

この問答のことは『明義進行集』に詳しく出ている。『一言芳談』にも、

高野の明遍僧都、善光寺参詣の帰足に、法然上人に対面、僧都問云、いかゞして今度生死を離るべく侯、上人の言、念仏申てこそは、問給はく、誠にしかり、但、妄念おこるをばいかゞ仕候べき、上人答云、妄念おこれ共本願力にて往生する也、僧都さうけ給ぬとて、出給ぬ、上人つぶやきて云、妄念おこさずして往生せんと思はん人は、生れつきの目はなを取捨て、念仏申さんとおもふがごとし、

と出ている。また宗典では同様の事が『和語燈録』、三祖良忠の『玄義分伝通記』に載せられている。

明遍は、法然から右の如く教示されてか否かはともかくとして、念仏にあたっては心の乱不乱を論ぜず、強盛心をもって念仏を申したらしい。良忠の『決答授手印疑問鈔』下および『一言芳談』には、鎮西の本覚坊から「心もし散漫せば、其時の称名善にあらず、心を静にして、後唱ふべきなりと申候は、いかゞ用意すべく候覧」と問われて、

それは上機にてぞ候覧、空阿弥陀仏がごときの下機は、心を静むる事は、いかにもかなひがたければ、念珠の緒をつよくして、乱不乱を論ぜず、くりゐてこそ候へ、心のしづまらん時と思はんには、堅固念仏申さぬ者にてこそは候はんずれ、

と答えたことが出ている。

(五)　遺骨捧持のことが出ているのは『法然上人行状絵図』だけで、

僧都ひとへに上人の勧化を仰信し、ふた心なかりければ、上人の滅後には、かの遺骨を一期のあひだ頸にかけて、のちには高野の大将法印貞暁鎌倉右幕下息相伝せられけり、

とある。[50] この話を事実と信ずることはできないが、『法然上人行状絵図』成立当時こういうことが伝えられていたのであろう。亡き人の遺骨を頸にかけて高野山へ運び、それを供養する高野聖の行業、風体が反映しているのではないかと思う。また、㈥のその他に属するが、『九巻伝』に、

手に念珠をまはすはおそしとて、木もちて念珠をふりまわして数をとられければ、明遍のふりふり百万遍とぞ人申ける、

と出ている。木で念珠をふりまわす「明遍のふりふり百万遍」というのも高野山の念仏聖のやり方であったと思われる。

㈥『法然上人行状絵図』には入道民部卿長房が明恵（高弁）の『摧邪輪』を明遍にみせようとした時、明遍は「我は念仏者なり、念仏を破したらん文をば手にもとるべからず、目にも見るべからずとて返し」、その後明遍の弟子の仁和寺の昇蓮房が見せた時には「凡立破のみちはまづ所破の義をよく〱心得てこそ破するならひなるに、選択集の趣をつや〱心えずして破せられたるゆへにその破さらにあたらざる也」と答えた、と出ている。この話は他の法然伝には見当らない。

また明遍は「論議決択のみち日本第一のほまれあり」、ある時貞慶、澄憲、明遍の一族三人が会して宗論を行なおうとしたが、澄憲は筆をとって「三論に明遍あり、敵のつるぎをとりて敵を害す、（中略）宗論さらにかなふべ

からず」と書いたと、これまた『法然上人行状絵図』のみが伝えている。

明遍がなかなかの理論家であったことは、有智の空阿弥陀仏といわれ、『往生論五念門略作法』『往生論臨終五念門行儀』『往生行儀』『念仏往生得失義』などの著作があったことで窺われるが、(51)『一言芳談』に「只常に理をもて制伏し給し也」とあるによって十分察せられる。また一族三人の宗論の挿話について想起されるのは『元亨釈書』『沙石集』などに出ている通憲十三回忌に一門が八講を修したことの話である。『法然上人行状絵図』の右の挿話はこれに示唆を得てつくられたものであろうが、明遍のひととなりの一端がよく描かれている。

最後に、まったく他伝記と異なっているのは『法然聖人絵』(弘願本)の「源空は明遍の故にこそ念仏者にはなりたれ云々」の一節である。次の如く出ている。

常州の敬仏房まいり給へりけるに、上人(法然)問云、何処の修行者ぞ、答申云、高野よりまいりて候、又問云、空阿弥陀仏はおはするか、答さ候、其時被仰云、なにゆへに是へは来給へるぞ、只それにこそおはせめ、源空は明遍の故にこそ念仏者にはなりたれ、我も一代聖教の中よりは念仏にてそ生死ははなるべきと見さだめてあれども、凡夫なればなをおぼつかなきに、僧都の一向念仏者にておはすれば、同心なりけりと思故に、うちかためて念仏者にてはあるなり云々、

弘願本は法然伝中異色のものである。例えば厠での不浄念仏を説いたり、「七箇条制誡」に善信を記しているなどである。弘願本は真宗系の人の手になったものとされている。敬仏房が求道者として描かれ、明遍が法然の師であるかの如くに書かれていることに、明遍の弟子の敬仏の徒、すなわち高野念仏聖の一派の影響がこの書の成

立に強く働きかけていることが想像され、この点から弘願本の性格を考え直してよいのではないかと思う。「源空は明遍の故にこそ念仏者にはなりたれ」という法然の詞は理解し難いところであるが、第一章第二節で推考したように、法然を念仏者に導いた人物として最もふさわしいのは明遍の兄の遊蓮房円照である。おそらく高野系念仏聖の唱導の過程で遊蓮房の名が落ち、高野念仏聖の中心人物たる明遍の名がクローズアップされたのであろう。弘願本は正安三年(一三〇一)にできた『古徳伝』に先行するとされているから、その成立期は敬仏など高野系念仏聖の活躍期に相当する。(52)

以上法然伝に現われた明遍をみたわけであるが、明遍にまつわる挿話が出ているのは、弘願本、琳阿本、『古徳伝』、『九巻伝』、『法然上人行状絵図』であって、十三世紀末～十四世紀初頭に成立したものである。ちょうど明遍没後そう遠からざる時期であり、またその流れを汲む念仏者——蓮華谷聖——が活躍していた頃である。明遍の記事はかかる念仏聖の存在が考慮されてできたに相違ない。さらにいうなら高野の明遍の所へ出入した念仏者が京都や諸国を遊行し、その地の念仏者と関係を持って、明遍の教説を伝えていったのであろう。明遍の弟子敬仏に「同朋」があり、正念房が明遍死後鎮西上人の弟子になっていることなどを想起したい。『東宗要』や『決答授手印疑問鈔』に出ている本願房や本光房、『一言芳談』の願生房などはかかる念仏者である。それらの書物に紹介されている明遍の思想は、往還遊行のこの種の念仏聖が伝えたものであろう。

法然と明遍の出会いに関する史実も、弘願本、琳阿本、『古徳伝』、『九巻伝』などのいわば後続法然伝や信瑞の『明義進行集』などだけに載せられているところをみれば、決定的なものとなし難く、確実な史料がみつからない以上は、明遍と法然を「同心なり」（弘願本）とみる念仏者が介在して両者の関係を密接なものにした、とみておく方が穏当ではなかろうか。

法然と非常な関係があるとみられ、その実そのことを証する史料の皆無に近いという点では、重源と明遍はまさに好一対である。

註

（1）名畑応順氏「明遍僧都の研究」（『仏教研究』一―三）。
（2）五来重氏「高野山における俊乗房重源上人」（『重源上人の研究』所収）、『高野聖』二〇一頁以下。
（3）『明義進行集』巻二（仏教古典叢書本、四頁）。
（4）『尊卑分脈』（『新訂増補国史大系』六〇下、一一三頁）。
（5）註(3)に同じ。
（6）「東大寺僧形八幡神像胎内墨書」（本書二六三頁参照）。
（7）『平安遺文』第七巻、三六七四号。
（8）(9)　平岡定海氏『東大寺の歴史』一〇七～一〇九頁。
（10）『東大寺要録』巻五（『続々群書類従』一一、一〇二頁）。
（11）同右、「治承元年九月十三日大衆違背、十二月六日被ㇾ替」とある。
（12）『平安遺文』第七巻、三六八七号。
（13）同右、三七一一号。
（14）同右、三七三二号。
（15）石母田正氏『中世的世界の形成』一八八頁。
（16）平岡定海氏『東大寺宗性上人の研究と史料』（上・中・下）参照。

(17) 五来重氏前掲論文。
(18)『高野春秋編年輯録』巻六(『大日本仏教全書』八七、寺誌部五、一五二頁)。
(19) 同右、巻七(同右書、一五七頁)。
(20) 註(2)参照。
(21) 註(1)参照。
(22)『東大寺要録』巻五、『三宝院伝法血脈』、『高野春秋編年輯録』巻七(前掲書、一六三頁)。
(23)『新高野山文書』五、『鎌倉遺文』第八巻、五六三四号。
(24) 井上光貞氏『日本浄土教成立史の研究』三六七頁。
(25)『高野春秋編年輯録』巻八(前掲書、一六七頁)。
(26)『紀伊続風土記』高野山之部巻三八、高僧行状之部巻五(同上第四輯、八一五頁)。
(27) 石田充之氏『日本浄土教の研究』三四四頁。
(28)〜(30) 註(26)に同じ(前掲書、八一六頁)。
(31)『法然上人行状絵図』巻一六(『法然上人伝全集』七九頁)。
(32)『紀伊続風土記』高野山之部巻四五「非事吏事歴」(同上第五輯、二三頁)。
(33)『今物語』(『群書類従』二七輯、四六六頁)。
(34) 註(32)に同じ(前掲書、二一、二三頁)。
(35)『決答授手印疑問鈔』下(『浄土宗全書』一〇、四六頁)。
(36)『法水分流記』(戊午叢書第一、三九頁)。
(37)『一言芳談』、『沙石集』巻九「妄執に依って魔道に落つる人の事」、『法然聖人絵』二。
(38)『非事吏事歴』(『紀伊続風土記』第五輯)、『三国仏祖伝集』(『続浄土宗全書』一七、三三〇頁)。
(39) 宮坂宥勝氏編著『高野山史』四九頁以下。
(40)『大日本古文書』家わけ第一、『高野山文書』二、宝簡集四九、『鎌倉遺文』第四巻、二四三九号。

〔高野山検校覚海書状〕

近日、十津川郷人来二当寺領大滝村一懸レ札申云、当村并花薗等、吉野之領十津川之内也、仍令レ懸二此牓示之札一、自今以後者、可レ勤二十津川之公事一云々、此条自由之次第、不思議之事候、此二三年以前、如レ此致二狼藉一候之処、経二奏聞一有二其沙汰一、然間、彼等所行無二体性一罷過候了、須レ被レ召二禁其骨張一候之処、寺家之沙汰自以二緩怠一、如レ此之間、又致二此不当一候、剰射二数十鹿一、剝レ皮取レ宍候了、寺家之歎何事過レ之候哉、人守二忍辱一、地無二弓箭一之間、十津川住人知二此子細一、動及二狼藉一候者也、憤懣之余、以二法師原一加二制止一候者、少々之刃傷出来可候也、是非二当山之所行一、違二背大師御雅意一候歟、若有二御計略一、此事被二停止一候哉、如何、白二抹山一被レ仰二付吉野執行一、丁寧有二御沙汰一者、何不レ被二対治一候哉、廻二御秘計一、被レ伺二彼御辺一事、寺僧同心所レ令二庶幾一候也、此数十年容二御身於当山一、深奉レ信二大師一、御寺家之魔滅、争無二御歎一哉、仍乍レ恐令レ啓二子細一候、恐々謹言、

（建保七年）二月十五日

蓮華谷　御庵室

(41)　土井実氏『奈良県銘文集成』六一〜六四頁、『造像銘記』一一一〜一一六頁。
(42)　五島美術館蔵。
(43)　『仁和寺御伝』『本朝高僧伝』『三宝院伝法血脈』『高野春秋編年輯録』巻七。
(44)　毛利久氏「東大寺復興における重源と奈良仏師」（『重源上人の研究』所収）。
(45)　法然上人伝研究会編『法然上人伝の成立史的研究』対照篇一、八四頁。
(46)　同右書、五三頁。
(47)　同右書、二七頁。
(48)　同右書、九七〜九八頁。
(49)　同右書、九九頁。
(50)　同右書、一〇一頁。
(51)　『長西録』（『大日本仏教全書』九六、目録部二、一四六頁）。
(52)　田村円澄氏『法然上人伝の研究』三四頁。

第五章　開創期浄土宗の思想動向

第一節　一念派の思想と行動

一　一念義の台頭

法念の専修念仏は鎌倉仏教の形成に多大の影響を与えたが、歴史はその先駆的地位を試すかのように、専修念仏の教団に受難の荊路を歩ませた。知らるる通り、専修念仏の急速かつ広汎な弘通は、聖道門教団をいたく刺激し、彼らをして専修念仏弾圧へと奔らせたが、その赴くところ、専修念仏教団は遂にいわゆる元久・建永・嘉禄などの法難を蒙ることとなり、法然はじめ幾たりかの念仏者が興行の張本人として指弾、処罰されたのであった。

度重なる不幸な受難のうちでも、専修念仏の興隆を嫌う興福寺衆徒の要請で、元久三年（一二〇六）行空と遵西が流刑に処せられ、その師法然も弟子の罪に坐して建永二年（一二〇七）土佐配流の処分を受けたことや、また法然滅後一五年の嘉禄三年（一二二七）に、同じように延暦寺から訴えられて隆寛・空阿弥陀仏・幸西の三人がいずれも流罪となったことは著名である。

この法難は、法然生前の、あるいは滅後の専修念仏の受難史を構成する主要部分となっているから、専修念仏法難史の分野で重要であることはいうまでもないが、さらに、これらは開創期浄土宗教団の考察に、より根本的な課題を内包していると思われるので、教団論の領域においてもきわめて重要である。

というのは、右にあげた法難において多くの犠牲者が出、法然生前の法難においても、また死後のそれにおいても、ともに一念の念仏者が受難しているが、これは一念義の存在、動向が初期法然教団の成長、発展に少なからぬ役割を果たしていたことを示す、とみられるからである。行空は一念義の立義者といわれ、幸西も一念義の祖とされていたが、ともに孤立的な存在ではなく余党を擁していた。一念の徒の活躍が法然教団の動きと無関係でありよう筈はないのであるから、一念派の問題は等閑に付せらるべき性質のものではなかろう。しかしながらこの問題について今まであまり論じられなかったようである。従来教学の立場から一念義を論ずることはあっても、教団史の立場からこれを取り上げることは少なかった。管見では田村円澄氏[1]、松野純孝氏[2]、重松明久氏[3]らがそれぞれの著書の中で一念義に触れておられるのが、如上の観点からする代表的な研究ではないかと思う。以下、私も一念派の問題を教団史の領域で少しく考えてみたい。

論述にあたって、用語についての規定を申し述べておきたい。一念義といった場合、教学的には幸西の所説のみを指すべきであろうが、後述の如くいろいろの一念論があって、必ずしも幸西の主義だけを指すとは限らない。いわゆる多念派の方は、一念論に立つ念仏者をひっくるめて「一念之人」[4]といい、世間は、その集団に対し

「一念宗」[5]とか「一念方」[6]などと呼んでいるのである。しかし私は以下文中で、多念派に対する一念側の汎称としては「一念派」「一念の徒」乃至これに準ずる語を用い、特に幸西の一念義を奉ずる門流を指す場合に限って「一念義」なる言葉を用いて、両者を区別していきたい。

では一念の念仏者が専修念仏教団にあって台頭してくるのはいつ頃であろうか。

法然門下の一念論提唱者としてまず挙げられるべきは、法本房行空と成覚房幸西である。行空が「法々(本)房者立二一念往生義一」[7]とて、社会から注視されたのは元久の頃である。この頃「一念義元祖」[8]と目された幸西は、当時四十歳代で、「此弟子未レ知二名字一」[9]と書かれたように社会的にはあまり知られてなかったようであるが、彼もまた行空と同じように偏執の輩として名指しされているところから考えると、専修念仏者間では既に一念義の徒として頭角をあらわしかけていたようである。松野純孝氏は、行空と幸西が同志的間柄にあったとも考えられるといっておられる[10]。幸西が一念義を主唱し始めた年時は知るよしもないが、建久九年（一一九八）三十六歳で法然の門弟となり、それより二〇年目の建保六年（一二一八）に『玄義分抄』を著しているから、それは多分この間のことであって、前述の『三長記』の記事を考え合すならば、おそらくは元久の頃には一念義への態度を固めていたとみて差支えなかろう。『西方指南抄』に一念派に対する自己の態度を明示した法然の「光明房に答ふる書」が収めてあるが、これは、『法然上人行状絵図』（以下『四十八巻伝』と略称）によれば、承元の頃幸西の弟子が越後方面で一念義を弘めていたのを、越中の光明房が法然に具状した書札に対する法然の返事であって、これを機に法然はついに承元三年（一二〇九）の六月十九日に一念義停止の起請文を認めたという[11]。『漢語燈録』に収める「遣北陸道書状」がそれであるが、どうも明らかでない。しかしこれらに従うと、承元三年以前に幸西の弟子が北陸で一念義を弘めていたというから、その師幸西の一念義提唱は、これを遡る元久・建永の頃とみてよい。したがって先述の通り行空と相前後して提唱したと推察されよう。もっとも、『西方指南抄』には「遣北陸道書状」がなく、「光明房に答ふる書」に年時が明記していないので、少し気がかりの点もあるのだが、法然の配流中に一念義が一段と盛行したであろうことは、頷かれるところである。なお『九巻伝』では親鸞が幸西の弟子として越後で一念義を弘めたことになっているが、[12]これは鎮西派が親鸞を一念の徒とみていたことを示す興味深い事柄である。

ともかく幸西は、かの行空が元久三年（一二〇六）「殊不当」と法然から破門され、さらに佐渡配流（『歎異抄』）[13]となって、教団に及ぼす直接の影響力をなくしたあとをうけて、頭角をあらわしてきたのである。彼は法然の配流前後から最晩年にかけて地歩を固め、そして法然の没後は隆寛・空阿弥陀仏などと共に専修念仏の張本人と目されて流罪になった安貞元（嘉禄三）年（一二二七）をピークに、専修念仏教団の一方の旗頭として教団の内外に大きな影響力を持っていたのである。一念義といえば直ちに幸西を考える程彼の影響力が強かったことは『西方指南抄』『漢語燈録』『四十八巻伝』などにのせてある、本願の信じ方をめぐって一念義派と論難をかわし、その裁決を法然に乞うた兵部卿平基親の書信について、『漢語燈録』が基親の対手側論者を「難者云成覚房（幸西）也」[14]とみている一事によっても知られる。難者が幸西であったかどうか真偽の程は別としても、直ちに一念義と幸西を結びつける後人の幸西観に、そのような伝承をうみだした根源に横たわっている往時の幸西の地位が窺われるのである。

一念義といえば直ちに幸西が想起され、事実幸西には、一念義の祖といわれるにふさわしい一念の理論を開示した論著があるが、のちに多念派から論難された一念派は必ずしもこの幸西の一念義を純粋に受け継いだ一派だけを指すのではない。一念の陣営にはさまざまな流派が出没交錯していた。聖光房弁長の『念仏名義集』には、一念の念仏者といっても、亜流・異流が入り乱れて、いろいろの主張を勝手になしていたことが述べられてある。[15] 法然在世中でさえ無念義なる極端な説を主張する者があった程で、[16] 幸西門下でも薩生が別種の一念義を立てているのである。

このような傾向はのちになるほど著しく、

又有一念学匠ノ云フ様ハ、一念ノ義ニ有二浅深一、同クハ深キ一念義コソ疾《トク》往生ハスレ、所謂相続開会ノ一念義ヲ頻リニ盛ンニ用ヒタル云々、(中略)又或人ノ一念ハ、学文シテ一念往生ノ理ヲ知ルベシトテ、学文ヲ頻リニ勧メテ云々、[17]

或人ハ一念義ヲ立テヽ、安心門起行門トテ立二三門一、安心門ノ往生コソ目出タケレ、(中略)又或人ハ観門行門弘願門トテ三門ヲ立テヽ弘願門ニ帰シテ往生スル也、(中略)又或人ハ立二寂光土往生一、[18]

などと『念仏名義集』にあるように、さまざまな一念論が同時に横行していたのである。また心念の一念、口称の一念、さらに口称の一念でも平生一称、臨終一称という具合に諸種の立論があって、それだけ精粗浅深雑多な流派が派生していた。しかしライバルの多念派は、これらをひっくるめて「一念の流れ」「一念の行者」とし、

両派は水火の如く相分れて誹謗しあったのである。一念多念の拮抗は、

源空雖レ没、末学興レ流、更分二一念多念之門徒一、各招二謗法破法之罪業一、[19]

雖二浄土宗一門念仏者一、一念之流数遍之流水火相分、一念之人咲二数遍之輩難行苦行一、数遍之人謗二一念之輩無行無修一、互成二偏執一、[20]

念仏ノ行ニツキテ一念多念ノアラソヒ、コノゴロサカリニキコユ、(中略) 一念ヲタテヽ多念ヲキラヒ、多念ヲタテヽ一念ヲソシル、[21]

などと述べられている如く、法然の没後特に激しかった。

ともあれ、法然滅後の念仏教団では、幸西を頂点とする一念義派が盛行し、これに次第に亜流・俗流の種々雑多な一念派が加わって、多念派と教団を二分しあう勢力を有していた。その教団的勢力は畿内はもとより九州、関東にまで及び、「此一念ト申ス事カ毎レ国充満シテ」[22]とまでいわれるに至った。確かに一念義派はいろいろな主張をもつものに分れ、さまざまな説を出没させたが、法然示寂前後の、最も激動し、門流が互いに競い合ったその時期に、勢力を著しく伸張させたことは注目に値する。邪義とされた一念義が中核になっているだけに重要である。一念の徒の動静が開創期専修念仏教団の考察に無視し得ぬ所以である。

二　一念派の思想と行動

では一体、一念派の教説や行状が、どのような点で好悪両様に受け取られて、興隆と同時に激しい批難をわが

身に受けたのであろうか。このことを次に考えてみなければならないが、しかしこの場合、一念派の主張を伝える史料はほんの僅かで、その上一念の徒の行状についても彼ら自身が自らを語っているものが皆無に等しい、という制約をわれわれは負わされている。したがって隔靴掻痒の感があるが、限られた所与の史料で一念派念仏行者の思想なり行業を点描して、右の点を考えてみることにする。

まず先蹤、中核をなす行空、幸西の念仏行についての理解、つまり彼らの念仏実践論に関する基本立場から眺めてみよう。

行空の「一念往生義」がどのようなものであったかはよくわからない。したがって幸西のそれとの異同についても論ずることができない。ただ行空については聖光房弁長の『浄土宗要集』に「法本房ノ云、念ト者思ヒトヨム、サレハ非二称名一」(23)とあるので、思念の念仏で口称の念仏ではなかったらしいと推定できるのであるが、本当のところはよくわからない。ところで法然在世中に声に出さないで心に念じていた者がいたらしいことは、禅勝房の法然への質問の中に、

六問云、念仏行者、毎日所作有下不レ絶レ声之人上、又有下心念取テレ数之人上、何ヲカ可レ為レ本候(24)、

とあることによって知られる。しかしこの念仏者の心念が行空の「一念往生義」となんらかの関係があるのか否かについてはさだかではない。また寂光土往生説を行空の説とする見解もあるが(25)、果たしてどんなものであろうか。ともかく行空の「一念往生義」の内容について詳しいことを知ることはできないが、彼の主張が「勧二十戒毀(犯カ)化之業一、恣謗二余仏願一(26)」る結果になり、その「偏執過二傍輩一(27)」ぎるとの批難を受けるに及んでいたことは『三

長記』によって明白である。行空に対する教団内外からのこの批判はそのまま、後述の如くあとにつづく幸西ならびにその徒の一念義派に対してもあびせられていた。これは行空と幸西の徒との間に共通性があったからで、その一念論においても多少なりとも共通点があったのであろう。

幸西の思想内容は、著書がのこっているから比較的明らかで、行空との比ではない。幸西は天台義を利用して浄土教の特殊性を高揚したが、その主張点を述べればこうである。「惣願ノ方便ハ別願ノタメ（中略）別願ノ方便ハ念仏往生ノ為メ、十念ノ方便ハ一念ノ為メ也」「唯乃至一念ノミ真実ノ生因」（以上『玄義分抄』）、「真実唯一念心也」「是亦唯一念心也、是名二真実心一、是名二深心一、是名二願心一、故云具三此三心一必得レ生也」（以上『一渧記』）、「南無阿弥陀仏ト念スル外ニ帰命モ入ルコトアラス、発願モ入ルヘカラス、廻向モ入ルヘカラス、唯仏智ヲ了スル一心ニ皆具足スル也」（『玄義分抄』）、「一乗者即弘願、弘願即仏智、仏智即一念也、（中略）一切善悪凡夫皆帰二彼智願海一得レ生也」「念仏往生具周成立、必由三信心与二彼仏智一念之心一、相応契会此事成立」（以上『略料簡』）などとあるように、仏の本願の意図は一念往生にあり、仏智を悟る一心念によって往生決定するというのである。しかして「口称ヲ捨テヽ心念ヲ行ゼシムルコトハ大経ニヨル」（『玄義分抄』）と述べ、また凝然が、

略料簡云、報仏報土而指レ方、本誓重願唯名号、十念念数不レ指レ時、別意弘願全異レ余上已、既言二唯名号一、故生因願唯称二仏名一非二身意業一、凡夫至心称二仏名号一頓超二娑婆一入二初地位一、良以二如来不可思議宿願増上強縁力一故、(28)

と紹介している如く、必ずしも口称を否定しないが、心念の念仏をば強調している。そこには「非二称名一」とい

われた行空の念と通ずるものがある。

また『略料簡』において、

為下欲ニ終レ時仏来現ニ従レ心不レ生依中彼願上、行者生レ彼唯由ニ願力一非レ由ニ凡夫自身自力一、罪障凡夫煩悩垢重、如来報土懸ニ絶分一故唯仰ニ仏願一直成就故云々、

と述べ、「従レ心不レ生依ニ彼願一」と他力の本願絶対信憑を明確にうたっている。さらに仏願を仰いでの仏智一念成就後の念仏については、凝然も「信智唯一念々相続決定往生」[29]と紹介している如く、幸西は必ずしも信決定後の念仏の放擲を主張しなかったが、といって信決定後も絶対に念仏を相続せねばならぬと規定したのでもなかったようである。「本願是一念也、二念已後為レ謝ニ仏恩一」[30]とか「信心決定しぬるには、あながちに称念を要とせず」[31]とか「信ヲ一念ニトリテ念スヘキナリ、シカリトテ、マタ念スヘカラストハイハス」[32]などという一念の徒の主張は、幸西の考え方に即してなされたものであろう。

以上が「一念義元祖」とみられた幸西の思想の要諦であり、念仏行すなわち実践論についての基本的立場であるが、そこに示された心念の強調、本願の絶対憑依、信決定後の多念の否定の三点は、幸西の一念義を特徴づけるものである。されば幸西の徒や一念派の行者は、

一念にも一定往生するなれば、念仏はおほく申さずともありなん、[33]

決定ノ信心ヲモテ一念シテノチハ、マタ念セストイフトモ、十悪五逆ナホサワリヲナサス、イハムヤ余ノ少罪オヤト信スヘキナリ、[34]

本願ヲ信スル人ハ一念ナリ、シカレハ五万遍無益ナリ、本願ヲ信セサルナリ、(中略)自力ニテ往生ハカナヒカタシ、タタ一念信ヲナシテノチハ、念仏ノカス無益ナリ[35]、

などとひろく主張した。そして遂には幸西教学の特性を曲解して、

罪ヲ怖ルルハ本願ヲ疑フ也[36]、

憑二弥陀本願一者、勿レ憚二五逆一、任レ心造レ之[37]、

などと述べる無智誑惑の輩が簇出するに至ったのである。

幸西の一念義に諸種の雑説を加え、本旨に悖ったことを説く一念の徒が出たが、しかし大なり小なり、大体右の幸西一念義の三特性のどれかを帯びていたようである。先に触れた相続開会の一念説の如きは頽廃的一念論の最たるものであった。すなわち、

此義ヲ申ス様ハ念仏ニハ只一念ト云事イミジク貴キ也、其故ハ念ト云フ文字ハ人二タリガ心トヨム也、一ト云フ文字ヲバヒトツトヨム也、サレバ一念ト云フハ人二タリガ心ヲ一ツニスルトヨム也、サレバ男女二人寄リ合ヒテ、我モ人モ二人ガ心ヨカラン時ニ一度ニ只一声南無阿弥陀仏ト申スヲ一念義ト申ス也[38]、

という類のものである。

かくの如く幸西の一念義を淵源として、のちには誤解されて、幸西の一念義から遠く離れて、低劣な方向に堕した一念説や泡沫的一念論が出たのである。しかしてこれらさまざまな一念の所説を信奉するものが、侮り難い勢力を有していたのであるから、一念義と相容れぬ考えをもついわゆる多念義派なるものは拱手傍観の許される

答もなく、論難を加え、互いに鎬を削って勢力を争ったのである。いうまでもなく法然教団にあって一念義が盛行し、同時にこれに対する批難が強かったのは、共感と批判の両様の徒が少なくなかったわけである。では共感者は何をもってこれを是とし、批判者は如何なる点を非として角逐し合ったのであろうか。上述によってほぼ推察のつくところであるが、以下思想面からこの点についてもう少し考えてみたい。

三　一念派に対する法然の立場

幸西は仏智を了する一心念によって往生決定すると主張した。これを法然はいかにみたか。『四十八巻伝』によれば「此義善導和尚の御心にそむけり、はなはだしかるべからざるよし制しおほせられけるを、承引せずしてなをこの義を興しければ、わが弟子にあらずとて擯出せられにけり(39)」とあって、行空と同じように門弟を追われたように述べている。確かに行空は破門となったが、幸西についてそのような事実は認められない。むしろ幸西は法然から重んぜられていた節がある。彼は『選択集』を法然から付属されていたらしい。源智は幸西が所持する『選択集』を写したという(40)。かくの如くであるから擯出されたという『四十八巻伝』の記事は信じられない。もし門を放たれたというのなら、思想的に異なるとか、不行跡であるとか、何らかの理由がなくてはならない。では彼の一念義と法然の教説との間に互いに他を隔絶する深淵が存在するのであろうか。答は否定的である。

法然の教説中に一念往生の立場を表明している場合が見受けられる。その文証として松野氏も『親鸞』で指摘されたように「悪ヲツクリタル凡夫ナリトモ、一念シテカナラス往生ス(41)」「一念弥陀ヲ念セムニ、ナムソ往生ヲトケサラムヤ」(42)など『西方指南抄』から多くを挙げることができる。

諸有二衆生一聞二其名号一、信心歓喜乃至一念、至心廻向願レ生二彼国一、即得二往生一、住二不退転一、唯除五逆、誹謗正法ト云ヘル、是ハ第十八ノ願成就ノ文也、願ニハ乃至十念ト説ト云ヘトモ、正ク願ノ成就スル事ハ一念ニアリト明セリ、(43)

（玄通律師のことを引いて）其仏本願力ト云文ヲ誦シタリシカハ炎魔法王玉ノ冠ヲ傾テ、是ハ此西方極楽ノ弥陀如来ノ功徳ヲ説ク文ナリトテ礼拝シ給ト云ヘリ、願力不思議ナル事此文ニ見ヘタリ、仏語弥勒、其有得聞彼仏名号、歓喜乃至一念、当知、此人為得大利、即是具足無上功徳ト云ヘリ、此経ヲ弥勒菩薩ニ付属シ給ニハ乃至一念スルヲモチテ大利無上ノ功徳ト云ヘリ、経ノ大意此文明ナル者歟、(44)

とも述べている。また念についても、

往生ノ業成ハ念ヲモテ本トス、名号ヲ称スルハ念ヲ成セムカタメ也、モシ声ヲハナルルトキ、念スナハチ懈怠スルカユヘニ、常恒ニ称唱スレハスナハチ念相続ス、心念ノ業、生ヲヒクカユヘ也、(45)

と心念を強調している。法然はかく一念往生の理を考えこそすれ、その価値を低くみるようなことはしていないのである。松野氏は、法然が、『選択集』の「弥陀如来不下以二余行一為中往生本願上唯以二念仏一為二往生本願一之文」の段で、『無量寿経』下巻の「諸有二衆生一聞二其名号一、信心歓喜乃至一念、至心廻向願レ生二彼国一、即得二往生一、住二不退転一」なる願成就文を文証として、「上取二一形一下取二一念一」る善導の万人普遍の念仏往生の立場を選び、さらに念を称と規定している事に徴して、一称＝一念による往生の立場を打出しているといえるとし、さらに法然が『観無量寿経』の下品下生の文を文証としていることに照らして、「法然はたゞの一称で下品下生の極悪最下の重罪人でも往生できるという最も大胆な一念義の唱導者でもあったと言いうるのである(46)」とさえ述べておられる。松野氏のかかる大胆な法然観についていくためには、法然の一念の取り扱い方をもう少しその教学の全体から眺めなければならないが、むろん法然が一念を否定的に取り扱っていない事は明らかである。法然においては、むしろ一念を大利とし、念仏往生の出発点としているのである。

例えば『選択集』の「念仏利益之文」の段で『無量寿経』巻下の「仏語二弥勒一、其有レ得レ聞二彼仏名号一、歓喜踊躍乃至一念、当レ知此人為レ得二大利一、則是具二足無上功徳一」なる文と、善導の『礼讃』の「其有レ得レ聞二彼弥陀仏名号一、歓喜至二一念一、皆当レ得レ生レ彼」とをあげて、

今此言二一念一者、是指三上念仏願成就之中所レ言一念与二下輩之中所レ明一念一也、願成就文中雖レ云二一念一未レ説二功徳大利一、又下輩文中雖レ云二一念一亦不レ説二功徳大利一、至二此一念一説為二大利一歎為二無上一、当レ知、是指二上一念一也、(中略)然則以二菩提心等諸行一而為二小利一、以二乃至一念一而為二大利一也、(中略)既以二一念一為二一無上一、当以二十念一為二十無上一、又以二百念一為二百無上一、又以二千念一為二千無上一、如レ是展転従レ少至レ多念仏恒沙無上功徳復応二恒沙一、

と説明している(47)。既にして一念無上の功徳大利があるから、これを十念、千念恒沙へと展転せしめたなら功徳も恒沙なるべし、というのである。また『無量寿経釈』では、この「其有レ得レ聞二彼仏名号一、歓喜踊躍乃至一念、当レ知此人為レ得二大利一」の文に「四の意あり」とし、その第三の「挙二一念一、況二十念等一」について、

挙二一念一況二十念等一文者、只非レ明二下品一念往生一、挙二一念一況二十念等一、兼明二上中二品往生一、所以一念猶往生、況十念哉、十念尚往生、況多念哉、一日猶往生、況一月哉、一月猶往生、況三月一夏九旬哉、一夏尚往生、況一年哉、一年尚往生、況一生哉、

と解説している。(48) また良忠上人伝聞の言葉ではあるが、法然は、

罪信二十悪五逆者尚生一、思二少罪不一レ犯、罪人猶生、況善人、行信二一念十念不一レ空、無間修、一念猶生、何況多念、(49)

と教えていた。かくの如く法然の立場は「一念十念ノタクヒニ至ルマテ皆是摂取不捨ノ願ニコモ(50)」り、「三宝滅尽ノ時ナリトイヘドモ一念スレバナホ往生ス(51)」るのであるから、「一念猶往生、況十念哉」と心得て十念、百念、千念と相続するのがよい、というのである。「マコトニ十念一念マテモ、仏ノ大悲本願ナホカナラス引接シタマフ無上ノ功徳ナリト信シテ、一期不退ニ行スヘキ也(52)」とも説いている。では「一念往生」の理とこれを否定するが如き多念相続との関係をいかに考えたらよいのか。法然は教える。

乃至トイヒ下至トイエル、ミナ上尽一形ヲカネタルコトハナリ、(53)

十声一声ノ釈ハ念仏ヲ信スルヤウナリ、カルカユヘニ信オハ一念ニ生ルトトリ、行オハ一形ヲハケムヘシト、スヽメタマヘル釈也、(54)

十声一声等釈信二念仏一様、念念不捨釈行二念仏一様也、(55)

雖レ云二一念十念往生一、念仏疎相唱信妨レ行也、雖レ云二念々不捨者一、一念十念思二不定一行妨レ信也、故信取二一念

生㆒、行可㆑励㆓一形㆒(56)、と、信を「一念往生」にとって、あくまで念々相続の念仏行を臨終に至るまで実践せよ、というのが法然の基本的態度である。

したがって法然の教説には一念往生のことわりが確かにあり、また、一見いわゆる一念義的な言辞を用いた教説もあるが、多念相続に重点を置いていたことは右にみた通りである。

幸西の一念往生義がその理(ことわり)において法然の教説と抵触したとはみられない。さればこそ幸西は破門されなかったのである。行空とてもその教義上のことで、すなわち一念往生義の理に「殊不当」(57)なる点があったのではない。むしろそのことわりを正しいと信ずるが故に、その主張に「偏執過㆓傍輩㆒」(58)ぎる面があったのである。行空やその党類に多少は「十悪五逆ナホサワリヲナサス、イハムヤ余ノ少罪ヲヤト信」(59)ずる行為があったであろうが、「故勧㆓十戒毀(犯カ)化之業㆒、恣謗㆓余仏願㆒還失㆓念仏行㆒」(60)と元久三年二月三十日の宣旨できめつけられたのは、持戒持律諸仏諸行を建前とする聖道門教団側の強い批難の結果であって、決して法然の方からではなかった。もし法然側で「殊不当」とする点をみつけださねばならぬとしたらそれはやはり一念往生の義(理)にではなく、やはり聖道門教団を刺激したその行業においてである。法然は当時置かれていた教団の立場、社会の空気を慮って行空を破門した。行空の教義が明らかでないが、幸西のそれに近いものであるとするなら幸西には破門の事実が認められないので、擯出の理由はやはり、戒律否定や諸仏の拒否の方向に向かったいわば副次的な行業にあると考えられる。破門が教義上のことに関係しているなら、多分それは信を一念に取り、行を多念相続にとれ、という法然の信・行兼具の教説の一還を切り離して信のみをクローズアップした点にあろう。ともかく破門の理由はその思想よりも行業の方に多くあったと思われる。

こういう点が幸西の徒の場合にもみられるのである。法然は生前一念義の徒を戒めているが、それは法然の真意を諒解せず、幸西の「一念往生」のことわりのある面を誇張して受けとった一念の徒に対してであった。越中国光明房へ遣わした消息で、

一念往生ノ義、京中ニモ粗流布スルトコロナリ、オホヨソ言語道断ノコトナリ、(中略) 詮スルトコロ双巻経ノ下ニ、乃至一念信心歓喜トイヒ、マタ善導和尚ハ上尽二一形一下至二十声一声等一定得二往生一、乃至一念無レ有二疑心一トイエル、コレラノ文ヲアシクミタルトモカラ、大邪見ニ住シテ申候トコロナリ、乃至トイヒ下至トイエル、ミナ上尽一形ヲカネタルコトハナリ、シカルヲチカコロ愚癡無智ノトモカラオホク、ヒトヘニ十念一念ナリト執シテ、上尽一形ヲ廃スル条、無慚無愧ノコトナリ、(中略) ココニカノ邪見ノ人、コノ難ヲカフリテコタエテイハク、ワカイフトコロモ、信ヲ一念ニトリテ念スヘキナリ、シカリトテ、マタ念スヘカラストハイハストイフ、コレマタコトハハ尋常ナルニニタリトイエトモ、ココロハ邪見ヲハナレス、シカルユヘニ、決定ノ信心ヲモテ一念シテノチハ、マタ念セストイフトモ、十悪五逆ナホサワリヲナサス、イハムヤ余ノ少罪ヲヤト信スヘキナリトイフ、コノオモヒニ住セムモノハ、タトヒオホク念ストイフトモ、阿弥陀仏ノ御ココロニカナハムヤ、イツレノ経論人師ノ説ソヤ、コレヒトヘニ懈怠無道心、不当不善ノタクヒノホシイママニ悪ヲツクラムトオモヒテ、マタ念セスハソノ悪カノ勝因ヲサエテ、ムシロ三途ニオチサラムヤ、カノ

一生造悪ノモノ、臨終ニ十念シテ往生スルハ、コレ懺悔念仏ノチカラナリ、コノ悪ノ義ニハ混スヘカラス、カレハ懺悔ノ人ナリ、コレハ邪見ノ人ナリ、ナホ不可説ノ事也云々、(61)

と、法然はひとえに十念一念に執し、造悪の義にはしる一念の徒を難じている。また多念義派のものが名を法然に仮託して作ったかとも思われる『往生大要鈔』には、

たとひ一念といふともみだりに本願をうたがふ事なかれ、たゞしかやうのことはりを申つれば、つみをもすて給はねば心にまかせてつみをつくらんもくるしかるまじ、又一念にも一定往生すなれば、念仏はおほく申さずともありなんと、あしく心うる人のいできて、つみをばゆるし、念仏をば制するやうに申しなすが返々もあさましく候也、悪をすゝめ善をとゞむる仏法は、いかゞあるべき、されば善導は、貪瞋煩悩をきたしまじへざれといましめ、又念々相続していのちのおはらんを期とせよとおしへ、又日所作は五万六万乃至十万なんどこそすゝめ給ひたれ、たゞこれは大悲本願の一切を摂する、なを十悪五逆をももらさず、称名念仏の余行にすぐれたる、すでに一念十念にあらはれたるむねを信ぜよと申すにてこそあれ、かやうの事はあしくいゝいゝ、心うれば、いづかたもひが事になる也、つよく信ずるかたをすゝむれば、邪見をおこし、邪見をおこさせじとこしらふれば、信心つよからずなるが術なき事にて侍る也、(62)

とある。かく法然の教えはもちろんのこと、幸西の所説すら、悪しく心得て避事を唱導する無智誑惑の輩が一念派として活動していたが、実は、かかる輩の行業なり思想なりが対手側すなわち多念派の顰蹙をかったのである。弥陀の本願を憑む者は十悪五逆をもはばかるべからずと、「念仏者女犯ハハカルヘカラスト申アヒテ候、在家ハ

勿論ナリ、出家ハコハク本願ヲ信ストテ、出家ノ人ノ女ニチカツキ云々」[63]とか、特に法然滅後は念仏を様々に言いなすものがあって、

是ヲ聞儘ニ皆人々三万六万ノ念仏ヲ捨テ口徒ニ成ヌ、手空クシテ徒者ニ成ヌ、(中略)罪ヲ恐ルル人モ任二其法一罪ヲ造リ、六斎十斎ノ斎戒ノ人モ其日ヨリ狩漁ヲシ、尼法師ハ乍レ懸二袈裟一食二魚鳥一、人ノ見聞ヲ不レ憚、世人男女人目ヲツツム事ニテコソ候へ、今ハ人目ヲツツムヲ虚仮ノ行ナントヽ云テ、可レ恥仏ニ不レ恥、人目ヲ恥ルヲ虚仮ノ念仏者也ト笑テ、本願念仏ノ深サハ人目ヲツツム事更ニ無トテ、黒衣ト女ト二人ツレテアルキ、或ハ尼ト法師ト二人不レ憚、墨染ノ肩ノ上ニ持レ魚、尼ノ黒衣ノ袖ノ上ニニラキヲツヽム、[64]

とかいわれる状態を現出したのである。幸西の一念義はかく、それが弘まるにつれて、雑多低劣な要素を加えてしまった。このような一念派に対して、多念派は手厳しく批判した。多念派は、「立二今案之新義一、違二先例一背二傍例一、以二無行一望二往生一、以二懈怠一志二出離一、以二造罪一執二浄業一」[65]と、主として右に述べたような行業を批難したが、「以二邪義一計二正義一」[66]る一念義派の異端性(と考えるのであるが)に対しても論難を加えた。両者の諍論は、互いに偏執をなして「何悪何善、誠以其是非難レ知」[67]きものであって、自説に執着して結局の所は「一念ヲタテヽ多念ヲキラヒ、多念ヲタテヽ一念ヲソシル」[68]多分に感情的なものであった。とはいえ水・火と相分れていた両者はいかなる論点を繞って自己の立場を主張し合っていたのであろうか。

四　一念・多念の論争

弁長に『浄土宗名目問答』がある。これによって両派の諍論がいかなるものであったかを窺ってみよう。この書物に書かれている一念の念仏行者の主張を整理・列記するとこうである。煩を避けて原文は挙げない。

(イ)一念は易行道であり、数遍ならびに助行は難行道である。数遍助行の輩は難行道を行ずる故、往生をとげない。(ロ)一念は往生行であるが、数遍は往生行でない。一念は易行道なるが故に阿弥陀仏はこれを本願となし給うが、数遍は難行道の故に本願となし給わない。(ハ)一念は他力の易行であるが、数遍は自力の難行である。易行道は船にのって水路を行くが如きであって、その身を安楽にして速やかに往生を得るのである。(ニ)罪業を畏れて念仏を信ぜず数遍を申すは本願を疑うものである。念仏能信の人は造罪を畏れず、本願を疑わない人が数遍を申さないのは、唯一念に早く決定往生の信を成すがためである。一念にて固く往生する。何の不足あってか強いて煩わしく数遍を申さんや。(ホ)一念の人は信心深きが故に数遍を申さないが、数遍の人は浅きが故に一念を信ぜず数遍を申すのである。(ヘ)四修三心五念門の行は娑婆穢土の凡夫は具すべからず、浄土に生まれおわって浄土にて自然に四修等を具すのである。浄土門の本質ともいうべき易行、往生行、他力、本願、信心などについて自派の正義正当性を強調しているわけであるが、これに対しいかなる論駁がなされたか。弁長は次の如く反論する。

(イ)の説は「以外誤」である。いかなる経文、論釈を尋ねても、一念をもって易行道となし、数遍をもって難行道とする文証は見当らない。(ロ)の義は本願文にたがう。第十八願文、下品下生文、善導釈のどこにも一念を往生行となし数遍を非往生行とする旨は出ていない。また『観念法門』『往生礼讃』『観経疏』などには一念も数念も共々弥陀の本願なり、とあるではないか。(ハ)はまったくの僻事である。他力とはまったく他力を憑み一分も自力なしということではなく、自力の善根なしと雖も他力によって往生を得るということであって、かくてこそ一切の凡夫の輩が浄土に往生するのである。また一念は他力、数遍は自力と、いかなる人師の釈に出ているのか。善導の釈の中にも自力他力の義はあっても自力他力の釈は出ていない。曇鸞、導綽に水陸の行路をもって難易二道を譬え、自力他力の釈をなすことはあっても、一念をもって易行道となし数遍をもって難行道とした釈はない。先聖の深意を解しない僻義である。㈡は念仏往生の義を忽ちに壊す畏るべき考えである。一念・数遍ともに弥陀如来往生の本願であるから、一念・十念ともに往生の行である。「一心専念㆓弥陀名号㆒、行住坐臥不㆑問㆓時節久近㆒、念念不㆑捨者、是名㆓正定之業㆒、順㆓彼仏願㆒故」の疏は、「念々毎に本願」と釈し定めたものである。時節久近の近念仏とは一念、久念仏とは数遍を指すことを考えてこの釈の真意を諒解すべきである。『観念法門』の「上尽㆓百年㆒、下至㆓七日一日十声三声一声等念仏㆒、若不㆑得㆓往生㆒、六方諸仏舌一出㆑口、已後終不㆑還㆓入口㆒自然壊爛」との釈は、「浄土宗至甚深肝要之文」である。この一念数遍ともに疑いなく決定往生すべしとの釈を疑うことができようか。また、『観念法門』の一切罪悪の凡夫なお往生す、いかに況んや聖人をやとの釈は、一切善悪の人皆念仏往生するということである。造罪悪人のためにのみ念仏を説き、造罪を勧めるが如きこと、聖教中にはまったくない。一念の説は外道の説である。㈭の如きは甚だもってそのいわれの無いことである。むしろ仏語を信ずるが故に数遍なのである。誠に往生の志深く信心厚き人は必ず正助二行を専修し、四修三心五念門を具足している。かかる人こそ決定往生者であって、一念の人を信心深しということ、甚だもって不審である。一念の者は二念三念の行がないから、長時修もなく無間修もない。又一念の故に専修の名も与えられない。したがって無余修もない。すなわち四修を修することがない。同じように至誠心なく、深心なく、廻向発願心もない。さらに、一念の故に正業の数遍をとらない。況んや五念門をや、である。かくて(ヘ)の立義は仏経・人師・先徳の義に悉く相違した邪義といわざるを得ない、と。

弁長の駁論の要旨は右の通りである。しかして彼は一念の徒を「念仏増上慢人」「大乗誹謗人」ときめつけている。弁長の反論は多念派を代表していると考えてよかろう。それにしても、甲論乙駁、互いにその執かたく独善的態度さえ窺われる。弁長の批判でも、一念を邪義と攻撃はするものの、どちらかといえば、一念・数遍ともに弥陀の本願であり往生行である、したがって数遍に対する強ちの否定は不当でないかといった弁護的態度さえあるのが印象づけられる程である。両者ともに対手側への致命的論難を加えるというより、強弁なまでの自己弁護的主張がみられる。かくては「一念ヲタテヽ多念ヲキラヒ、多念ヲタテヽ一念ヲソシル」[69]、「雖二浄土宗一門念仏者一、一念之流数遍之流水火相分、一念之人咲二数遍之輩難行苦行一、数遍之人謗二一念之輩無行無修一」[70]といわれるのも宜なるかなである。

かくの如くであるから、またこうした対立抗争による専修教団の内部分裂をなくするため、夙に一念・多念の排他的見解を止揚した所論が出たのは当然である。隆寛、聖覚のそれが代表的である。隆寛はいう。

一念ヲタテヽ多念ヲキラヒ、多念ヲタテヽ一念ヲソシル、トモニ本願ノムネニソムキ、善導ノオシヘヲワスレタリ、多念ハスナハチ一念ノツモリナリ、(中略)スデニ一念ヲハナレタル多念モナク、多念ヲハナレタル一念モナキモノヲ、ヒトヘニ多念ニテアルベシトサダムルモノナラバ、無量寿経ノ中ニ、アルヒハ所有衆生聞其名号、信心歓喜乃至一念、至心廻向願生彼国、即得往生住不退転トヽキ、アルヒハ乃至一念々於彼仏、亦得往生トアカシ、アルヒハ其有得聞彼仏名号、歓喜踊躍乃至一念、当知此人為得大利、則是具足無上功徳ト、タシカニオシヘサセタマヒタリ、善導和尚モ経ノコヽロニヨリテ、歓喜至一念、皆当得生彼トモ、十声一声一念等、定得往生トモサダメサセタマヒタルヲ、モチヰザラムニスギタル浄土ノ教ノアダヤハサフラフベキ、

カクイヘバトテ、ヒトヘニ一念往生ヲタテヽ、多念ハヒガゴトヽイフモノナラバ、本願ノ文ノ十念ヲモチヰズ、阿弥陀経ノ一日乃至七日ノ称名ハソヾロゴトニナシハテンズルカ、コレラノ経ニヨリテ善導和尚モ、アルヒハ一心専念弥陀名号、行住坐臥不問時節久近、念念不捨者、是名正定之業、順彼仏願故トサダメオキ、アルヒハ誓畢此生、無有退転、唯以浄土為期トオシヘテ、無間長時ニ修スベシトスヽメタマヒタルハ、シカシナガラヒガゴトニナシハテンズルカ、浄土門ニ入リテ、善導ノネムゴロノオシヘヲヤブリモソムキモセンズルハ、異学別解ノ人ニハマサリタルアダニテ、ナガク三途ノスモリトシテ、ウカブコトヨモアルベカラズ、コヽロウヘキコトナリ、

コレニヨリテ、アルヒハ上尽一形、下至十念三念五念仏来迎、直為弥陀弘誓重、致使凡夫念即生ト、アルヒハ今知、弥陀弘誓願、及称名下至十声一声、定得往生、乃至一念無有疑心ト、アルヒハ若七日及一日、下至十声乃至一声一念等、必得往生トイヘリ、カヤウニコソハオホセラレテサフラヘ、コレラノ文ハタシカニ、一念多念ナカアシカルベカラズ、タヾ弥陀ノ願ヲタノミハジメテム人ハ、イノチヲカギリトシ往生ヲ期トシ

テ、念仏スベシトオシヘサセタマヒタルナリ、ユメ〳〵偏執スベカラザルコトナリ、コヽロノソコヲバオモフヤウニマフシアラワシサフラハネドモ、コレニテコヽロヱサセタマフベキナリ、オホヨソ一念ノ執カタク、多念ノオモヒコワキ人々ハ、カナラズオハリノワロキニテ、イヅレモ〳〵本願ニソムキタルユヘナリトイフコトハ、オシハカラハセタマフベシ、カヘス〳〵モ多念スナハチ一念ナリ、一念スナハチ多念ナリトイフコトワリヲ、ミダルマジキナリ、[71]

と。また聖覚は、

往生の業一念にたれりといふは、その理まことにしかるべしといへども、遍数をかさぬるは不信なりといふ、すこぶるそのことばすぎたりとす、(中略)往生の業は一念にたれりといへども、いたづらにあかしいたづらにくらすに、いよ〳〵功をかさねむこと要にあらずやとおもひて、これをとなへばひねもすにとなへ、よもすがらとなふとも、いよ〳〵功徳をそへます〳〵業因決定すべし、善導和尚は、ちからのつきざるほどはつねに称念すといへり、これを不信の人とやはせん、ひとへにこれをあざけるもの、またしかるべからず、一念といへるはすでに経の文なり、これを信ぜぬは仏語を信ぜざるなり、このゆゑに一念決定しぬと信じて、しかも一生おこたりなくもうすべきなり、これを正義とすべし、[72]

と述べている。

隆寛においても聖覚においても、法然を持出さないで、法然が「偏依」した善導の権威でもって、一念・多念の諍論を止揚しようとしていることは注目に値する。蓋し法然では、自派こそ法然の真意を伝持しているのだという確信をもつ一念・多念の争いを押さえ、その偏執を打破することはできないのである。法然が憑依する善導乃至は仏語の権威を持出して両者の対立を止揚しようとしたことはきわめて興味深いことである。

五　一念派の宗団性

以上、主として多念派との対立過程にあって姿を現わしていた一念派について、特にその思想なり行業なりをみてきたのであるが、翻って最後にひとつ、一念派の宗団性、つまり宗団としての一念派について眺めておきたい。

一念派は多念派より確かに「無行」「懈怠」「造罪」「邪義」の徒とみられていたが、その集団は多念派に優るとも劣らない教勢をもっていた。一念派の集団では一体どこからそのような教勢が生まれてきたのであろうか。これはひとつには彼らがもっていた自義の正統性についての確信に因る。一念義の徒は、われらこそ師法然の秘義を稟承したものなのだという信念を持っていたのであり、これが侮り難い集団勢力をうみ出す原動力の一つとなっていたのである。「遺北陸道書状」には、北越に一人の邪人あって妄語をなして云々として次の如く書かれている。

法然上人七万遍念仏、只是外方便也、内有二実義一人未レ知レ之、所レ謂心知二弥陀本願一身必往二生極楽一、浄土之業於レ是満足、此上何過二一念一、雖二一反一重可レ唱二名号一哉、於二彼上人禅房一門人等有二二十人一、談二秘義一之処、浅智之類者性鈍未レ悟、利根之輩、僅有二五人一、得二此深法一、我其一人也、彼上人己心中之奥義也、容易不レ授

レ之、択レ器可レ令ニ伝授一云々[73]、

ここに現われている、一念義こそ師法然の究竟の「実義」であり「奥義」であり「深法」なのである、この「深法」を師から嗣いでいるのが我らであるという確信こそ、すべての一念の徒の信念であったろう。かく確信するが故にこそ他からは偏執の輩とみられたのである。されば『念仏名義集』にも、一念の徒が、

其三万六万返ノ念仏ヲバ捨テヨ、其ハ念仏ノ義ヲモ不レ知者コソ左様ニ数多ク申ス也、其ハ迷ヘル人也、実シクハ念仏ヲハ申サネドモ一念ニ往生スル也、深義アリ、是ヲ学べ云々[74]、

とののしったとある。一念の輩は、法然秘奥の一念の深義こそ真の易行道であり、仏の本願であると主張していたのである。

幸西は『玄義分抄』で、

機ニ浅深有ガ故ニ教ニ隠顕アリ、顕トイハ浅也、隠トイハ深也、浅機ハ常ニ多ク、深機ハ希ニ難シ、故ニ諸教ノ機ハ多ク、当教ノ機ハ少シ、諸行ノ機ハ多ク、念仏ノ義ハ希也、又多念ノ機ハ多ク一念ノ機ハ難ク、化土ノ機ハ多ク、報土ノ機ハ難ク、別願ノ機ハ多ク、一乗ノ機ハ難中之難、無レ過レ此難也、

と、一念の徒は深機にして希有の機であると述べているが、勿論いわゆる一念の輩がすべて幸西のいう深機であるとはいえないにしても、少なくとも幸西のこの考えに共感して、浅機とみる多念の輩に対して真向から堂々と自説を主張するものが、多くあったに相違ない。幸西のかかる一念深機説に擁護されて、彼らはますます、秘義稟承の資格を有するのは一念の者だけであるとの確信を深め、その確信がいよいよ自義の正統性を強く主張せし

めたのである。この法然の秘奥の教説の正統継受者であるという確信が、一念派には増長を、逆に対手側の多念派には激昂を与えた。なかには逸脱した一念の輩もあったが、大多数の一念の徒はこのような信念をもって自派の興隆に尽瘁したのである。

一念派の教勢が強かったことの今ひとつの理由は、右に述べた如く、師法然の秘義を受け継いだ正統の念仏者であるという確信もさることながら、この確信をもって集団の組織化にかなり意を用いていたことである。といっても一念派と目されるものもいろいろに分れていて、それらが全国的に、またかなり広範囲にわたって統一的に組織化への運動を行なった、というのでは決してないが、局地的・散在的にしろ、また「わが門流」主義的であったにしろ、彼らが組織化への努力をかなり払っていたことは確かである。

彼ら一念派は道俗を「わが門流に入れ」ようとしてたえず努力しているが、信者の加盟には起請文をとり誓言をさせるようにしていた。

深義アリ、是ヲ学ベトテノノシル時、サラバ習ヒ候ハント云フニ、教訓シテ云フ様ハ、人ニハ教ヘジト云フ起請文ヲモ書、又ハ誓言ヲモシタラン時ニ、ウチ解テ教ヘ申サフト云ヘバ云々(75)、

というが如き具合で、随分と気を配っている。まことに宗祖秘奥の実義を伝えると喧伝する一派にふさわしい準備である。

また北陸道の一念義集団は、

或任㆑心作㆓謀書㆒、号㆓念仏文集㆒、此書中、初作㆓偽経㆒新備㆓証拠㆒、念仏秘経是也(76)、

とあるように、「念仏文集」なるテキストをさえこしらえて門流の教育に役立たしめていた。このように一念集団は、全部が全部ではないにしても、門流拡張とその維持にはなかなかの努力を払っているのである。

一念派において統一的組織集団化への動きがあったか否かについては、それを窺うに足る史料がないので何ともいえないが、ただ一念派集団が相当組織性をもっていたとだけはいえそうである。特に京洛の一念派においてはそうであった。「当世一向専修為レ体也、結レ党成レ群」(77)（「停止一向専修記」）といわれていたように、大体専修念仏の輩は党を結んでおり、一念派と雖も例外ではなかったが、彼らの場合、単に一時的な結党ではなかったのである。周知のように幸西は、嘉禄三年（一二二七）七月念仏の張本人として、多念派の隆寛、空阿弥陀仏と同時に壱岐配流(78)となり、京洛の一念義集団は大打撃を受けた。幸西は壱岐へは行かず、阿波や讃岐の辺りで布教していたようである(79)。しかし嘉禄処罰後の、幸西なき京洛一念義集団では、幸西の弟子教脱が「一念宗之長」(80)となって頑張り、多少の動揺はあっても、崩壊するようなことはなかった。教脱なる人物についての詳細は不明であるが、幸西ら配流決定後、引き続いて山門から「念仏者余党可二搦出一交名」(81)に出ている教達であろうかと思われる。もっとも「念仏者余党可二搦出一交名」にある教達は「故安楽弟子 本名願明」と出ており、『明月記』に記されている教脱は「一念宗之長」とあって法系が少し異なるようで、同一人物ではないようにも考えられる。しかし『明月記』の記事は次の如くであって、仔細に読むとそうでもないようである。すなわち「及二申時・心寂房来談、一日嵯峨念仏、請二聖覚法印一、供二養善道（マヽ）像一、（中略）狭小之座之中、常覚弟子教脱一念宗之長云々、入二其中一、（中略）件教脱礼讃無二指事一」とある(82)。

嵯峨一日念仏で聖覚が善導像供養の説法を勧めた時、満堂の道俗中に教脱の姿も見えたのである。定家は何故、「一念宗之長」という教脱について「件教脱礼讃無二指事一」という心寂房の談話を書き留めたのであろうか。この記事は逆にみれば、教脱が礼讃に秀でているか、あるいは礼讃に関係深い環境にあったことを示し、その教脱にかけていた心寂房や定家の期待がはずれたので、かくしたためられたのであろうと考えられる。この記事こそ、故安楽の弟子という教達が教脱と同一人物である事を示唆している。教達はもと安楽の弟子であって、安楽が「勧進諸人」の科でかの行空と同時に訴えられて、建永二年（一二〇七）死刑に処せられてからは、おそらく幸西の門に接近したのであろう。後世安楽は多念の名僧であったとみられているが[83]、これにはなお検討の余地があり、一歩譲ってそうであったとしても、その弟子である教達は多念であって一念義へはしる筈がない、とは断定しきれないのである。教脱は礼讃がうまくないので一念義派へ走ったとも考えられるが、上手であったにしても、内面的な信仰上のことで指導者の安楽を失って一念義へ移ってからは、その主義主張からして当然礼讃などの唱導から遠のいていったと思われる。ともあれ教脱（教達）が幸西の門下で重きをなしていたことは、幸西配流後三年にして「一念宗之長」と目されていることによって明らかである。このようにみてくると「念仏者余党可二搦出一交名」の中の教達は、幸西系のものとみてよいであろう。

なお「交名」から幸西系統のものとして聖（正）縁、薩生、明信らを挙げることができる。「交名」の付註によると、浄土三部経や善導の著を開板[84]した明信と、さらに別種の一念義を立てた薩生は兄弟である。以上のように指導者を失えば、直ちにその代りを設けられる程に京洛の一念義集団はしっかりした組織をもっていたといえるのである。

さて一念義集団やその周囲には既述の通り魚食法師や破戒尼が多くいた。彼らの多くは貧者や非人であった。こういう人々は、実は他派の念仏僧が行なう授戒にもあずかれないものであった。『明月記』寛喜元年（一二二九）五月十五日条に、栂尾の明恵が毎月十五日と晦日に授戒を行ない、天下の道俗あたかも仏がいますかの如くその場に列するのだが、貧者・非人はその教化に漏れるのだという記事が見えている。この記事に拠って考えを展げるならば、戒を保つことそれ自体貧者らにとっては困難なことであるが、さらにこのような授戒にもあずかれず、いつも教化に漏れていたような貧者・非人であったからこそ余計に彼らは信の一念で往生決定すると説く一念義に魅されたのであろう、との考えが成立つ。多念義の隆寛に『捨子問答』なる著があり、多念相続が勧説されているが、書中問答の対手に想定されているのは「コヽカシコニ修行シテ栖ミ定メヌ非人」(85)、つまり漂泊の法師であった。『捨子問答』は隆寛の真撰ではないとの説もあるが(86)、真偽いずれにしても、一念派に多い非人法師などを多念派の方へひきよせようとしてつくられたとみられなくはない。

ともあれ、幸西の一念義またはこれに類似した一念説に教学的根拠を置く貧者・非人・魚食法師・破戒尼らが、「毎レ国充満」していたのである。

ここで注目すべき記事が『明月記』にある。

歓喜光院破壊、（中略）又見二尊勝寺一、無二金堂一之間、如レ入二他室一、（中略）寺家之庄々徒割二分国領一、宛二満于天下一、空為二魚食法師破戒尼之衣食一、曾不レ致二一分修造一、本寺悉顚倒無レ実、末世之法悲而有レ余(87)、

この記事は、幸西らが配流になり山門から「念仏者余党可㆓搦出㆒交名」が出された年のものである。堂舎修造費を魚食法師や破戒尼の衣食に宛て、遂に本寺の顚倒をみるに至った例は、何も歓喜光院や尊勝寺だけではなく、当時一般的な傾向であったと思われる。魚食法師や破戒尼という言葉は専修念仏者と同義語であるが、念仏者の中でもそれは一念派の行者に近い。念仏者が荘園内に瀰漫することは、如上の趨勢からすれば、既成教団の経済基盤が侵蝕されることになる。一大荘園領主たる延暦寺などが念仏弾圧にたびたびのり出さざるを得ないのも当然である。念仏弾圧の際、一念の徒が対象となることが多かった理由として、教義上の問題も勿論からんではいるが、いま一つ、国中に満ちた一念の行者が惹起する、この種の経済上の問題がひそんでいたことが推察されるのである。

註

（1）田村円澄氏『法然上人伝の研究』。
（2）松野純孝氏『親鸞――その生涯と思想の展開過程――』。
（3）重松明久氏『日本浄土教成立過程の研究』。
（4）『浄土宗名目問答』下（『浄土宗全書』一〇、四一三頁）。
（5）『明月記』寛喜二年四月十四日条。
（6）『民経記』嘉禄二年九月十八日条。
（7）『三長記』元久三年二月十四日条。
（8）『私聚百因縁集』七（『大日本仏教全書』九二、一一六頁）。
（9）『三長記』元久三年二月二十一日条。
（10）松野純孝氏前掲書、一一六頁。

(11)『法然上人行状絵図』巻三〇（『法然上人伝全集』一九〇〜一九三頁）。
(12)『九巻伝』六下（同右書、四三〇頁）。
(13)『歎異抄』巻尾の流罪等の一条に「行空法本房 佐渡国」とある。
(14)『漢語燈録』「基親取信信本願之様」（『昭和新修法然上人全集』五五四頁）。
(15)『念仏名義集』中・下（『浄土宗全書』一〇）。
(16)『漢語燈録』「遣北陸道書状」（『昭和新修法然上人全集』八〇一頁）。
(17)『念仏名義集』中（『浄土宗全書』一〇、三七六頁）。
(18)同右、下（同右書、三八二頁）。
(19)『鎌倉遺文』第五巻、三二三四号。なお「源空進設末尽興流」を江藤澂英氏本により「源空雖没、末学興流」と改めた。
(20)『浄土宗名目問答』下（『浄土宗全書』一〇、四一三頁）。
(21)隆寛『一念多念分別事』（『続浄土宗全書』九、二七頁）。
(22)註(17)に同じ。
(23)『浄土宗要集』五（『浄土宗全書』一〇、二二八頁）。
(24)醍醐本『法然上人伝記』「禅勝房との十一箇条問答」（『法然上人伝全集』七八〇頁）。
(25)良心『授手印決答巻下受決鈔』（『浄土宗全書』一〇、一二二頁）。
(26)(27)『三長記』元久三年二月三十日条、『鎌倉遺文』第三巻、一六〇五号。
(28)『浄土法門源流章』（『浄土宗全書』一五、五九二頁）。
(29)同右（同右書、五九一頁）。
(30)『漢語燈録』正徳版（『昭和新修法然上人全集』五五四頁）。
(31)『唯信鈔』（『続浄土宗全書』九、七五頁）。
(32)『西方指南抄』巻下「光明房に答ふる書」（『昭和新修法然上人全集』五三八頁）。
(33)『往生大要鈔』（『昭和新修法然上人全集』六一頁）。

（34）　註(32)に同じ。
（35）　『西方指南抄』巻下「其親取レ信信二本願一之様」（『昭和新修法然上人全集』五五二〜五五三頁）。
（36）　『念仏名義集』中（『浄土宗全書』一〇、三七五頁）。
（37）　註(16)に同じ。
（38）　註(17)に同じ。
（39）　『四十八巻伝』二九（『法然上人伝全集』一八七〜一八八頁）。
（40）　醍醐本『法然上人伝記』（同右書、七七九頁）。
（41）　『西方指南抄』巻下「正如房へ遣す書」（『昭和新修法然上人全集』五四三頁）。
（42）　『西方指南抄』巻下「念仏大意」（同右書、四〇五頁）。
（43）　『三部経大意』（同右書、二九頁）。
（44）　同右（同右書、三〇頁）。
（45）　『西方指南抄』「十七条法語」（同右書、四六九頁）。
（46）　松野純孝氏前掲書、一二二頁。
（47）　『選択本願念仏集』（『昭和新修法然上人全集』三二四〜三二五頁）。
（48）　『無量寿経釈』（同右書、九一〜九二頁）。
（49）　『東宗要』四（『浄土宗全書』一一、八七頁）。
（50）　『西方指南抄』巻下「或人念仏之不審聖人に奉問次第」（『昭和新修法然上人全集』六三三頁）。
（51）　「大胡太郎実秀の妻に答ふる書」（同右書、五一〇頁）。
（52）（53）　註(32)に同じ。
（54）　『西方指南抄』巻下「或人念仏之不審聖人に奉問次第」（『昭和新修法然上人全集』六三六頁）。
（55）（56）　註(49)に同じ。
（57）　『三長記』元久三年二月三十日条。

(58) 同右、元久三年二月二十二日条。
(59) 註(32)に同じ。
(60) 『三長記』元久三年二月三十日条、『鎌倉遺文』第三巻、一六〇五号。
(61) 『西方指南抄』巻下「光明房に答ふる書」(『昭和新修法然上人全集』五三七～五三八頁)。
(62) 『往生大要鈔』(『昭和新修法然上人全集』六一～六二頁)。
(63) 『西方指南抄』巻下「基親書翰上人返書」(同右書、五四九頁)。
(64) 『念仏名義集』中(『浄土宗全書』一〇、三七五～三七六頁)。
(65)(66) 『浄土宗名目問答』下(同右書、四一五頁)。
(67) 同右(同右書、四一三頁)。
(68)(69) 註(21)に同じ。
(70) 註(67)に同じ。
(71) 隆寛『一念多念分別事』(『続浄土宗全書』九、二七～二九頁)。
(72) 『唯信鈔』(同右書、七六頁)。
(73) 『漢語燈録』「遣北陸道書状」(『昭和新修法然上人全集』八〇一～八〇九頁)。
(74)(75) 註(36)に同じ。
(76) 註(16)に同じ。
(77) 『鎌倉遺文』第五巻、三二三四号。
(78) 『百錬抄』安貞元年七月五日条。
(79) 日蓮「念仏者追放宣状事」に「専修念仏張本人成覚法師経二廻讃岐大手島一」とある。『玄義分抄』仙才書写本奥書。
(80) 『明月記』寛喜二年四月十四日条。
(81) 『民経記』嘉禄三年八月三十日条、『鎌倉遺文』第六巻、三六五五号。
(82) 註(80)に同じ。

(83)『授手印決答巻上受決鈔』(『浄土宗全書』一〇、九〇頁)。
(84)藤堂祐範氏『浄土教版の研究』二九〜三〇、三三〜三九頁。
(85)『捨子問答』上(『続浄土宗全書』九、一頁)。
(86)了祥『後世物語聞書講義』(『真宗大系』三一、一一頁)。平井正戒氏は隆寛の真撰に準ずるものとしてよいという(『隆寛律師の浄土教遺文集』五四頁)。
(87)『明月記』安貞元年九月二十四日条。

第二節　開創期における善導信仰

一　法然における善導信仰の成立

法然が偏依善導を標榜してより、専修念仏宗では、善導の御影やその影堂が造られ、その教学の受容に並行して、善導を帰信の対象とする善導信仰が澎湃として興起した。

周知のように、善導の著作はすでに奈良時代にわが国へ伝わり、善導系観経変相図が作られるなど、いちはやくその影響が現われ、平安時代になると善導の教学を導入して浄土往生の実践体系を確立する学僧が源信、永観、珍海などとあいついで現われたが、善導の存在の偉大さを十分承知しながらも、まだまだ善導その人を崇拝の対象とするところまで至っていなかったのである。一般の社会にあってはなおさらであった。

この点、善導信仰を成立させたのは法然とその教団、専修念仏宗であった。彼らの宗教に占める善導の地位の絶大性が善導信仰を導き出したのである。思うに、鎌倉時代に開立された新仏教は、その開祖に対する帰依がことに顕著であり、いわば祖師信仰とでもいうべきものを展開させたことに一特色があったが、この専修念仏宗における善導信仰はその先蹤であったといえよう。

ここでは、このような善導信仰の形成を法然とその門流に窺い、その展開の諸相を開創期の専修念仏宗において見ようとするものである。

まず、法然の善導観をみて、その善導信仰の成立を考えてみよう。

いうまでもなく、法然は善導を弥陀の化身と観た。『選択本願念仏集』（以下『選択集』という）で法然は、善導和尚は「専修念仏之導師」として垂迹されたが、本地は「四十八願之法王」すなわち阿弥陀仏であると述べ、善導の『観経疏』は「弥陀直説」であると説いている。

このような法然の弥陀化身観はどうして生じたのであろうか。「大唐相伝《ニ》云《テク》、善導《ハ》是《レ》弥陀《ノ》化身《ナリト》也」と『選択集』に述べているように、法然は善導に関する伝記から、阿弥陀仏化身の伝承が中国にあったことを承知していた。『類聚浄土五祖伝』には、「阿弥陀仏《ノ》化身《ナリ》」と伝える慈雲の『浄土略伝』が引かれている。しかし、このような伝記上の知識だけで、直ちに善導を仏格視するに至れるであろうか。もちろん、善導にはやくから帰依傾倒していた法然であるから、善導を阿弥陀仏視することは決して唐突なことではない。しかし、知識はどこまでも知識である。知識から信仰へと転化して、はじめて阿弥陀仏化身観が自己のものとして定着することになる。そこで、法然が善導を阿弥陀仏と同等に観るまでには、法然の内面において大きな宗教的飛躍、つまり知識から宗教信念へと転じさせるものがなくてはならない、と私は思うのである。

それは何か。それこそ、私の持説であるが、法然の三昧発得である。法然の三昧発得については否定的な見解があるが、私は三昧発得を肯定し、それが法然の思想進展に大きな役割を果たしたことを強調した。[1] 三昧発得者たる善導に憑依し、自身も三昧成就することを念願していた法然は、すでに「称名・観法合して念仏三昧」(『十七条法語』)とする源信流念仏を超克し、「専修正行」の「念仏三昧」を修して、建久九年(一一九八)ついに発得の境地に達し、建永元年(一二〇六)までの間に幾度か三昧発得の体験をもった。法然は、『選択集』でも三昧発得者は往生決定の人だとみているように、[2] 口称によって地観などが自然に成就したことによって、自身の往生が疑いないことを知るとともに、口称の一行が本願に順じ、仏意に適ったものであることに強い確信を得た。と同時に、善導に対する帰信が絶対的なものになったのである。

『選択集』は法然の三昧発得がはじまった建久九年の撰述であるという。『選択集』に述べている「仰討二本地一者四十八願之法王也、十劫正覚之唱、有レ憑二于念仏一、俯訪二垂迹一者専修念仏之導師也、三昧正受之語、無レ疑二于往生一」という、善導と念仏に対する絶大なる尊信の言葉は、三昧発得の体験を抜きにしては空虚なものになってしまう。

善導の忌日に当る三月十四日付(法然が善導の忌日をこの日とみていたことについては後述)の大胡太郎実秀への消息には、

イカニメテタキ人ト申トモ、善導和尚ニマサリテ、往生ノミチヲシリタラン事モカタク候、善導マタタダ(只)ノ凡夫ニアラス、スナワチ阿弥陀仏ノ化身ナリ、カノ仏ワカ本願ヲヒロメテ、ヒロク衆生ニ往生セサセムレウ《料》ニ、カリニ人トムマレテ、善導トハ申ナリ、ソノオシエ申セハ、仏説ニテコソ候ヘ、イカニイハムヤ垂跡ノカタニテモ、現身ニ三昧ヲエテ、マノアタリ浄土ノ荘厳オモミ、仏ニムカヒタテマツリテ、タタチニ仏ノオシヘヲウケタマハリテ、ノタマヘルコトハトモナリ、本地ヲオモフニモ、垂跡ヲタツヌルニモ、カタカタアフキテ信スヘキオシエナリ、

とあって、(3)『選択集』と同趣旨のことが書かれている。善導和尚以上に往生の道を知った人はなく、仏がかりに善導となって本願を弘めているのだという。本地垂迹の思想によって、法然は善導を阿弥陀仏と観た。法然にとっては、善導の専修念仏の勧化は弥陀の化身としての行為であり、その教えに虚偽はなかった。熊谷直実入道蓮生へ遣わした五月二日付の真筆消息には、

念仏をつかまつり候はて、たゝこと《異》おこなひ《行》はかりをして、極楽をねかひ候人ハ、極楽へもえむまれ《生》候はぬことにて候よし、善導和尚のおほせられて候へハ、たん《但》念仏か決定往生の業にては候也、善導和尚ハ阿弥陀化身にておハしまし候へハ、それこそは一定にて候へと申候に候、

と書かれ、(4)弥陀化身たる善導の仰せる但念仏が決定往生業たることは一定である、と善導の言が仏説と同じであることを教えている。

また正治二年（一二〇〇）と推定される十月十八日付の津戸三郎為守宛の消息で、為守が幕府から念仏のことについて喚問されたときの申し開き方について、

阿弥陀ほとけの化身にておはしまし候なれは、おしへすゝめさせ給はん事、よもひか事にては候はし、とふかく信して念仏はつかまつり候也云々、

と陳述するよう、法然は教えている。弥陀化身の善導が勧められるのだから、よもや僻事ではあるまいと、深く信じて念仏を申しているのだ、と答弁するように教えているが、これはまったく法然自身の感懐であったわけである。

このように、法然は自身の三昧発得によって、善導の弥陀化身たることの確信を深め、ますます口称の一行に励んだのである。したがって法然の善導弥陀化身観は三昧発得によって不動のものとなった。知識としての弥陀化身観が弥陀化身信仰へと転じたわけである。その時期は三昧発得の境地に入ることを得た六十代後半から七十歳にかけての頃と思われる。年号でいえば建久末年から正治、建仁を経て、元久、建永に至る間である。

ところで、法然は善導を弥陀の化身、あるいは弥陀の応現と仰いだが、(5)善導または善導和尚というのみで、それ以上の尊号は用いなかった。著作、講録、消息などすべて「善導和尚」であり、「七箇条制誡」においてもそうであった。法然は後世のように、(6)「大師」の尊号を用いなかったが、すでに善導を「祖師」とみていたことは、「七箇条制誡」の第四条の言文によって窺われる。「七箇条制誡」は、法然の善導弥陀化身観が高揚していた時期のものであるが、他面では他宗からの批判を受けて、師資相承の譜脈を定立していた（『選択集』）から、善導を祖師と観ずることには不思議はない。そして、法然は祖師としての善導の影像を考えていた。

二　善導影像の特色

安楽房遵西の父、外記入道師秀が法然を招いて逆修供養を行なったのは建久五年（一一九四）の頃と考えられるが、五七日に師秀は阿弥陀仏と『無量寿経』にあわせ、「五祖影」を図絵供養した。(7)五祖影とは唐宋二代の浄土教家より、法然が師資相承ありとして選定した曇鸞・道綽・善導・懐感・少康の五師の影像である。伝記によれば、法然が右の相承を立ててからのち、重源が法然の求めで五祖の影像を宋より将来し、いま二尊院の経蔵に安置するのがそれである、という。(8)

五祖像が法然在世中にどれだけ普及したかよくわからないが、かなりの流布が想定されるのは、善導一師の影像である。元久二年（一二〇五）八月頃、法然が白河の二階房で瘧病となり、小松殿に帰ってからも治癒しなかったとき、九条兼実が「善導ヲ図絵シタテマツリテ、上人ノマヘニシテ供養シタテマツラン」と一計を案じ、託麻法印証賀が描き、聖覚が供養の説法をしたという。(9)この話については、その意味するところを別に考えたので、(10)今は触れないが、ただこの伝承は法然在世中に善導の図絵が行なわれていたことを示唆するということを指摘しておきたい。

また、津戸三郎が法然の影像を所望し、熊谷入道が描いたが、法然の気に入らず、かわって善導の御影を与えようとした。その時の消息に「影の事は、熊谷入道の書て候しか共、無下に此姿たがひて候ひしかば、すててくだりて候也、されば此度もゑがきて下し候はぬには、唯口惜候、其かはりには善導和尚の御影をおがませおはしますべく候云々」(11)とあった。津戸三郎は、わが影のかわりに善導の御影を拝めといった法然の言葉にいき過ぎだと思ったが、後にその考えが間違いであることに気づき、いよいよ念仏をはげみ、建保七年（一二一九）に出家し、仁治四年（一二四三）一月、八十一歳で没した。この話からも、善導の影像が地方の信者に下付されていたことが窺えるのである。

このように善導の図絵が行なわれるようになるのもまた、建久末年以降、先に述べた法然の善導弥陀化身観が深まる時期においてであった。では法然は、かかる祖師としての、また弥陀化身としての善導像をどのような意味で用いたのであろうか。『逆修説法』に次のような言葉がある。五祖像を図絵するには、多意があるとして、「先為レ報二恩徳一、次見レ賢思二斉等事一故也、学二天台宗一人、見二南岳天台一思レ等、習二真言一人、見二不空善無畏一思レ均、花厳宗人想レ如二香象恵苑一、法相宗人玄奘慈恩如思、三論学者浦二病浄影大師一、持律行者道宣律師不レ遠可レ思也、爾者今欣二浄土一人、可レ学二此宗祖師一也」と述べている。まず祖師の恩徳を報じ、さらに祖師とひとしくなろうとして影像を設けるのであるという。

この考えを敷衍すれば、善導を図絵するのは、一つには善導への謝徳のためであり、一つは善導と同じ宗教境域に至ろうとして信行を策励せんがためであった。では善導とひとしくありたい、とはどのようなことなのであろうか。『逆修説法』では右の説明につづいて、五祖の一人一人について学ぶべき点が述べられている。善導については、口より仏が化生するほどに念仏し、三昧発得の人であったことが説かれている。これからすれば、法然が善導の御影を安置させたのは、善導の三昧発得者であったことに心を至して、人々もまた善導と同じような宗教体験を得よかし、との思いからであったことがわかる。

当時、特に法然在世中の善導像がどのようなものであったか、よくわからないのであるが、木像遺品やのちの善導絵像などから推せば、最初は善導像特有のいわゆる半金色なるものではなく、それよりも一万、二万、三万、五万ないし十万と念仏を唱え、念仏すれば仏が口より出給うたというところを造形的に表わして、善導像の特色としたもののようである。もと嵯峨有巣河報恩寺にあり、現在知恩院に移されている鎌倉時代の重要文化財指定の善導木像は、やや口を開き気味にし、口中に小孔があって化仏をつけたらしい針金状のものが挿入されてあった痕跡が認められる。また鎌倉時代の善導絵像として代表的な知恩寺の善導像も、やはり口から化仏が出ているところが描かれ、画上の色紙形には「善導念仏、仏従レ口出、信者皆見、知レ非二幻術一、是心是仏、人人具足、欲レ知二善導一、妙在二純熟一、心池水静、仏日垂レ影、業風起レ波、生仏殊廻、紹興辛巳二月一日」という四明伝律比丘曇省の讃文がある。「仏口より出づ」とか「善導を知らんと欲す云々」といった言文に、法然が考えていた影像観と同一の趣があるのに気づく。

知恩寺の善導絵像は右半分が金色に彩色された半金色像である。これに関連して想起されるのは、夢中対面の伝承に基づく上凡下聖の半金色像のことである。夢中対面のことについては、『源空聖人私日記』『法然上人伝記』(醍醐本)ともに伝えている。夢中のことであるが、高山に登り、忽ち「生身之善導」を拝したという。腰より下は金色、腰より上は常人のようであり、高僧は、我は善導なりといい、汝、専修念仏を弘むるが故にここに来たのだ、と述べたという。この夢想がいつのことであるかについては両伝とも明示していないが、善導の釈を三たび読み返して、自身の出離においては思い定まったものの、他人のために弘めるのはまだ時機が叶っていないと煩っていたと伝えるのみで、この夢告によって法然の教化が始まったような書きぶりである。[12] しかし正徳版『拾遺漢語燈録』に収める「夢感聖想記」によれば、この夢想は、「源空多年勤二修念仏一」し、「弘二演専修念仏之道一」していた建久九年五月のことという。[13]『法然上人行状絵図』巻七にはこの物語を載せ、「画工乗台におほせて、ゆめに見るところを図せしむ、世間に流布して、夢の善導といへるこれなり」と述べ、その画像がのちに中国から伝えられた影像に違わなかったと説いている。[14]

法然に善導との霊的交感があったことは確かであろうが、法然は三昧発得のときもそうであったように、これを他人にすぐさま披露するよりは秘して明かさない方であるから、このことが広く門弟たちの間に知れわたるのは、法然在世中のことであれ、かなり経過してからであろう。『法然上人伝記』（醍醐本）などは「或時物語云」としてこれを記しているのであるが、もちろんいつ頃のことか伝えていない。「夢の善導」像と称していたことは、『法然上人行状絵図』が成立した鎌倉末期の状況であって、法然生前にこれが存在したことを伝える文証とはならない。おそらく半金色善導像は、浄土宗の真の相承が弥陀―善導―法然と次第する感応相承にあること、特に善導直授の教門なることを強調する必要から、法然の没後につくられたものであろう。かの知恩寺の左凡右聖の善導半金色像も、美術史家によれば鎌倉時代通有の手法で中国原本を模したものであろうというから、[15] あるいは模作の段階で半金色に改作されたのかもしれない。上凡下聖の半金色の像は、法然自身の夢想に基づく独自の表現をもった「夢想」像である。しかし仏像などの表現において、このような半金色というアイデアが法然以前になかったかというと、決してそうではない。『今昔物語集』に半金色の地蔵菩薩のことが出ている。治安三年（一〇二三）疫病が流行したとき、祇陀林寺の仁康が半金色の地蔵像を作って開眼供養し、その後地蔵講を行ない、疫病の難を免れたという。(16) 半金色なる先蹤が全然ないというわけではないが、この半金色地蔵像と半金色善導像との間に関係があるとは、もちろん考えられない。当時、半金色地蔵像が流行していたわけではないから、半金色像の特異性は善導像に認めてよいと思われるが、ただそれが法然の生前に出現していたかどうかについては否定的にならざるをえない。法然在世中の善導像の特色は、やはり口称三昧の様子を具象的に現わした点にあったとみられる。

因に、善導の忌日に関し、法然在世中から三月十四日と同月二十七日の両説があったが、法然は前者の方を採っていた。法然は、その理由をいずれが是、いずれを非とすべきではないが、「善導は弥陀の化身なり、然らば十四日は、今少し弥陀の義に隣れり、然らば源空は十四日を以て善導遷化の日に用いん」と述べたという。(17) つまり法然は、弥陀の縁日により近い十四日説の方を採ったのである。

以上のように、法然は善導を弥陀の化身と観じ、またその教説を弥陀の説と考え、深く善導に帰依したが、それは自己の三昧発得によって裏づけられたものであった。建久の末年以降、書物による善導の知識を宗教体験による信仰へと高め、その十年ほどの間に善導の影像を作成するなどして、専修念仏宗における善導信仰を決定的なものたらしめたのである。

では、師法然のかかる善導観を受けて門弟たちは善導をどのようにみていたであろうか。これはまったく法然と同じであった。たとえば隆寛は「本地者極楽教主本願成就之仏也、垂迹者大唐導師三昧発得之人也、尤足二依用一、可レ見二選択集一」と述べ(18)、信空も「オホヨソ浄土宗ノオシヘ、専修念仏ノ至極、善導和尚ノマサシキココロハ、コレヒトヘニ称名念仏ナリ」と、法然と同じように浄土宗の専修念仏の教説は善導の心と一致していることを説き、善導への帰信を強めている(19)。また弁長は、浄土宗のことを善導宗というほどであった(20)。親鸞もまた、往生の信心の受け取り方を善導の信の取り方に学んで、一念も疑いあるべからずと了知して、そのことを門弟にも説いていた。性心房への消息では、「光明寺の和尚の、信の様をしへさせたまひさふらふには、まことの信をさだめられてのちには、弥陀のごとくの仏、釈迦のごとくの仏、そらにみち〳〵て、釈迦のをしへ、弥陀の本願はひがごとなりとおほせらるとも、一念もうたがひあるべからずとこそうけたまはりてさふらへは、その様をこそ、としごろまうしてさふらふに云々」と述べている(21)。親鸞はまた建長七年（一二五五）に善導・法然などの真像に書かれていた讃銘を集めて、それを解釈しているが、それによると善導の真影には中国の智栄の讃文が書かれており、「善導阿弥陀仏化身」なる善導の別徳が讃えられていた(22)。また隆寛や聖覚は一念・多念の排他的な見解を止揚するのに、善導の権威を持出しているが(23)、それは『唯信鈔』に出ているように、善導の教えは「仏語」と同等だという考えがあったからである。

法然に『善導十徳』なる書があるとして『漢語燈録』は収載しているが、隆寛にも『善導和尚十徳鈔』なるものがあった。十徳の名義は法然のそれと同じであるが、この書ではそれぞれの徳に関する善導の事跡が諸書より集められている(24)。親鸞は善導の著書から抜き出した文言を書写して、これを「光明寺善導和尚言」と題し、東国の門弟らに送っている。[25] また建久三年（一一九二）三月、後白河法皇の葬送の夜に出家した法皇の近臣大和前司親盛入道見仏が、その年の秋、八坂の引導寺で六時礼讃を修し、住蓮、安楽なども参加したことがあった。能声の輩が行なう六時礼讃はいうまでもなく善導の作になるもので、法然在世中から追善儀礼に用いられたが、[26] 六時礼讃の盛行は善導信仰の高揚の一端を示していた。

このように、法然の門弟たちにおいても、善導の占める地位は、法然の場合と同様であった。したがって専修念仏宗にあっては善導信仰が、法然在世中から一つの祖師信仰――それは弥陀化身としての絶対観を帯びながら――として発現していたのである。この善導信仰の具体的指標は、すでに指摘した通り影像または影堂の建立であり、善導御影を中心とした仏事であった。そこで、以下進んで、これらの点について考察してみたい。

三　正行房の善導御堂

昭和三十七年四月、奈良興善寺本尊阿弥陀仏像の胎内から、法然・証空・親蓮・欣西・円親らの消息が発見された。これらの消息は正行房なる人物に宛てられたものであり、正行房が両親の追善供養のために来迎形三尺の阿弥陀仏立像の造立を発願し、その助成者の交名をこれら消息の紙背に記して、胎内に納めたものであった。消息によれば、正行房は南都における専修念仏者の中心人物であった。法然とは京都でたびたび面謁し、奈良から法然に贈物を献じたり、法然からその礼状や近況が伝えられたりする、そのような関係にあった。十数点にのぼる消息は、法然および門弟らの動静を伝え、念仏信仰などを知る絶好の史料であるが、善導信仰をみる上でも貴重な消息を含んでいた。

それは、年記を欠いているが、次のような「正行房宛証空消息」である。(27)

又たれもしのひまいらせたりをし□こそ候へ、とく〳〵してのほらせ給ひ候へ、又観念法門、往生伝おかせまいらせてもせてハ、いまにかき候ぬに候、いかに不当のものかなと、おもはせたまうらん、たよりをよろこひて申候なり、なにとし候らん、おほつかなくこそ思まひらせ候へ、さておほせ候ひたりし御らいの事の、かなひ候さりしこそ、まめやかにくちおしく候へ、又聖人御房の御やまひこそ、すこしおこらせ給ひて候へ、いたく思まいらし給事ハ、おはしまし給ハねとん、おほつかなく思まいらせ給ひ候すらんとて、かく申候なり、さりなからも、生死ノ無常、はするかことくに候へハ、しりかたく候、その善導みたうはて候なは、とく〳〵してのほらせ給ひ候へし、又かやうにすこし御やまひけのおはしまし候よし、浄刹房なけき候らん、人にひろませ《知らせ》給ひ□な、あなかしく〳〵、かやうに御ふみおまいらせ候につ□候てハ、□真観房□事の思□いてられ候也、たれもこれにておはしましゝよりは、思いてゝ、あはれニおもひまいらせさせ給候らんな、又□のちと□いたく往□のおほく候也、かち□しも□つこもりの日伴をして候なり、なをも〳〵□す人ハ、おほく候なり、なにことゝんつくしかたく候へは、とゝめ候ぬ、

□二月□

この消息には、真観房（感西）の死去について往時を追想する文句があるので、その没年である正治二年（一二〇〇）からそう遠くない頃のものとみられる。『鎌倉遺文』はこの消息を便宜上元久元年（一二〇四）の箇所に収めて

いるが、もう少し早くみてよいのではなかろうか。いずれにしても法然の善導信仰が高まり、門弟たちもその影響下にあった時期のものである。この時期の証空消息に「その善導みたうはて候なは、とくくしてのほらせ給ひ候へし」とある条が注目される。正行房がいつから善導御堂の建設にかかっていたかはわからないが、文面からすればかなり進捗しているようであり、竣工すればはやく上京するように促している。

この善導御堂がどこに建てられたか、消息からは不明である。ところで興善寺の阿弥陀仏立像念仏結縁交名状に出る人物と、奈良県山辺郡都祁村来迎寺の善導坐像胎内銘に出る人物との間に、同一人物とみられる者がある。(28)このことは両像を結びつけるものが存在したように見受けられ、やはり正行房なる人物が両像にかかわっていたと思われるのである。来迎寺の善導像は像高二尺八寸五分の坐像で、昭和三十五年に重要文化財に指定された秀作で、この像にも化仏をつけたものを口中から出していた痕跡が認められている。造像の当初は、やはり化仏を出した称名念仏中の善導像であったことがわかる。造像の時期については、胎内銘の人名から建仁前後の作とみられている。(29)とすれば、正行房の善導御堂の建設が進んでいたのが正治二年頃であるから、この善導像の完成時と非常に接している。来迎寺にある善導像を安置した影堂が、右の証空消息に出てくる善導御堂であったかどうか、両者の完全な一致を主張するにはなお躊躇するものがある。しかしながら関係の深いことは結縁者の人名からも察せられるが、来迎寺の善導堂の須弥壇も逸品とされていることや、この来迎寺善導像に建暦元年(一二一一)に安置したという伝承や、勢観房源智が来寺して「希代之尊像」と敬い、暫く当寺で念仏修行したという由緒があること、(30)さらにいま奈良市内にある興善寺が、もと東山内田原村にあったということなどからすれば、正行房が造営した善導御堂とは、この来迎寺の善導堂のことであり、その本尊が今に伝わる善導像であった可能性がきわめて高いのである。正行房は法然やその入室の弟子たちとも親交があり、南都の専修念仏宗の中心人物であったことは疑いのないところである。

　とまれ、善導御堂として独立した影堂に、善導像がまつられたということが、すでに法然の存世中にみられたということは、専修念仏宗における善導信仰を示すものとして貴重である。

四　法然滅後、京洛における善導信仰

　では次に法然滅後の善導信仰の一端を瞥見してみよう。

寛喜二年（一二三〇）四月十四日、嵯峨念仏が行なわれ、聖覚が善導像供養の説法を勧めた。『明月記』には、

十四日（中略）及二申時一心寂房来談、一日嵯峨念仏、請二聖覚法印一、供二養善道（マヽ）像一、公棟・敦通以下入道成レ群縮坐、狭小之座之中、常覚弟子教脱一念宗之長云々、入二其中一、超二公棟肩一入二道場一、人雖二属目一説法了、件教脱礼讃無二指事一、法師退帰云々、

とあって、一月遅れの善導忌日に、善導像が供養され、聖覚の説法と一念宗の指導者たる教脱による礼讃とがあった。この善導像の供養があった場所については、文面からは判然としない。しかし、私は嵯峨の念仏房の住房、往生院であったと思う。[31] 折から病に罹っていた念仏房の回復を祈って、往生院に新しく善導像がつくられ、開眼供養の導師に聖覚が招かれ、その表白や説法の優美さによって善導の感応があらわれ、病気が治癒すること

を願ったのである。病気療治のために仏像供養が行なわれることは当時普通であったから、天台系念仏者であった念仏房にしてみれば、善導像供養によって病いをなおそうとしたのはありうることである。法然の瘧病が聖覚の善導像供養説法によって治癒したという伝承があったが、[32]これが事実であったかどうかは別としても、祈請の効験を求めるという善導像信仰の一つの受容相がここに出ていることがわかる。善導像供養による法然の治病譚も、かかる治病効験を期待するといった一種の善導像信仰に支えられて、あとでできたものであろう。

法然の没後には、善導像に治病の効験を求めてつくられることもあったかと思われるような、嵯峨往生院の善導像供養であったが、この年、善導の五百五十年遠忌を迎えて、有意義な事業を進めていた者もあった。貞永元年(一二三二)版『般舟讃』の刊記[33]によれば、もともと『般舟讃』は承和六年(八三九)円行によって将来されたが、ずっと御室の宝蔵に秘され、法然の滅後五年の建保五年(一二一七)に見出され、それより流布した。しかし明信はこの流布本に不信を抱き、さらに御室の円行将来本によって校合してみたがなお不審がはれなかった。折しも寛喜二年(一二三〇)が善導大師の寂後五百五十年に相当するところから、忌日の三月二十七日を期して明信は同志とともに文義が通じ、音訓に間違いのないように校訂を始め、間もなく業を了えたが、開板にまでは至らず不幸にして没したので、同門の入真がその一周忌に当って開板したのが貞永元年版『般舟讃』であるという。

この『般舟讃』は浄土教版史上きわめて貴重なものであるが、私がここで注目したいのは善導の五百五十年遠忌を意識していた者のあったことである。善導への追慕の情がかかる遠忌を契機に深まった。少なくとも明信においてはそうであった。善導の遠忌は、後世、延宝八年(一六八〇)に一千年忌が大々的に修されたが、わが国で善導信仰が成立してからは、明信が意識していた五百五十年忌が最初である。もちろん、その頃の専修念仏宗は統一教団ではなく、しかも嘉禄の法難の直後であり、なお多難な歳月を送っているので、後世の如き遠忌が修されたわけではないが、それでも明信のように専修念仏者の間に善導の遠忌が覚えられていたことは、それだけ善導信仰の普及を示すものといわざるをえないのである。

この明信は一念義の幸西の弟子であり、遺志を嗣いで開板を果たした入真とは兄弟弟子であり、明信は住西房、入真は住北房と称されるように住房も近くであったらしい。(34)明信は開板事業に意を注ぎ、貞永元年版『般舟讃』刊記によれば、建保の頃、八部十三巻をあいついで開板し、現存の『往生礼讃』（大谷大学蔵）、『観念法門』（龍谷大学蔵）はこのうちの一部に該当するものと考えられている。(35)ところが、この明信は嘉禄三年（一二二七）に延暦寺が搦出すべき余党四五人の名を挙げたなかに入っているのである。幸西の余党としてである。それによれば明信は土佐尼の婿であり、同じ幸西門徒でのちに一義を立てた薩生とは兄弟であった。このように明信は有力な幸西門徒であり、開板事業の推進者であり、かつ熱烈な善導信仰者であったわけである。

ここで転じて、平経高の善導信仰をみておこう。平経高は、『善導和尚画讃』『往生要集勘文』『往生要集外典鈔』などのある兵部卿平基親と従兄弟であった。基親は念仏の数遍、本願の信じ方などについて、書信を法然と交わし、(36)また建暦元年開板の『選択集』に序を書いている。このように専修念仏者であった従兄弟の影響を受けてか、平経高もまた念仏に関心を寄せていた。

寛元二年（一二四四）三月十四日に、経高は持仏堂に奉安してある善導の形像の前で一昼夜の念仏を唱えた。そ

のとき彼にとっては善導の忌日が問題であった。すなわちその日記『平戸記』には、

今日有二善導和尚御忌日之説一、実廿七日歟、而故空阿弥陀仏有二此説一云々 仍於二其御形像奉レ安二居持仏堂一 御前一、自二寅刻一修二一昼夜念仏一、（中略）於二後々一者猶尋決、廿七日可レ修歟、

とある。善導忌日に両説あって、法然が十四日説をとっていたことはすでに述べたが、経高は一応三月十四日を忌日としながらも、空阿弥陀仏に二十七日説があったことによって、どちらとも決しかねていたようである。さきに述べた明信の『般舟讃』校合も、三月二十七日を善導の忌日として、この日に開始されている。法然滅後三〇年の当時、まだ忌日については両説があって、流派によってそのいずれかによっていたもののようである。この善導忌についての両様の説もさることながら、さらに注目してよいのは、貴族の持仏堂などにはすでに善導の影像を安置することが通例となっていて、忌日にはその前で念仏が修されたことである。静遍は建保六年（一二一八）十月に『続選択文義要鈔』を講じたが、越前法雲寺蔵の同書奥書によれば、それは北白河嶺殿の善導影前において行なったものであった。藤原国通も善導像を造立して、有巣河の報恩寺に安置していた。

『平家物語』の「大原御幸」によれば、建礼門院の閑居には、来迎の三尊仏が安置されて、中尊の御手には五色の糸がかけてあり、その左には普賢の画像、右には「善導和尚并びに先帝の御影をかけ、八軸の妙文、九帖の御書もをかれたり」という有様であった。『平家物語』が建礼門院の草庵の様子を正しく伝えているかどうかわからないが、少なくともこれによって当時の隠遁者には専修念仏宗の影響があったことが窺われる。専修念仏宗的な色彩は、善導の影像と九帖の御書、すなわち善導の五部九巻とにあったのである。そういった傾向性を『平家

物語』は誤りなく伝えているといってよかろう。

平経高もまた、持仏堂に善導像を安置していた専修念仏者であった。しかし厳密にその行業をみると、証空の門流と関係が深かった。(37) 百日念仏、四十八時念仏、臨終講、順次往生講などを行ない、また敬仏以下の能声の輩が右の講会には恒例念仏衆として出仕していた。かの親盛入道見仏の百ヵ日には一夜念仏を企て、浄土三部経を摺写している。善導像を安置していた念仏者にふさわしい行業であった。

五　地方における善導信仰

最後に、地方における善導信仰を鎮西と東国でみておきたい。

聖光房弁長は、筑後国山本郷に一寺を開いて、善導寺と号した。了慧の『聖光上人伝』には、

又同国山本郷、建二一伽藍一、号二善導寺一（後額光明寺）堂塔比レ甍、僧徒成レ林、長日勤行、恒例大会、継レ日不レ懈、逐レ年無レ絶、地主要阿寄二進数地一、置二四九本房一、彼妻作阿施二入水田一、擬二衆僧糧一、夫婦同心、銘二寄進文於洪鐘腹一焉、

とあって、草野氏の援助によって、善導寺が開かれたことがわかる。善導寺という寺号については、寺に善導堂があったからである。この寺が筑後久留米市の善導寺であって、弁長が筑前、筑後、肥後などを教化して四八ヵ寺を建てたというなかでの随一である。やはり弁長によって建暦二年（一二一二）に開創されたと伝える筑前博多（福岡市）の善導寺には、弁長が彦山に念仏を弘布し、善導来朝の霊夢を感得し、博多津に善導木像を迎えた、との伝承がある。(38) これと同じ伝承が筑後の善導寺にもある。(39) 善導影像が博多に渡って来たというような伝承には、

その土地柄が反映しているが、またかかる仏像の霊瑞譚が語られる背景に、この地に善導信仰の基盤が形成されていたことが窺われるのである。鎮西での善導信仰を振起したのはなんといっても弁長その人であった。善導寺なる寺号が初めて出てくるのも注目される。

次に、関東における善導信仰の諸相をみてみよう。すでに法然の在世中から、関東の御家人達は、京都大番役で上京した際に法然から勧化を受けたり、また消息によって懇諭されたりなどして、善導への帰信は高まっていたから、善導の名は専修念仏の拡大とともに弘く知られていた。常陸にあっては、親鸞が法然の専修念仏——彼のいう浄土の真宗——の弘通の基盤を建保二年（一二一四）以降築いていた。

宝治元年（一二四七）六月五日、三浦泰村は執権北条氏に叛き、泰村の一族郎党は時頼の兵に討たれ、源頼朝の法華堂でほとんど全滅した。この泰村の軍に泰村の妹の夫である毛利蔵人大夫入道西阿が加わっていた。彼こそ隆寛が奥州配流となったのを、その住所相模国飯山へ連れていった、法然の伝記にいう森入道西阿その人である。[40] 彼の父は大江広元、その名を季光といい、承久元年（一二一九）一月二十七日に出家し、承久三年六月の東軍上洛の時には大軍を率いて一方の大将であった。泰村滅亡の時には、西阿は皆に勧めて善導の『法事讃』を唱えた。『吾妻鏡』には、

西阿者専修念仏者也、勧二請諸衆一、為レ欣二一仏浄土之因一、行二法事讃一廻二向之一、光村為二調声一云々、

とある。堂内にいたのは西阿、三浦泰村、同光村、同家村、同資村、大隅前司大川戸重隆、美作前司宇都宮時綱、甲斐前司春日部実景、関政泰らで、彼らは頼朝の影前で往時を談じ、最後の述懐に及んだという。このとき西阿

が滅びゆく一族に向かって「一仏浄土之因」を欣ぶために『法事讃』を勧め、光村が調声となったという。西阿や三浦の一族のなかには専修念仏者がいたのである。もちろん一族最後の場面に善導の影像が登場するわけではないが、東国の武士の間で『法事讃』を唱える専修念仏者がいて、善導への帰依者が武士層にあったことを有力に物語っている。西阿は隆寛を飯山に移してからは尊崇ことのほか深かったというから、法然と同じように善導を絶対視した隆寛の影響を受けて、西阿もまた善導信仰者であったことは容易に考えられるのである。

善導のことは東国の人々の信仰にしだいに根づいていった。東国の往生者のことを書いた『念仏往生伝』があるが、そのなかにも善導のことがたえず頭の中にあった人の伝記が出てくる。たとえば武蔵国吉田郷の尼は四十七歳で出家し、念仏の功積り、六十八歳、建長五年（一二五三）十一月六日から持病が再発し、九日に子息の入道に向かって、さる九月十一日の暁に聖衆の囲繞を幻のようにみたが、きのうより青蓮華が眼前にあると語り、十二月十日にもまた語っていうには、「合眼之時、善導和尚立二枕上一給、又見二合青蓮華一」と。その後迎講の儀式のように仏菩薩が時間の経過とともに近づいてこられるとみて、高声念仏のうちに往生した。[41] 臨終のときに、善導が枕に立たれるのを見るということは、善導信仰の深さを示す以外のなにものでもなかろう。

また小柴新左衛門尉国頼は、母の勧めで弥陀三尊の形像を図絵し、毎日六万遍の念仏を唱えていたが、病いによって弘長二年（一二六二）七月二十日出家して行西と名のった。行西は自身の臨終に往生の瑞相が現われないのを歎いていたが、その後夢中に善導の告を得た。

善導告云、汝有二大罪一、可二懺悔念仏一云々、行西申二善導一云、我有二大罪一如二今告一、但日来念仏、若不二懺悔一者、不レ可二往生一哉、如何、善導云、五逆罪人、猶依二十念一預二来迎一、況汝是多年念仏者也、往生無レ疑、故今所二来告一也、而汝恐二大罪一、聊有二猶預之心一、仍為レ治二其心一、所二告示一也、

右のような善導との夢中の問答のあと、行西は二夜一日の念仏を修さしめ、懺悔しおわって、二十三日丑剋、空中に聖衆と亡き悲母が現われ、その後仏菩薩が虚空に充満し、音楽が奏でられるなかを往生したという。この夢中の問答に窺われるところは、五逆の罪人ですらなお十念によって来迎に預かれるのだから、多年の念仏者の往生は疑いのないところなのに、大罪を恐れて猶預の心があるとするなら、それを無くさねばならないとする考えである。そしてこのような問答が善導と交わされていることに、行西の日頃の善導信仰が察せられるのである。行西個人というよりも、当時、東国では善導が尊信されていたことの証左となろう。夢中に阿弥陀仏や法然が登場しないで、善導が現われるところに大きな意味がある。

今まではすべて、善導が口称の三昧発得者であるとの見地から、善導に寄せられてきた尊崇を中心に述べてきたわけであるが、最後に善導に対する今一つの見方があったことに触れておきたい。それは善導が持戒念仏者であるとの見方である。法然の没後間もなく、持戒念仏を強調した『善導遺言』が流布していた[42]。法然は「七箇条制誡」で、念仏門に戒行なしと号して、専ら婬酒食肉を勧め、たまたま律儀を守る者をば雑行人と名づけ、弥陀の本願を憑む以上造悪を恐れてはならない、と説くようなことを禁止しているが、その理由を説明して、

戒仏法大地也、衆行雖レ区同専レ之、是以善導和尚挙レ目不レ見二女人一、此行状之趣、過二本律制一、浄業之類不

順レ之者、惣失二如来遺教一、別背二祖師之旧跡一、

と述べている。このように目を挙げて女人を見ざるが如き善導の持戒の面に尊信を寄せる向きがあった。建長三年（一二五一）北条長時が建立した浄光明寺は、善導の遺誡を慕う持戒念仏の寺であった。開山真阿の長老職の譲状には、

譲二渡浄光明寺長老職一事、
真子(了)房
右当寺者、根本慕二善導大師之遺誡一持戒念仏寺也、爰真了房適為レ持二御秘仏一之間、相二副武州(北条長時)聖霊御譲状幷当寺調度之証文等一所二譲渡一也、修学二事任二先規一無二退転一、可レ被二寺務管領一、所詮固二守最明(寺脱)殿(北条時頼)幷武州禅定聖霊等本願主御素意一、精二選浄土宗解行二門兼備之器量一、永代可レ相二伝付属長老職一者也、仍為二将来之亀鏡一、勒二子細一譲渡之状如レ件、
永仁四年正月廿三日　　沙門真阿（花押）

とある。(43) 浄光明寺は真言宗寺院のように説明されているが、この譲状の文言からもわかるように、この寺は、根本は善導大師の遺誡を慕う持戒念仏寺であって、長老職は浄土宗の学行を兼備した人材に付属される建前であった。この浄土宗というのは諸行本願義のことである。時代は少し降るが、正和三年（一三一四）の「浄光明寺住持高恵等起請文写」(44)には「不断光明真言幷浄土宗等四宗興隆発願事」として、「右発願志趣者、仏法者依二王法一弘、王法者依二仏法一治、依レ斯至二于尽未来際一、勤二行不断光明真言一、建二立浄土諸行本願・華厳・真言・律宗四箇之勧学院一、

興行修学紹﹅継法命﹅、専奉﹅祈﹅天下泰平国土安寧之御願﹅、抑又報﹅広大無辺師徳﹅成﹅自他法界得脱﹅矣」と書かれていて、浄土、華厳、真言、律宗四宗兼学寺院となっている。律宗寺院の側面を兼ねるのは西大寺叡尊、忍性らの鎌倉下向による諸影響との関係もさることながら、当寺が根本は善導の遺誡を慕う持戒念仏の寺院であったことが大きく作用していることは確かである。覚明房長西の諸行本願義は道教によって関東地方に伝えられたが、道教が拠点としたのが鎌倉の新善光寺およびこの浄光明寺であった。道教は「念仏者首領」(『関東往還記』)とよばれ、弘長の頃から弘安十年(一二八七)に没するまでひろく道俗を教化したという(『浄土法門源流章』)。また道教の門下には道空があり、彼も主として浄光明寺に住して、善導著作の研究や諸行本願義の弘通に努めた。

この頃、多念義もまた、隆寛の飯山居住を機縁として、この地方に流伝した。「東土浄教、乃彼力也」(『浄土法門源流章』)といわれた智慶が鎌倉に新長楽寺を建て、多念義の宣揚に努めていた。日蓮の文永五年(一二六八)の「念仏禅等排撃訴状」には浄光明寺や長楽寺の名が挙げられているから、鎌倉での浄土宗の拠点がどこであったかが知られる。道教が鎌倉で活躍していたとき、鎌倉へ入り鎮西義を弘めたのが良忠である。良忠もまた鎌倉の念仏教団を代表する僧として道教とともに日蓮を訴え、日蓮はこれにより有名な龍ノ口の法難を蒙るのである。(45)

鎌倉における以上のような念仏教団の趨勢のなかで成立したのが、先に史料として取り上げた『念仏往生伝』であり、これは弘長二年以後弘安元年の間(一二六二〜一二七八)に上野国で行仙が編纂したと考えられている。(46)この往生伝に善導信仰者の伝記があったのも、右に概観したような東国における動向を背景としていたことを知るべきであり、これらの学僧・教化者による多方面な善導の教学研究が在俗信者の善導崇拝に拍車をかけていたことは疑いのないところである。

専修念仏者の間では、法然の影響もあって、善導を仏格と同様に信仰するという善導信仰が成立した。この善導信仰は、今まで述べてきたように、三昧発得を体験した法然において、弥陀化身としての善導観が信仰にまで昇華されたことに端を発し、専修念仏宗ではその影像がつくられ、またそれを安置する善導御堂が建造されるに至った。その善導の影像は念仏三昧者であることを表象したものであった。化仏を出しつつ念仏を唱える影像に専修念仏者は、信仰上の理想像を求めたのである。阿弥陀仏のほかに五祖像または善導一師の影像を安置することは専修念仏者の表徴であった。康勝作と伝えられる六波羅蜜寺の空也像は、このような専修念仏の間で普及していった善導像から製作上の暗示を受けたものではないかとも思われるのである。

法然にとって、善導は人師の形をとった阿弥陀仏であり、専修念仏の祖師でもあったから、善導の像は念仏の祖師像であり、阿弥陀仏像にほかならなかった。この念仏の祖師像が半金色像の像容をもつようになるのは、夢の善導といった伝承が高揚されてからであり、時代的には法然の滅後、それもかなり年数が経った鎌倉末期であろうと思われる。当初は、法然が宗教上の課題とした念仏による三昧発得のさまを表現したものが、その像容であったろう。数少ない鎌倉時代の善導像がそのことを示している。

専修念仏者は、持仏堂内に、庵室に、または別に御堂を設けて善導像を安置し、その忌日には念仏を修するのを例とした。やがて善導の遠忌が意識されてくるが、寛喜二年がその五百五十年に相当するところから、善導への追慕の念が弥増し、善導信仰は専修念仏の興隆と結びついたことであろう。しかし遠忌の影響については近代的な考えを導入することはあまりに危険であるから、この善導五百五十年忌については、そのことが意識されていること自体に善導信仰の進展があったであろうことを指摘するにとどめたい。

専修念仏の地方伝播とともに、善導信仰も各地で扶植され、善導堂の建立が進み、なかには後世に発展する端緒を開いたものも出現した。門流とその教学の発展も善導の著作研究を基軸の一つとしていたが、学匠による道俗教化が善導信仰の促進となって現われたことは否めない。

註

（1）本書第二章第一節第三項参照。
（2）『昭和新修 法然上人全集』三四八頁。
（3）同右書、五一八頁。
（4）同右書、五三五頁。
（5）『選択集』（同右書、三四九頁）。
（6）弁長『念仏名義集』中に「善導大師」の語が用いられているが、ほとんど法然と同じく「善導和尚」である。また貞永元年（一二三二）版『般舟讃』に「相当大師遷化五百五十年忌」とある。因に善導大師の尊号を「大師」と統一したのは、延宝八年（一六八〇）の一千年遠忌からである。これは法然の大師号宣下の前提として、まず善導和尚を善導大師と尊号することに一定したのである（伊藤祐晃氏「宗史上よりみたる善導大師一千年忌とその時代」『浄土宗史の研究』所収）が、それ以前に大師といわれたことは右の通りである。
（7）『逆修説法』（『昭和新修 法然上人全集』二六三頁以下）。
（8）『法然上人行状絵図』巻六（『法然上人伝全集』二九頁）。
（9）『明義進行集』巻三（仏教古典叢書本、五八頁）。

(10)　本書第四章第二節参照。
(11)　『法然上人伝記』(『九巻伝』)第九下(『法然上人伝全集』四五八頁)。
(12)　『法然上人伝全集』七七〇、七七四頁。
(13)　「夢感聖相記」(『昭和新修法然上人全集』八六二頁)。
(14)　『法然上人伝全集』三二～三三頁。
(15)　『浄土教絵画』(京都国立博物館刊)。
(16)　『今昔物語集』巻十七、第十話。『日本古典文学大系』(岩波書店)の校訂者は、この半金色を皆金色に対する語とみて、時計などの二十四金に比すと、それは半分の十二金のようなものだと語註している(『今昔物語集』巻三、五一七頁註)が、これは当らない。像の半分を金色に彩色したという意味である。
(17)　『広疑瑞決集』第一(伊藤祐晃氏編、三師講説発刊所本、一八頁)。
(18)　『具三心義』巻上(平井正戒氏『隆覚律師の浄土教付遺文集』所収)。
(19)　『明義進行集』巻二(仏教古典叢書本、五二頁)。
(20)　『徹選択集』下(『浄土宗全書』七、一〇七頁)。
(21)　『親鸞聖人血脈文集』(『定本親鸞聖人全集』第三巻、一六八頁)。
(22)　『尊号真像銘文略本』(同右書、五〇頁)。
(23)　『一念多念分別事』、『唯信鈔』(『続浄土宗全書』九、二七～二九、七六頁)。
(24)　『善導和尚十徳鈔』(平井正戒氏前掲書所収)。
(25)　『善導和尚言』(『定本親鸞聖人全集』第三巻、二三七頁)。
(26)　後白河法皇十三年遠忌(元久元年三月)に六時礼讃が修された(『法然上人行状絵図』巻一〇)。
(27)(28)　堀池春峰氏「興善寺蔵法然聖人等消息並に念仏結縁交名状に就て」(『仏教史学』一〇―三)。
(29)　同右。ほかに『奈良県綜合文化調査報告書・都介野地区』美術班報告(昭和二十七年三月)、『奈良県指定文化財』第三集。
(30)　来迎寺文書、竹田聴洲氏『民俗仏教と祖先信仰』六五二頁。

(31)(32) 註(10)に同じ。
(33) 藤堂祐範氏『浄土教版の研究』三三頁以下。
(34) 『法水分流記』。
(35) 藤堂祐範氏前掲書、三八頁。
(36) 『昭和新修 法然上人全集』五四九〜五五四、六〇八頁。
(37) 本書第三章第三節参照。
(38) 『博多光明山悟真院善導寺縁起』。
(39) 『筑後善導寺志』。
(40) 『法然上人行状絵図』巻四四(『法然上人伝全集』二八〇頁)。
(41) 『念仏往生伝』(『往生伝・法華験記』〈日本思想大系〉七〇五頁)。
(42) 拙稿「『善導遺言』——その成立と流伝——」(仏教大学善導教学研究会編『善導教学の研究』所収)。
(43) 『神奈川県史資料編2古代・中世(2)』二三〇頁。
(44) 同右書、五一一頁。
(45) 香月乗光氏・伊藤唯真『浄土宗〈日本の宗教2〉』四〇頁以下。
(46) 家永三郎氏「金沢文庫本念仏往生伝考」(『中世仏教思想史研究』所収)。

第三節　専修念仏者の神祇観と治世論

一　法然・信瑞の神祇観

(1)

初期の専修念仏衆が神祇に対してとった背馳の態度は、当時の社会道徳に真向から対立するものであったから、彼らの霊神侮蔑の行為が、世間から「失二国之礼一」するとして批難された(1)のも、当然のことであった。専修念仏が高潮した元久の頃、すでに念仏者が神明に背いて、権化実類を論ぜず、また宗廟大社をも憚らずして、「若崇二神明一必堕二魔界一云々」などと唱えていたことなどが「興福寺奏状」によって明らかであるが、かかる傾向は法然の没後もかわることなく、貞応三年（一二二四）の延暦寺の奏状(2)によれば、一向専修の党類は、事を念仏に寄せて永く神明を敬わず、肉味を食して霊神の瑞籬に交わり、かつこのような行為に対して自から「十悪五逆、尚預二弥陀之引接一、神明神道、争妨二極楽之往生一乎云々」と弁護したという。

日蓮もまた、念仏者が、唱うまじき仏菩薩諸神の名号に釈迦、薬師、大日、地蔵、普賢、文殊、日月星、二所三嶋、熊野、羽黒、天照大神、八幡大菩薩などを挙げ、「此等の名を一遍も唱ん人は念仏を十万遍百万遍申したりとも、此菩薩日月神等の名を唱る過に依て、無間にはおっとも往生すべからず」などといっていたことを、『聖愚問答鈔』の中で書き留めている。

専修念仏衆のすべてが神明向背の態度をとったわけではなかったが、右のように法然の生前滅後をとわず、初期の専修念仏の徒の多くが「不㆑崇㆓仏神㆒之類」[3]と看做されても無理からぬ言動をなしていたことは、否めない事実である。また彼らの行為が、法然その人の意向をじかに反映したものであったか否かはここで問わないにしても、法然の専修念仏説にその理論的根拠を求めていたことも明白である。

かくの如く神社と対立関係を醸し出していた専修念仏宗は、旧仏教や日蓮などから「失㆓国之礼㆒」、「犯㆓神国之法㆒」[4]、「滅㆓仏神之威光㆒」[5]などと批難されながらも、非常な勢いで社会に弘まっていった。しかし当然のことながら、この専修念仏の社会的展開の過程において、念仏者の「神祇向背」の問題は、社会的な焦点となっていた。特に「神明仰崇之界者国土豊饒也」[6]といった伝統的な思想をもち、神祇信仰を精神生活の中心に置いていた村落や武士などの共同社会にあっては、大きな問題であった。

このように日本の精神史上に大きな問題を投げかけた念仏と神祇との対立は、単に思想面だけに限られず、社会的な性格を濃厚に帯びたものであった。社会の関心もまた念仏と神祇の関係に寄せられ、したがって専修念仏の布教者・受容者ともに、中心的な話題の一つにこの神祇と念仏のことを置いていたようである。神祇信仰の強い地方ほどそうであったと思われる。

専修念仏を実際に地方へ弘めるに当って布教者は、神祇に関して対立的であれ、協調的であれ、いずれにせよ念仏と神祇についての明確な態度とその教義的な根拠をもっているべきであった。事実この問題に触れずして、専修念仏を村落社会へ弘通させることは不可能であったろう。

では専修念仏の布教者は、このような問題について、一体どのような対話を民衆と交わしていたのであろうか。その対話の中で神祇に対する態度に変化がみられないであろうか。もし協調的態度がみられるとするならば、民衆のいかなる精神的土壌が専修念仏の革新性に限界を与えたのであろうか。こういった諸点について考えてみたい。

(2)

まず法然自身の神祇に対する思想的態度を考えてみたいが、残念ながら遺されている著作・消息・法語などから、まとまった神祇観を見出すことは困難である。しかし法然が現世のための宗教行為と後世のためのそれとを判然と区別し、仏神への祈禱をもって後世のための念仏行にかえることはできないが、現世のためにする仏神の祈りなら支障ないとしていたことは、「根本の弟子」の一人たる武蔵の津戸三郎為守に宛てた九月十八日付の消息(7)の中で、

この世のいのりに、仏にも神にも申さむ事は、そもくるしみ候まじ、後世の往生、念仏のほかにあらず行をするこそ、念仏をさまたぐれば、あしき事にて候へ、この世のためにする事は、往生のためにては候はねば、仏神のいのり、さらにくるしかるまじく候也、

と述べていることによっても知られる。法然にとっては、後世の往生は念仏行以外にない、というところがその

思想・信条の要諦であって、この世のためにする仏神の祈りは往生になんの価値もないものであった。しかし法然が「仏神のいのり、さらにくるしかるまじく候也」と述べたのは、彼が大きな期待をかけていた武士階層においては神社祭祀が重要な役割を果たしているのを知っていたからであり、「この世のためにする事は、往生のためにては候はねば」という前提づきで、神祇崇拝を否定しなかったのである。

この九月十八日の消息は年時が不明であるが、赤松俊秀氏によれば、その執筆は元久・承元に接近した頃であろうという(8)。念仏停止の危機も間近な時のものとすると、たとえ前提づきであるにせよ、法然が神仏の祈禱を容認したことは、単に対機説法のためというよりも、弾圧に対して法然の教説に微妙な変化がおきたことと関係があるかもしれない。北条政子への消息もまたこの頃のものとみられるが、この中で法然は、専修を妨げない範囲での雑善根を認め、仏神祈禱・写経・造堂なども後世を願ってのものであるべきことを諭し、「ただ念仏ばかりこそ、現当の祈禱とはなり候へ(9)」と教示している。

このように法然は晩年、「この世のためにする仏神のいのり」をあながち否定しなかったが、「後世の往生、念仏のほかにあらず」と、後世のためには、専修念仏こそが絶対的なものであるという基本的立場は貫いたのである。

しかし専修念仏の布教が法然から法然の「門人と号する念仏上人」などの手に移っていくにつれ、「興福寺奏状」などが述べているように、専修念仏行者の神明軽侮の行為が目にあまるようになった。念仏者が「後世の往生」を願い、「余仏を礼せず、弥陀を礼し、余行を修せず、弥陀を念して、もはらにしてもはらならしむる」「至誠心」[10]をもって専修念仏の絶対優位に徹する限り、「今専修輩、寄二事於念仏一、永無レ敬二明神一」[11]といわれ、宗廟大社はもとより、権化実類の神々から離れていったのは自然の勢いであったが、しかし宗廟大社をも崇めず、肉食汚穢の身で社壇を犯すような行為は、「若崇二神明一必堕二魔界一云々」とか「十悪五逆、尚預二弥陀之引接一、神明神道、争妨二極楽之往生一乎云々」などと教化した法然以外の布教者との対話によって導き出されたものなのである。

初期の専修念仏教団において、社会との接触を多くもったのは愚昧の出家、阿弥陀仏号をもった聖的な民間僧尼であったが、[12]彼らが法然の真の理解者であったかどうかという点になると、否定的にならざるを得ない。神祇に関しても彼ら自身の判断による教説が多かったのである。法然の示寂前後には、念仏者の間に「浄土三部之外可レ棄二置衆経一、称名一行之外可レ廃二退余行一、矧於二神祇冥道之恭敬一哉、況於二孝養報恩之事善一哉、不レ信レ之者疑二本願一也」[13]という思想が瀰漫し、日蓮はこの考えを法然の教説とみているが、本願の絶対憑依が強調されている点からすれば、多分に一念義的な思想であることが察知できる。幸西の一念義は理において必ずしも法然の教説と対立するものではなかったが、その所説を特徴づける本願の絶対憑依を曲解して、「憑二弥陀本願一者、勿レ憚二五逆一、(中略)不レ可レ断二婬肉一、恣可レ食二鹿鳥一」[14]などという「無智誑惑之輩」が輩出した。法然の滅後も、幸西の一念義を淵源として、種々の一念説が唱えられ、その勢力は法然示寂直後の激動した時期に著しく伸張し、「毎レ国充満」[15]する有様であった。一念義の台頭と神祇背反が社会問題化してくる時期とが一致していることを考えるならば、神明侮蔑と一念義とは決して無関係ではなく、また念仏者をしてそのような行為に向かわしめるのに影響の強かった布教者の多くが一念の徒であった、とみてよかろう。専修念仏の教説も、彼らによって、神祇冒瀆を正当化するまでに変容されて、布教に利用されていたといえよう。

かくて神威を畏れない念仏者が多く、旧仏教からは「有勢之神祇定回二降伏之眸一睨《ミタマハン》矣」[16]といわれるほどであったが、かかる念仏者の存在は地域的にもひろがっていった。『沙石集』に、「所領ノ中ノ神田ヲ検注シテ余田ヲ取」った「浄土宗ノ学生ノ俗」を憤った社僧神官らの話が載せてあるが[17]、その舞台は鎮西であった。神官らは鎌倉に訴えても取り上げられないので、遂にその学生を呪咀しようとしたが、学生は、

聊モ恐ルヽ事ナシ、イカニモ呪咀セヨ、浄土門ノ行人、神明ナドナニトカ思フベキ、接取ノ光明ヲ蒙ラン行人ヲバ、神明モ争カ罰シ給フベキ、

と嘲って神田を返さなかったという。弥陀の本願を憑み、摂取の光明を蒙っている念仏行者をば、神明とても罰し得ないのだ、という考えが、土地の横領占拠にまで援用されていることは注目に値する。因に荘園領主に対する年貢などの対捍も、弥陀の光明を蒙る念仏者は、いかなる罪業を犯しても、必ず救済されるとの確信に支えられていたと思われ、貴族寺社などの荘園支配体制は、荘園農民の専修念仏受容によって、一段と後退せざるを得なかったのである。

(3)

ところで、神祇に対立的な専修念仏者が少なくない一方、「社壇に詣でては幣帛を捧げ、堂舎に臨ては礼拝を致す」[18]念仏者も跡を絶たなかったが、問題はこのような念仏者の中に「食二肉味一」し「触二穢気一」れたままで神

域に入るものがいたことであり、やがて念仏者のこの行儀が神明に奉仕しているものにまで及んだことである。例えば寛元二年（一二四四）の追加法の中に「供僧等近来学二念仏者之所行一、不レ顧二触穢之身一、参社之由、粗有二其聞一」(19)との文があって、社僧が問題の念仏者と接近し、自らも念仏者化したことが窺われるのである。

このような社僧の念仏者化に対応して、教団側からも「社司」「霊廟の神民」に対して、積極的な教化が行なわれるようになった。大正二年に発見された信瑞の『広疑瑞決集』(20)は建長八年（一二五六）の著作で、この点についての貴重な史料である。信瑞は初め隆寛に従い、のち信空の弟子となった学徳兼備の僧で、この書は諏訪氏一族の上原馬允敦広の二五条にのぼる質疑にいちいち答えたものである。信瑞はこの書の主として第三巻以下において、念仏思想の立場からした神祇論を展開している。

信瑞はいう。宿縁あって諸国大小の霊神に奉仕する身となったものは、現世には神恩を蒙るが、後生は必ず蛇身を受ける、と。そして、この悪報をまぬがれる道はその社の本地に帰し、傍ら弥陀の名号を唱えるほかはないと教え、

然則諸国大小霊神の社司等、如レ此心得て常に念仏を申べし、此の名号は、一念能く八十億劫の生死の罪を滅す、何況今生一世の蛇道の業をや、あまねくすすめ申す、各の行住坐臥に忘れず、弥陀の名号を唱へて、毒蛇の報をまぬがれて、聖衆のむかへに預るべし、弥陀の本願はかゝる悪業深重の衆生の為に発し玉へる也、唱へば往生決定也、ゆめ〳〵疑ことなかれ、

と勧めている。また「仏道と神道との底の一つなるらん様」を指摘し、「葬家の追善の外に現世の祈禱に」は用

いない筈の、一向後世のための念仏を、神明の法楽にそなえるのは、念仏が現世の祈禱となるからであると説き、先師信空の教えを引き、「念仏は只一向に後世の為のみにあらず、かねては又現世の祈ともなる条」を和漢の伝記、善導の釈にうかがい、さらに「今生の所求を祈申さん神明の御前にして、念仏を申して法楽にそなへん事」が「其神明の御意にかなふ証拠」を「聖真子の宮の不断念仏の御示現の記」などによって示し、

然則在家の無智の男女等は、諸の大小神社に詣ては、声ただしからず心経等をたどる〳〵よまんよりは、先只南無阿弥陀仏〳〵と百遍も、千遍も多少心に任て懇ろに唱へて、我れは念仏申て今度往生遂げんと思ひ候、然らばわれをば心やすく思召せ、余の衆生利益して、本覚の都へかへり玉へと申て、次に又しづかに念仏して、法楽にそなへて、現世の所求を申さば、何れの願ひかみたざらん、譬へば世間に人をもたのむ習ひ、たのむ人の心の底をしりて、其任にふるまへば、日はあさけれども、忽に恩をかうふる、若其心にたがへば、奉公のみつかれて恩なきが如し、仏神二つ事る道も亦復如レ是深く其の仏神の本誓の底をしりて、それに随て行へば利生掲焉也、

と説いている。

また生類を殺して神を祀ることを止めるように勧め、殺生祭神の礼に背くようではあるが、これが神慮に叶っているのだとして、その所以を清浄祭祀と無邪憐愍の二義をもって説明した。神明は「利生のために光を和て、一切みな凡夫に同じて、肉を食する由をば現じ玉ふ、実には食し玉ふべからず、いかんとなれば、本地はみな慈悲広大の仏菩薩にして、生をあはれみ殺をにくみ玉ふ故也、(中略)然るを愚痴邪見の社司等ありて、かれを例と

して神慮の底をしらず、肉味をこのみ玉ふよと思ひて、観機三昧も得ざる肉眼を以て、各一社の祭りに、物の命をたつこと幾千万と云ことをしらず、此ことを執り行ふ仁の来報いかゞせん、悲まずはあるべからず、目に見へぬ神の為に、情ある物をころして祭ること、邪見とも云ばかりなし」と述べ、どうしても肉味祭祀を廃することに抵抗を感ずるのならば、せめて市中にて購入せる「三種の浄肉」[21]を用いるように戒め、「只清浄に祭祀して、君をもいのり、身をも助けんは最上の祈禱なり、(中略)肉味をこのみ、香花をきらひて、罰をあたへん神明をば、此は是れ実業の邪神也としりて、仏力をもちて対治せんに何のことかあらんや」と断じている。また信瑞は、領主層神主の催す造像起塔等の修善が人民を悩ますことを指摘し、諸仏菩薩の垂迹たる神明は、「政に邪ありて民をなやまし、生を殺して祭らんをあにうけ玉はんや」と反問し、「縦ひ祭祀はねんごろなりとも政道に邪まあらば神明はうけ玉ふべからず、神慮に叶ひて、神恩にあづからんと思はゞ、須く政すなほにして民をあはれむべし」と述べている。因に、信瑞のこの神明観に基づく治政論は、ちょうど「諸国郡郷庄園地頭代」に対して撫民すべきことが幕府から命ぜられている時でもあり[22]、興味深いものがある。

信瑞は諸社の社司、神領の管理者に対して「殺生をとゞめて、念仏を行じて往生を遂は、莫大の功徳なり、往生の正業なり」と勧め、「殺生をとゞめて単に念仏せば(中略)彼の人は我が往生浄土の兄弟なり」と述べて、念仏の普及をはかった。上原馬允敦広は「張レ弓簸レ旗為レ業、累葉継ニ畋猟之跡一」いだ者であり、信瑞には主として「大小人畜の命をたつこと」「殺生」をめぐって教えを求めたが、信瑞は敦広の背景にある諏訪信仰や、祖神に対する氏族的信仰を紐帯にした武士団の存在を意識し、さらには諸国大小霊廟の社司のことを念頭に置き、神祇論を中心に念仏門への誘化を大いにはかったのである。信瑞から「往生浄土之兄弟也」とされた敦広はともかくとして、信瑞の教化が神官層の間でどの程度受け容れられたかは疑問であるが、法然滅後四四年の時点において、神官への積極的な念仏誘化が試みられた『広疑瑞決集』は、信者と布教者の対話も具体的にうかがわれて、きわめて注目に値するものである。

以上のように、浄土宗において、神祇背反から転じて神祇への積極的な接近をはかった最初の布教者は信瑞であったとみてよいが、その後における浄土宗と神祇との関係の推進は、室町時代の聖冏までまたねばならなかった。聖冏のいくつかの神道研究書のうち、一番早く書かれた『破邪顕正義』(一名『鹿島問答』)上には、

神明ノ本意ハ、未レ知二出離生死一者《ヲモ》ノ、如幻如夢ノ今生ノ福楽ヲ祈ランカ為ニスル其礼奠散供ノ功力ヲ以テ、常住常楽ノ後生菩提ノ因トシ玉ハンカタメ也、

とあり、さらに今生の福楽を神明に祈請するのは不可であるとして、

其故ハ念仏門ノ大綱ハ、厭欣ヲ摠安心トシ、三心ヲ別安心トスト見ヘタリ、(中略)若厭フ心切ナラハ、何ソ今生ノ福楽ニ祈ヲ凝ラサン、若欣心真アラハ何ンソ後生ノ引接ニ疑ヲ懐カン、若心行具足シテ真実ノ人ナラハ、不レ祈《トモ》神明ハ冥加随逐シ玉フヘシ、

と説いている。(23) この『破邪顕正義』は聖冏が永和三年(一三七七)に鹿島の神宮寺に寓居中執筆したものであるが、これより五十余年前に『諸神本懐集』が存覚によって書かれ、またこれより二四年後の応永八年(一四〇一)には同じく聖冏によって『麗気記拾遺鈔』が著されている。この『麗気記拾遺鈔』は浄土神祇思想を最高潮に達せし

めたものであるが、聖冏はこの中で神道・仏法の合一を論じて、

今浄土之教門ハ、跨二跳シ心地ヲ一、剿二尽セル悟解ヲ一仏意一乗弘願教ノ故ナルカニ、実我妄執ノ繫念ノマヽ無生解脱ノ本分ニカナフ、此則仏願他力之神力也、所以ニ今此信楽ヲシテ帰二スレハ神道ニ一、愛妻愛子随テレ願ニ満足シ、惜身惜命任テレ意ニ存在ス、莫レ謂フ二和光同塵ハ結縁之始ト一、仏神同体之大悲、現当一時而度脱シ下、豈度シテ二現世ヲ一不レ済二後生ヲ一、又引テ二後生ヲ一不ンヤレ護二現生ヲ一、然則仏法全神道ナレハ、願二求スルコト往生ヲ一即称フ二諸仏ノ冥慮ニ一、神道即仏法ナレハ祈二念シテ福智ヲ一尚預ル二諸仏ノ護念ニ一、

と述べ、弥陀は諸仏の本師（本地）にして大元宗祖の神であるとし、仏法の外にさらに神道を、神道の外にさらに仏法を尋ねる必要のないことを説き、最後に諸社の神官に「雖レ帰二依スト霊神ニ一専念ヨ二弥陀ヲ一、若爾者仏法神道不離不即、神道仏法不即不離、二求両願自然満足セン思レ之々々」と教化の言葉を寄せている[24]。

信瑞は、悪報から免れる道は念仏以外にないという論法で、神官を教化しようとしたのであるが、聖冏は、信瑞にあっても意識されていた「仏道と神道との底の一つなるらん様」を徹底せしめて、仏教と神道を統合させ、その仏神同体論に基づいて、霊神に帰依するとも専ら弥陀を念じよ、と説いた。両者の差は前者が念仏説に、後者が神道説にそれぞれ重点を置いていることにあるが、聖冏の教説には神道説の進展が十分に窺われる。しかし聖冏もまた信瑞と同様に神官を意識し、彼らへの布教を考えていたことは甚だ興味深い。わが国固有の神祇信仰および祭祀者に対する念仏者の挑戦が繰り返されているといった感がある。

(4)

初期の専修念仏者が示した神祇に対する態度を窺い、特に法然・信瑞を取り上げてその神祇に関する具体的な教説をさぐり、神祇と念仏についての教説がどのように推移しているかを考察してきたが、その教説のありようについて気づいた諸点を最後に述べておきたい。

第一は、被教化者側の現世に対する希求と後世に対する関心とを、専修念仏の根本義を失わない範囲において調和させることに苦心しながら、神祇問題を取り上げていることである。法然は神仏の祈禱に苦悩の解決を求めていた民衆の存在を無視せず、後生のための行は念仏でなくてはならぬことを強調して、現世のための祈禱を認めた。民衆との接触が拡大されるに伴って、民衆のもつ現世利益的な心情を汲んで、念仏の現当二世の利益を説かざるを得なくなり、信瑞などは念仏が現世の祈禱となることを説いてから、神明に念仏を申して法楽に供えよと教化した。被教化者側の要求にマッチさせながらも専修色を出そうという努力が布教者側に窺われるのである。

第二は、神仏習合の思想を援用して、神道との融和をはかり、念仏の布教をスムーズにしようとする態度がみられることである。法然の滅後半世紀もたたない頃から、神社との対立より、むしろそれへの接近をはかって神官を念仏者に転化せしめようとの努力が現われている。法然の示寂の前後をピークに、いわば未組織者としての念仏上人によって、本願の絶対憑依が標榜され、神社乃至神祇崇拝者との間に摩擦が生じたが、神祇信仰を無視するわけにはいかず、やがて神道側への積極的な接近をはかって、念仏の弘通をはかるという方法が採られるに至った。神官への念仏誘化は、すでに信瑞において典型的にみられたが、浄土宗中興の功労者たる聖冏にあってもこのことは同じであった。そして、このような布教者は、浄土宗と神祇との関連についての特色ある教説を持ち、その教説は時代とともに精緻になっている。

第三は、布教者をしてこのような態度をとらしめざるを得なかった被教化者側の精神基盤についてであるが、現世への祈禱といい、神祇崇拝といい、牢固として抜きがたいわが国固有の、また古くから形成された伝統的な精神土壌が、念仏者の神祇に対する布教態度に方向づけを与えていたことである。革新的な精神構造をもった専修念仏も、結局は神仏習合思想に包摂されたが、むしろこうなることによってはじめて社会に根を下すことができたといってよい。この伝統的な精神土壌に立脚することなくして、教化という宗教的実践は成り立たなかったのである。

二　中世武士の撫民と信端の治世論

(1)

古代末期に荘園領主に抵抗しながら、在地領主として自己を発展させてきた中世武士団は、武家政権の成立にともない地頭御家人層となって所領経営を安定させ、祭祀をはじめとするさまざまな在地支配の政治構造を確立させていったが、この段階にあって一段と彼らに要請されてきたのが、在地支配の根底にあるべき農民撫育の「政道」意識をもつことであった。

鎌倉中期から後期にかけて、地頭層武士の間には領主意識が強まっていたが、同時に名主百姓をいたわる撫民思想も高まっていた。武士の撫民思想は幕府法や在地領主法からも窺うことができる。(25)『御成敗式目』は領主に対し百姓への「仁政」を重んずべきことを述べ、追加法もまた「非政道之法」を避け「専致二撫民之計一、可レ成二農作之勇一」(26)きことを達している。この御成敗式目は北条泰時によれば、「おのづから土民安堵の計り事にてや候とて」沙汰されたものであった。(27)このように幕府が地頭御家人層に要求した「仁政」「撫民」は、彼ら自身にとっても領民に対する領主としての須要な政治的構えであった。

武士階級にみられた「土民安堵」「撫民」の思想は、領主意識とあいまって「政道」観念を形成するが、このことは上層武士に顕著であった。北条泰時の弟で、執権政治時代の幕府の首脳であった北条重時は「人の年齢によりて振舞ふべき次第」を述べて、「三十より四十五十までは、君をまぼり、民を育み、身を納、ことわりを心得て、じんぎ(辞宜)をたゞしくして、内には五戒をたもち、政道をむねとすべし、政道は天下を治むる人も、又婦夫あらん人も、ぎのたゞしからんはかはるべからず」(28)という。もとより子孫への教訓であるから、在地領主層を対象としたものではないが、いうところの政道は幕政担当者以下それぞれが各自の立場で果たすべき普遍的な経綸を指し、むろん義の正しい限り在地領主にも通じるものであった。

ともあれ、武士階級にあってもその政権掌握の時代に至って、撫民乃至政道観念が前代より明確に顕現したことは中世政治思想史上の一特質である。そしてこの領主層武士に課せられた「撫民」は、彼らの在地支配という社会的要因によって促進されたものである。ところで、撫民思想形成の社会的背景がかく指摘されるとしても、「民を育み」「世をも民をもたすけ」(「極楽寺殿消息」)地頭に「民百姓を憐みはごく」(「早岐正心置文」)まさんとする思想自体は何に拠るものであろうか。試みに先に引用した北条重時の御消息と、同時代の「治世之政、万方靡然、是則君以レ仁使レ臣、々以レ忠奉レ君、君者憂レ国、臣者忘レ家、君臣合体、上下和睦者也」[29]という政道についての文章とを比較すれば、前者には後者にみられる貴族的治政論ないし儒教的政治の理念のみでは律しきれないもの、例えば仏教の影響が認められる。重時の消息は全体的に仏教的色彩が濃厚で、浄土教、特に浄土宗西山派の影響が推定されている。[30]中世武士の治政論ないし政道観と古代的貴族のそれとは、自ずと異なったものがあるべきであり、またそうでなければ時代の進展ということにならない。儒教とは別の思想構造に根ざした撫民・治政観が中世武士のなかで抱かれていたようである。

ここに在地領主のために治政論を展開させた一書がある。これも信瑞の『広疑瑞決集』である。この書は、幕府が民の煩いをなす「遼遠之地頭猛狂之輩」に「撫民之計」を専らに致すべきことを達し、また名田畠を取り上げ、民烟を煩し、資材を奪い取る諸国郡郷荘園地頭代に「撫民之計」をなして、農作に勇《いさみ》をなすべきことを下知した[31]建長五年から間もない、建長八年（一二五六）の成立である。信濃国諏訪氏の一族たる上原敦広の宗教上の疑問に、信瑞がいちいち答えたなかに、念仏思想の立場からした神明論と、それに基づく治政論が述べられている。これは地頭在地領主の成長が著しく、「撫民」思想の高まった時期における治政論、しかも儒教的善政論以外の思想構造に根ざした所論としてきわめて注目される。一念仏僧の治政論ではあるが、これを説いて被教化者自身の思想たらしめんとした点において、同時に在地領主層が抱くべき治政論でもあった。

(2)

信瑞の治政論は、『広疑瑞決集』の主として第四巻で展開されている。上原敦広の、

或人、物の命を殺すことかぎりなく、神の信施のたかきこと心も及ばず候が、堂塔をも造立し、念仏をも申し、常には結縁にも入り、現世の為とて大般若をもかき、我身にも千体の観音を作り、又人をすゝめても、千体の地蔵をつくらせたる人の候はいかゞ候べき、

という疑問に対し、信瑞は、生き物を殺す肉味祭祀と造像起塔などの修善が神慮にかなわず、それらの拋擲こそが神意に副う所以とを、清浄祭祀と無邪憐愍の二義をもって説明した。このうち特に無邪憐愍の義を述べる段が興味深い。信瑞はいう。

おほよそ世をおさむる法、民をあはれむを本とす、民をあはれむ道、政に邪なくして正に帰するにはしかず、言は非理に民をせめて煩をなすを邪といひ、民をあはれむ心深くして理に当るを正と云、政道端多ければ、邪正又多しと云へども、只詮する所民をあはれむを以て根とし本とす、この根本立ぬれば、民あつく国さかへぬと云ことなし、

と。非理に民を責めて煩いをなすこと（邪）なく、民を憐む心深く理にかなうこと（正）に治政の要諦があり、民を憐れむことに政道の根本があるとみるから、「邪なくして正に帰するは是善政の極」りであるということになる。この無邪憐愍の善政こそ「神明を感ぜしめ、霊貺にあづか」るものだと信瑞は考える。そして「当レ知、神

明は徳をうけて物をうけず、徳とは政治の徳也」という。神が受けるのを好まない物とは、生き物を殺してささげる肉味を指している。無邪憐愍の政治の徳をこそ神はよろこんで受納し給うのだとする論法には「肉味祭祀」にかわる「清浄祭祀」を導き出そうとする意図がこめられているが、このような信瑞の思考態度から窺われる今ひとつの興味深い点は、無邪憐愍を媒介として神祇への政治の接近がはかられていることである。

さらに信瑞は、この無邪憐愍の義を体して身を忘れ民を憐れんだ和漢の賢王良臣を列挙する。漢土では夏の禹、殷の成湯、周の文王、漢の文帝、唐の太宗、季文子、樊噲、汲黯、丙吉など、本朝では、聖徳太子、清和天皇、宇多天皇、醍醐天皇、一条天皇、後三条天皇、菅原道真、大江匡房、藤原為隆などである。そしていずれも政に邪まなく、民を憐れみ、その煩いを避けた事例を述べる。例えば聖徳太子については十七条憲法に触れ、特に第五条の文を引いて「まことに是大悲惻隠の本懐、無邪憐愍の良典也、後王是を鏡として邪正をてらし玉はずと云ことなし」と説き、また清和天皇の「御棺かざら」ざる「葬礼倹約」について「この儀式は世の費をかへりみ、民の煩ひをいたみ玉ひし政のすえ也」といい、さらに宇多法皇が「民をあはれむ御心深くして、倹約多き中に、をはりに御跡の事、喪礼の儀など」について「筵にて棺をばつゝみて、葛にてからげよとぞ御遺言」なされた一事からも「御在世に邪まなくして、民をあはれませ玉ひけること」が推量されると述べている。また良臣の一例を挙げると、菅原道真については、宇多天皇が殺生禁断を令した翌年に鷹狩をされたとき、「今年は鳥獣なんのあやまちあれば、忽に是をかり玉ふや」と諫め、狩を中止させたことを取り上げている。このように賢王良臣らの無邪憐愍の事蹟を略記してから、抑々如レ此和漢の王臣の政に邪なくして、民をあはれみ玉ふことを聞習て、辺土遠国の大小郷荘の領主等に至るまでも、民を哀む心ありて、農のつとめをさまたげずば、上の備へかくることなくして、下の烟にぎわざらんや、

と述べる。

信瑞が王朝時代の賢王良臣の例を挙げたのは、その時代への回帰を願うのではなく、彼らの無邪憐愍ぶりを聞き習って治政に活かすがためであり、所説の対象者は国王朝臣にあるのではなく、あくまで「辺土遠国の大小郷荘の領主等」にあった。彼ら領主は荘郷の農民にこそ無邪憐愍の態度で臨まねばならない。

憐民の一つのあらわれは「勧農」である、と信瑞はみた。信瑞は『帝範』『臣軌』『漢書』『文選』『貞観政要』『論語』「聖徳太子十七条憲法」などから「勧農の明文」を引き、「下の烟にぎわ」す「勧農」に、「釈教の慈悲」「儒教の善政」など「内外の指帰」の根本があると論断する。王朝時代からしばしば勧農の詔が下され、武家時代になっても大いに勧農に意が用いられたが、信瑞のみた現状はどうであったか。

然るを今世間を見るに、世の下るにしたがひて、地利の減ずることをわきまへず、人みな過差をこのみ、政に邪ありて、地を荒す、是によりて現世には利潤なくして、当来には悪報をまねくべし、

人々の分にすぎたおごり、邪なくして正に帰する善政なきため、土地の荒廃を招き、利潤も期せられない。よって人の上たらんとするものは農民を損ずることのないよう心がけねばならない。そこで信瑞はいう。

貞観政要、太宗謂二侍臣一曰、為二君之道一必須三先存二百姓一、若損二百姓一以奉二其身一、猶三割レ脛以啖レ腹、腹飽

而身斃といへり、もしそれ分々に人の上たらん人は、分々に其下をあはれむ事、これ文を心に置くべし、帝王学、治道の書たる『貞観政要』の文を引いて、農民の資儲を奪い取るが如きは「割レ脛以啖レ腹」の行為であって、一時の百姓譴責などは、結局領主勢力の沈下をもたらす「腹飽而身斃」れるの行為だというわけである。

この頃、少分の未進により、または吹毛の咎をもって、土民の身代を取り流すことがあり、また逃毀と称して、土民の妻子資財を抑留し、あるいは負累ありと号して、強縁の沙汰をもってその身を取り、相伝の如く進退せしめることもあった(32)。またほしいままに夫駄と称して巨多の用途を貧民に充て、呵法の譴責を諸庄にいたし、百姓の佗傺すなわち経済的困窮を招く御家人がみられた(33)。百姓が稲を刈り取った跡に蒔いた麦を田麦と称して、その所当を徴取し、租税の法を犯す領主も出ていた(34)。

もちろん幕府は、これらの煩民の行為に対し、それぞれ撫民の法を出して禁止し、また夏三ヵ月の間私に百姓を使うことなく、臨時の徴下なきよう、百姓保護の法的措置も講じている(35)。また、「神事を興行し、仏事を勤行し、諸社を修造し、寺堂を修理すべき事、幷びに勧農以下所務雑務等条々事」を、『広疑瑞決集』成立直後の正嘉三年（一二五九）に、社領へ公布した宗像氏の如き領主もいた(36)。しかし撫民の法を出さねばならぬほどに、在地領主層の土民圧制が至るところでみられたのが、当時の実状である。信瑞は、領主層の農民侵圧が「腹飽而身斃」れるもとであり、地利をいよいよ減じて利潤なく、来世に悪報を招く因ともなると観じていたのである。

(3)

さらに信瑞は、人を煩わし、非理に資財を求めることの不可は俗事にだけではなく、出世間的な宗教作善においても同様であると論じ、「只世間のみに非ず、出世にむけても、人を煩し、非理に財らをもとめて、功徳をつくるをば、聖教に大きにそしれり、もとも用意すべし」と注意する。そしてこの観点から、上代の賢王良臣と目されるもののなかにも過失がみられるとして、白河院の法勝寺造営、藤原頼通の平等院建立の例を指摘する。法勝寺の造営について白河院から「いか程の功徳ぞ」と問われた禅林寺永観が「ものも申さで、つみにはよもなり候はじ」と答えたという話を引いて、信瑞は白河院が造寺、造仏、写経の外にも「七道諸国の貢賦の魚貝、悉禁制し玉ふ、其中に摂津、近江、越前、能登、越中、越後、丹後、備前、周防、讃岐、伊予等十一ケ国に仰せて、其土産魚類をとゞめ玉ふこと歳月漸くに久し、加之、捕魚網やかせ玉ふ事八千八百二十三帖、猟獣の道ほりふさがせ玉ふこと四万五千三百余所」という「宿善開発の末代の賢王」であることを認めながらも、なお永観の言葉に関して、

慈悲畜生に及べり、況や人倫に於てをや、財らあきみち玉へばよも非理に民の物をせめとりて、功徳をばつくらせ玉はん、なれどもなほ、像塔建立の間、聊も民の煩ひと見ゆることのありけるにや、功徳の義をばさしをいて、罪にはならじと申されけり、この君の御事をだにもかく申す、まして余人のことをばをしはかるべし、

と述べている。また藤原頼通が平等院を建て「いか程の功徳にてかある」と後見の民部卿藤原泰憲に問うたところ、泰憲が「餓鬼道の業などにてや侍るらん」と申したという話について、信瑞は「財らともし《(乏)》からねば、よもまづしき民の物ををし取って、御堂をば作り玉は」ざる頼通であっても、造立にあたって「つかれよはき人夫の物ほしげなるを、奉行人せめつかひたること」をもって、餓鬼道の業となるだろうと泰憲からいわれたのだと推察している。

　このように造寺造仏などの功徳も、民の煩いの上になされたのならば罪となり、餓鬼道の業となるという考えは、当時の武士にも共通していた。例えば先にも述べた北条重時は、

　堂塔をたて、親、祖父の仏事をしたまはん時、一紙半銭の事にても、人のわづらいを申させ給ふべからず、千貫二千貫にてもし給へ、一紙半銭も人のわづらひにも候はゞ、善根みなほむらとなり、人をとぶらはゞ、いよ〳〵地獄におち、又我が逆修などにも、今生より苦あるべし、たゞ我涯分にしたがはん程の事を、善根をばし給ふべし、

と、身分相応以上のことは民の煩いとなって善根とはならないことを子孫に訓えている。(37)

また相模国渋谷庄を中心に勢力をもった渋谷定心も、

　親のために仏事する由いゐて、その用途料に、各なからん人をせめて物をとりて、仏事する事あるべからず、功徳にならぬ事也、

と置文に書き残している。(38)これらの思想は、一見、「可㆘修㆓造寺塔㆒勤㆗行仏事等㆖事」という『御成敗式目』と抵

触するようであるが、撫民を本義として分限を超える造寺仏事などを戒めているのであって、式目を否定したものではない。しかしかかる思想的態度が領主的武士層に顕われたのは仏教の影響であって、信瑞のような仏者の教化があったことを思うならば、彼らの民を責めて功徳にならぬことをするなとの教訓には、単なる撫民思想以上の宗教的な影響が考えられるのである。少なくとも信瑞の教化をうけた上原敦広もまたかかる思想を持ったであろうことが察せられる。

仏教の影響といえば、殺生禁断の思想が家訓などに窺われるのもそうである。北条重時は「わが用にもたゝぬ物の命を、いたづらに殺す事あるべからず、生ある物を見ては、事にふれてあわれみを思ひ給ふべし、(中略)身にかへても物の命をたすけ給ふべし」(39)と教えているが、上原敦広もまた夜誅強盗人の頸を切らば重罪となり、切らなかったならば悪事の絶えることはなく、いかがすべきかと指導者的武士の苦悩を訴え、また殺生者の造寺造塔などの修善に功徳があるのかと悩み、信瑞にこれらの点を問いただしている。これに対し信瑞は、大乗律のなかには多くの人の煩いをなす極悪人あらば大慈悲を起して殺すべき由がところどころに見え、諸師もこれを地上の菩薩の所行と釈しているが、それはわれら凡夫にはできないことであり、「近年武家に死罪をなだめて、流罪におこなはるゝこと」は「最上の善根也」であると答え、夜誅強盗人とても命をたつことはすべきでないとこれを否定している。ここにいう近年の法とは、寛喜三年(一二三一)四月に強盗殺害人の余党を鎮西に下すべきことを達した追加法(40)を指していよう。とすればこの法は仏者から「最上の善根」という評価を得たわけである。また殺生については、「一切有情の無価の命財をうばふが故に、諸罪の中の重罪」である所以を明かし、八万聖教の眼目は慈悲にあり、慈とは愛念で「放生」がこれに当り、悲とは愍傷で「不殺」がこれであると説き、本書をひらき殺生をとどめて念仏を申すものは、たとえ面識がなくとも「往生浄土の兄弟」であると主張する。とまれ、信瑞は、上代の賢王良臣ですら造像起塔などの修善になおその失《とが》を出すのだから、当世の人の修善の失はどれほどかはかり知れないとみて、最後に、

当レ知、諸仏は慈悲ある人を随喜し、神明は善政を行ふ人を擁護し玉ふ、其神明者即諸仏菩薩の垂跡なり、政に邪まありて民をなやまし、生を殺して祭らんをあにうけ玉はんや、(中略)八幡大菩薩は正直の頭べに宿らんと誓ひ玉へり、縦ひ祭祀はおろそかなりとも、政道に邪まなくば、神明はうけ玉ふべし、縦ひ祭祀はねんごろなりとも、政道に邪まあらば、神明はうけ玉ふべからず、神慮に叶ひて、神恩にあづからんと思はゞ、須く政すなほして民をあはれむべし、此外には、何の務めをか求んや、

と結んでいる。すなわち信瑞は領主層の造像起塔等の修善が人民を悩ますことを指摘し、諸仏菩薩の垂迹たる神明は、生物を殺す祭祀や、民を悩ます政をうけ給わないであろうとし、神恩にあずかる務は「政すなほにして民をあはれむ」以外にないとしているのである。

(4)

「神は人の敬いによつて威を増し、人は神の徳によつて運を添ふ」とは『御成敗式目』の冒頭の文であるが、右にみてきたように、信瑞によれば、神明は善政を行なう人を擁護し給うのであって、無邪憐愍の領主こそ神の

徳によって運を増すのである。式目にはまた「恒例の祭祀陵夷を致さず、如在の礼奠怠慢せしむるなかれ」とあるが、信瑞の考えに基づくならば、領主の政道に邪まがなければ、たとえ祭祀が疎かであっても、神明は許されるのであって、神慮にあずかるためには、形式的な祭祀・修善よりも、撫民の政治こそが肝要なのである。

世間上の政道は神明の冥慮、さらにいうならその本地たる仏菩薩の慈悲心に適う「無邪帰正」「憐愍」の治政であるべきだというこの考えは、垂迹的神明観に根ざした撫民思想ともいうべきものであろう。治政の要道は神仏の心から離れてはいけないし、また治政は本来神仏の聖慮そのものでもあるといった信瑞の特色ある治政論は、諏訪社神官の一族であった敦広などには大きな影響を与えたであろうと思われる。

もっとも敦広自身の思想的または治政上の変化や、信瑞の著作に直接影響された武士を具体的に知ることは史料の関係で困難であるが、信瑞の治政論がもっていた仏法に裏づけられた政治、換言するならば「撫民」の根底に「神仏」を置くという点では同様な姿勢を示した武士は存在した。かの北条重時はその代表的人物であろう。「極楽寺殿御消息」がよくそのことを物語っている。

武士政権下に武士層が撫民の責任を荷うようになった史的段階で、在地領主の間に治政ないし政道的観念が抱かれてくるのは当然としても、その武士の治政について折から興隆した新仏教、特に浄土宗側の発言が信瑞の著作のような形で現われたことはきわめて注目すべきことである。『広疑瑞決集』の思想は治政論に終始するものではないが、この異色ある治政論は、「辺土遠国の大小郷荘の領主等に至るまでも」浄土思想の影響が及んだ状況のなかで、その史的意義をいよいよ高めるものであることを指摘しなければならない。

註

（1）「延暦寺大衆解」（『鎌倉遺文』第五巻、三二三四号）。

（2）同右、伊藤真徹氏「停止一向専修記の研究」「停止一向専修記本文」（仏教大学編『法然上人研究』所収）。

（3）日蓮「念仏者追放宣状事」（『昭和定本日蓮聖人遺文』第三巻、二二五八頁）。

（4）註（1）に同じ。

（5）（6）　註（3）に同じ。

（7）『西方指南抄』巻下末、『和語燈録』巻四（『昭和新修法然上人全集』五〇四頁）。

（8）赤松俊秀氏「本願毀滅のともがらについて」（『続鎌倉仏教の研究』所収）。

（9）「二位の禅尼に答ふる書」（『西方指南抄』巻中末、『和語燈録』巻三〈『昭和新修法然上人全集』五二八頁〉）。

（10）「念仏大意」（『西方指南抄』巻下末、『和語燈録』巻三〈同右書、四〇九頁〉）。

（11）註（1）に同じ。

（12）拙稿「阿弥陀仏号について――我が国浄土教史研究の一視点――」（『仏教大学研究紀要』三五）。

（13）註（3）に同じ。

（14）「遣北陸道書状」『漢語燈録』巻一〇（『昭和新修法然上人全集』八〇一頁）。

（15）『念仏名義集』巻中（『浄土宗全書』一〇、三七六頁）。

（16）日蓮「念仏者追放宣状事」（『昭和定本日蓮聖人遺文』第三巻、二二六〇頁）。

（17）『沙石集』巻一「浄土門ノ人神明ヲ軽テ蒙レ罰事」。

（18）日蓮『聖愚問答鈔』上（『昭和定本日蓮聖人遺文』第一巻、三六四頁）。

（19）寛元二年十二月二日「供僧等学念仏者所行由事」（佐藤進一・池内義資氏『中世法制史料集』第一巻、一五四頁）。

（20）伊藤祐晃氏編『広疑瑞決集・利剣名号折伏抄　合巻』（大正三年、三師講説発刊所）。

（21）「三種浄肉と者、見・聞・疑をはなれたる一切の肉是なり、見と者わが為にころすと見ず、聞と者我がために殺すときかず、疑と者我が為にころしてもあるらんと云疑なき肉也、今按ずるに市町に買へる肉これ也」（『広疑瑞決集』第四巻）。

(22) 追加法「可ㇾ致二撫民一事」(建長五年十月一日)(佐藤・池内氏前掲書、一七五頁)。
(23) 『続群書類従』第三十三輯上雑部、一二八〜一二九頁。
(24) 松田貫了氏「麗気記拾遺鈔解題」「麗気記拾遺鈔」(『今岡教授還暦記念論文集』八二七〜八二八頁)。
(25) 河合正治氏「鎌倉武士団の構造」(岩波講座『日本歴史』中世Ⅰ)。
(26) 御成敗式目「百姓逃散時、称二逃毀一令二損亡一事」、追加法「諸国郡郷庄園地頭代、且令二存知一、且可ㇾ致二沙汰一条々」(建長五年十月一日)(佐藤・池内氏前掲書、二四、一七五頁)。
(27) 北条泰時消息「御式目事」(貞永元年八月八日)(同右書、五七頁)。
(28) 北条重時家訓「極楽寺殿御消息」(『中世政治社会思想』上〈日本思想大系二一〉三三二頁)。
(29) 『古今著聞集』三、政道忠臣第三「治世の政は万方靡然たる事」。
(30) 桃裕行氏「極楽寺多宝塔供養願文と極楽寺版瑜伽戒本」(『金沢文庫研究』六一、六二)。
(31)(32) 追加法「諸国郡郷庄園地頭代、且令二存知一、且可ㇾ致二沙汰一条々」(建長五年十月一日)(佐藤・池内前掲書、一七三〜一七五頁)。
(33) 追加法「京上役事」(文応元年十二月二十五日)(同右書、一九四頁)。
(34) 追加法「諸国百姓苅二取田稲一跡蒔ㇾ麦事」(文永元年四月二十六日)(同右書、二二一頁)。
(35) 追加法「一、農時不ㇾ可ㇾ使二百姓一事、一、可ㇾ止二百姓臨時所済一事」(文永元年四月二十二日)(同右書、二二三頁)。
(36) 「宗像氏事書」(佐藤・池内・百瀬今朝雄氏『中世法制史料集』第三巻、二一頁)。
(37) 註(28)に同じ。
(38) 「渋谷定心置文」(『中世政治社会思想』上、三七一頁)。
(39) 北条重時家訓「極楽寺殿御消息」(同右書、三三〇頁)。
(40) 追加法「強盗殺害人事、於二張本一者被ㇾ行二断罪一、至二余党一付二鎮西御家人在京之輩幷守護人一、可ㇾ下二遣鎮西一也」(寛喜三年四月二十一日)(佐藤・池内氏前掲書、七一頁)。

索　　引

お

か

き

く

け

こ

さ

し

す

せ

ち

つ

て

と

な

に

ね

の

は

ひ

ふ

へ

ほ

ま

み

む

め

も

ゆ

よ

ら

り

る

れ

ろ

わ

刊行の辞

四半世紀の戦後の歴史のなかで、学問の世界が生んだ成果は大きい。それは、日本宗教史の分野においても例外ではない。そうした日本宗教史研究の成果は、多種多様な場において発表されており、それらの成果のすべてを手に入れることは極めて困難である。そうしたところに、研究成果を一冊にまとめることへの要望がたかまって来たのも故なしとしない。それだけでなく、各研究者自身にとっても、永年の研究成果を、あるいは最新の業績を、一つの体系にまとめあげることは、今後の研究進展のためにも重要な課題であろう。

このような要望にこたえて企画されたのが、この「日本宗教史研究叢書」である。なお、ここにとりあげた時代は、古代・中世・近世・近代・現代にわたり、内容は道教・仏教・教派神道・キリスト教・民間信仰・戦後の新宗教など、日本の宗教の全分野におよんでいる。また、問題意識の面でも、思想的・社会的・政治的等々の背景との密接な関連をふまえ、それぞれの宗教の本質を多角的視野にたって究明するという態度をとっている。さらに、全執筆者による研究会のつみかさねのなかに、一冊一冊が生みだされてゆくといった方法をとったことも、この叢書の一つの特色といってよかろう。

以上の意図と方法をふまえて生まれたこの叢書が、今後の日本宗教史研究はもちろん、歴史研究全般にわたって寄与するであろうことを期待してやまない。記して刊行の言葉とする次第である。

昭和四十七年十月一日

笠原一男

浄土宗の成立と展開

昭和五十六年六月一日　初版印刷
昭和五十六年六月十日　初版発行

著者　伊《い》藤《とう》唯《ゆい》真《しん》

日本宗教史研究叢書

検印省略

著者略歴

一九三一年　滋賀県生れ
一九五八年　同志社大学大学院文学研究科博士課程修了
現　在　仏教大学文学部教授

主要編著書

浄土宗・真宗――日本の宗教2――（共著）（一九六一年・宝文館）
日本人の信仰　阿弥陀（一九七九年・佼成出版社）
明治仏教思想資料集成（共編）（一九八〇年・同朋社）

発行所　吉川弘文館
（郵便番号一一三）
東京都文京区本郷七丁目二番八号
振替口座東京〇―二四四番
電話八一三―九一五一〈代表〉

発行者　吉川圭三

印刷＝明和印刷
製本＝誠製本

〈日本宗教史研究叢書〉
浄土宗の成立と展開（オンデマンド版）

2017年10月1日　発行

著　者　伊藤唯真《いとうゆいしん》
発行者　吉川道郎
発行所　株式会社 吉川弘文館
〒113-0033 東京都文京区本郷7丁目2番8号
TEL 03(3813)9151(代表)
URL http://www.yoshikawa-k.co.jp/

印刷・製本　株式会社 デジタルパブリッシングサービス
URL http://www.d-pub.co.jp/

伊藤唯真（1931～）
ISBN978-4-642-76710-1